蔣中正日記

Chiang Kai-shek Diaries, 1948

◆ 民國三十七年 ◆

民國歷史文化學社　　國史館 Academia Historica

感謝

蔣經國國際學術交流基金會
世界大同文創股份有限公司

贊助出版

編輯凡例

一、本書為蔣中正民國三十七年 (1948) 日記，係根據日記原件打字排版。

二、本書卷首列有總序，旨在說明蔣日記之整體歷史意義與價值。

三、本書各年各冊均精選國史館授權使用照片若干幀，與日記內容呼應，不無左圖右史之義。後附索引，意在讀者易於檢索、利用。

四、日記內容本分「雪恥」、「注意」、「預定」等欄目者，本書均依照原有欄目處理。日記原件每月起始有「本月大事預定表」；每週附有「上星期反省錄」、「本星期預定工作課目」；每月月底附「上月反省錄」，全年日記之末並以「雜錄」、「姓名錄」殿之。本書悉依原有形式出版。

五、同日日記遇有草稿、抄稿、秘書抄稿並存時，則以最完整稿置前，其餘附後。

六、日記內文提及之相關人物與重要事件，編輯整理時酌加頁註。相關人物第一次出現時，當頁註釋其全名及當年或前後之職銜，以利查考。外國人名第一次出現時，當頁註釋其拉丁化全名，以資識別。

七、本書用字尊重現今常用字，俗字、簡字、古字等異體字改為正體字。惟遇通同正體字時，為因應讀者閱讀習慣及通俗用法，採用現今通用正體字，如「并」改為「並」，「証」改為「證」，「甯」改為「寧」等。

八、日記用詞保留當時用法，不以錯字視之。若與現今用詞有差異處，遵照蔣中正個人習慣用法，如：舊歷、古鄉、托管、烏乎、處治、火食、琉璜；及部分地名如：大坂、蔣林、角畈山。

九、日記中遇明顯錯別字詞，在該字後以〔 〕符號將正確字詞標出。遇明顯漏字，則以〔＿〕符號將闕漏字詞補入。無法判明者，則加註「原文如此」。本書收錄日記中所附帶之信函、手令、批示等稿件，非蔣原筆跡手稿者，以楷體字體表示。

十、日記中遇損壞、破損而無法辨識字跡者，以■表示。

十一、日記中提及人名偶有筆誤，以錯字訂正形式處理；外國人名譯音有前後不一致情況時，但見索引，不另做處理。書中出現編目「一、一、一、一、」者，為遵照原稿設計，不予修改。

十二、標點符號除原稿上所加之問號、驚嘆號、引號等外，僅以「，」「、」「。」「：」標之。

十三、本書涉及人物、事件複雜，議題涵蓋廣泛，編者思慮難免不周，如有錯誤疏漏，尚請讀者不吝指正，以便日後修整。

序 一

　　蔣中正，學界通稱為蔣介石，是國家級和世界級的領袖人物，早為史家研究的對象。日本學界有蔣介石研究會，臺灣中央研究院近代史研究所有蔣介石研究群，浙江大學有蔣介石研究中心，而學者個人研究蔣介石者，如楊天石、山田辰雄、黃自進等皆為名家。近年臺海兩岸各大學和研究機構，以蔣介石為主題所開的研討會，如「蔣介石與抗日戰爭」、「蔣介石與抗戰時期的中國」、「蔣介石與世界」、「日記中的蔣介石」、「蔣中正日記與民國史研究」等，亦結集了許多研究蔣介石的成果。

　　史學界之所以熱衷於蔣介石研究，除蔣之歷史地位重要外，蔣介石日記開放給史學界使用亦為重要因素。蔣日記初由自己保管，1975 年蔣介石死後由其子蔣經國保管，1988 年蔣經國死後由其子蔣孝勇保管，蔣孝勇死後由其妻蔣方智怡保管。蔣介石原望其日記存於臺灣，於其逝世五十一年後（2026）開放，後因蔣孝勇夫婦移居加拿大，日記乃被帶到該處。2005 年蔣方智怡將日記移存美國史丹佛大學胡佛研究所，並授權該所保管，2006 年起分批開放蔣日記給學者作為研究之用。蔣介石日記開放給學者作為研究之用後，各國學者紛紛前往史丹佛大學閱讀，學者並開始以蔣日記為主要資料寫論文或專書，使蔣介石的研究成果更為深入與豐富。

　　蔣介石日記，從 1917 年起記到 1972 年 7 月止，凡五十五年，四百五十萬字。其中 1924 年日記失落，1917 年的日記為回憶幼時至 1917 年之重要記事，僅約萬餘字。這五十五年，蔣追隨孫中山，並以繼承孫中山的革命志業自居，日記中所記，為民國史留下重要史料。日記史料往往反映一

個人的性格，蔣為軍人出身，做了國家領袖以後，對友邦，只望協助，不喜干涉；對部屬，只望服從，不喜爭權奪利。譬如抗戰勝利後，國家進入憲政時期，蔣的權力受約束，不能全力應付危局，乃制定動員戡亂時期臨時條款，使權力超出憲法以外；又如 1949 年 1 月，國民黨對共產黨有主戰主和之分，蔣主戰，副總統李宗仁主和，蔣辭職下野，另成立總裁辦公室，以黨領政領軍。及李宗仁避往美國，蔣復行視事，始得統一國家事權。

　　由蔣之日記，可略窺蔣之終生志業。但將蔣日記作為史料，像許多其他日記一樣，有不易了解處。譬如記朋友不稱名而稱號，記親戚和家人不稱名而稱親屬的稱謂或暱稱；對不便明說的事吞吞吐吐，語焉不詳；記事突兀，背景不明。在這種情形下，如能對日記作箋注，即可增加對日記內容的了解，由國史館授權，民國歷史文化學社所出版的《蔣中正日記》，即為箋注本，當能應合讀者需要。是為序。

中央研究院院士　張玉法

於翠湖畔寓所

2023 年 5 月 20 日

序　二

一部罕見的國家領導人日記

2006 年，「蔣中正日記」的開放，是民國史研究重要的里程碑；2023 年，《蔣中正日記》的正式出版，更是推展民國史研究令人矚目的一頁。

和蔣中正同時的美國總統羅斯福（Franklin D. Roosevelt,1882-1945）、英國首相邱吉爾（Winston Churchill,1874-1965）、蘇聯共黨中央總書記史大林（Joseph Stalin,1878-1953）、德國納粹頭子希特勒（Adolf Hitler,1889-1945），都稱得上是當年掀動國際風雲的「大人物」。羅斯福不寫日記，史大林沒有日記，邱吉爾的《第二次世界大戰回憶錄》，於 1953 年得過諾貝爾文學獎，具有的是文學創作之美的價值，畢竟不屬於歷史，也不是日記；1983 年號稱「新發現」的六十卷「希特勒日記」，轟動一時，僅僅十天之後，即被證明是舊貨商牟利的贗品。蔣中正（介石，1887-1975）應該是同一時代世界重量級人物中，唯一真正留有五十五年個人日記的領導人。

蔣日記不是中國傳統史官代撰的起居注，也非皇朝實錄，這部當代政治領袖用毛筆楷書親自書寫超過半世紀的日記，記錄一位曾是滬濱浪蕩子走向全國性政治人物的發跡過程，又提供一個「大」又「弱」的古老國家政治領導者，如何想方設法謀求一統天下，並期盼與國際接軌的一段艱難歷程的重要見證，是十分罕見的歷史素材。

有些審慎的歷史學者提醒道：「日記」作為史料，要分辨「真實的蔣」（person），與蔣「要我們知道的蔣」（persona），日記中能讀出真實的蔣，才是本事。蔣中正的日記複印本開放已逾十年以上，閱者、使用過的學者上千，沒有人懷疑它的真實性，沒有人說它是為別人寫的。作為民國歷史研究的第一手資料，作為民國史最珍貴史料，蔣中正日記的重要不可忽視，相當值得出版。

日記的本質與運用

日記本屬個人生活方式的記錄，是「我之歷史」，但不能沒有社會性——涉及他人、他事的記載，日記歷史文獻價值因此存在。故就歷史研究言之，史家早就視日記為史料之一種重要形式。清季以降，士紳大夫、知識分子寫日記者頗不乏人，日記創作風氣鼎盛。日記固屬私人，但頗多日記出諸官紳，所記內容，自不僅止於私密之內心世界，實多有涉軍國大事要聞者，於是日記又成為認識公眾歷史的重要憑藉。日記既有公、私之記載，也因此能打破正史之文獻表述與壟斷。所以「日記學」在近代史學研究中，不能不為史學界所看重。文化史家柳詒徵謂：「國史有日歷，私家有日記，一也。日歷詳一國之事，舉其大而略其細；日記則洪纖畢包，無定格，而一身一家一地一國之真史具焉，讀之視日歷有味，且有補於史學。」正因日記內容「洪纖畢包」，材料廣泛，如記載時間拉長，固為多元歷史留下大量線索，提供歷史研究絕佳素材，同時是執筆者記錄當下作為自行修身、事後檢討反思的依據，此即宋明理學家「自勘」、「回勘」的工夫，曾國藩的日記、蔣中正寫日記，多寓此意。蔣中正記日記，在生前即囑秘書作分類工夫，「九記」、「五記」及「事略稿本」均有自省及建立形象作用。以日記為主體，衍生出不同類型的版本，內容不免有取捨不同，品人論事可能輕重不一，而這正是「日記學」有趣的課題。多年以來，靠蔣日記撰寫出來的傳記，不在少數，論者已多，不待贅述。

1961 年 12 月，中央研究院院長胡適談到「近史所為什麼不研究民國史」，表示「民國以來的主要兩個人，一位是孫中山先生，他的史料都在

國史館裡；還有一位是蔣介石先生，他的史料誰能看得到？」這樣的情況，終於在 1980 年代以後出現了變化。1987 年 7 月 15 日，蔣經國總統宣告臺灣「解嚴」。對中國近代史的研究而言，實亦一嶄新局面的出現。新時期尤其受歷史學者歡迎的是，史政機構史料的空前開放。1990 年國民黨黨史會率先把重要史料一口氣開放到 1980 年代；國史館於 1995 年奉命接管近三十萬件的《蔣中正總統文物》（即「大溪檔案」），兩年後全部正式開放，對民國史學者而言，好比是近代史學界的一顆震撼彈。可以說，胡適眼中視若「禁區」的蔣中正時代史料，在蔣逝世三十年後，基本上已全數向學界開放了。這批史料的的確確是研治國民政府軍事史、政治史的稀世之寶，如今能全部亮相，是十幾二十年前歷史學者不敢想像的事，而這些正是能和「蔣中正日記」相互對應參證不可或缺的重要史料。

史家陳寅恪曾說：一個時代之學術，必有其新材料與新問題；取用新材料以研究新問題，則為此時代學術之新潮流。1960 年代兩岸對峙局面初成，修纂民國史之議，浮上檯面，民國史料的整理、開放，實極迫切。1990 年代以降，在臺北的國史館對蔣中正總統文物的整理、開放，甚至是出版工作，無疑具相當關鍵作用。1975 年，蔣中正總統過世後，「蔣中正日記」和後來的經國先生日記，從臺北移到加拿大，2004 年暫時落腳美國史丹佛大學胡佛研究所檔案館（Hoover Institution Archives, Stanford University），2023 年回歸臺北，這一段兩蔣日記「出走」「回來」的過程和故事，已為眾人所熟知。2006 年，存放在胡佛研究所的「蔣中正日記」決定率先向學界公開，這無疑的更進一步帶動了學界「蔣中正研究」與民國史研究的熱潮與興趣。蔣日記又促成了民國研究熱，其內容包含日記所涉新資料的挖掘、運用，研究範圍與議題的提出、研究途徑與方法的更新，以及如何重新看待「民國」等，這些討論與探索，使蔣中正研究、民國史研究更為紮實，也綻放出新的面貌。

日記外型

蔣中正自始所使用之「日記本」是有固定格式，早期使用商務印書館印製的「國民日記」，爾後自行印製固定格式，除每日記事外，每年有

該年大事表，每月有本月大事預定表、本月反省錄（後改為「上月反省
錄」），每週有本週反省錄（後改為「上星期反省錄」）、下週預定表（後
改為「本星期預定工作課目」）。蔣氏日記持續以毛筆書寫，除每日記事
外，每週、每月、每年開始必定按照上述表、錄，檢討上週、上月之施政
或個人行事，思考本週、本月、本年之預定工作，每年年終會對全年之政
治、外交、黨務、軍事等工作進行分項檢討。1925 年 6 月沙基慘案之後，
蔣痛恨英帝國主義者慘殺無辜中國軍民，日記稱英國為「陰番」以洩憤，
並每日立下格言、標語誓滅「英夷」，時間長達一年又兩個半月。1928 年
「五三慘案」發生後，有感於國難深重，自身責任重大，「國亡身辱」，
集國恥、軍恥、民恥「三恥」於一身，於是年 5 月 10 日記道：「以後每
日看書十頁，每日六時起床，紀念國恥。」此後，每天的日記前必記「雪
恥」一項，以誌不忘國恥。抗戰勝利後，蔣氏 1945 年 9 月 2 日自記：「舊
恥雖雪，而新恥又染，此恥又不知何日可以湔雪矣！勉乎哉！今後之雪
恥，乃雪新恥也，特誌之。」1949 年來到臺灣，日記中雪恥一欄仍不間斷，
因為「新恥」未止。

蔣中正日記的內涵

　　平心而言，從蔣的日記中的確可以看出作為一個從「平凡人」到「領
導者」的心路歷程，無需刻意神聖化，也不必妖魔化。

　　許多人都知道蔣是用度非常節儉的一個人，他補破衣、不挑食，一口
假牙，吃東西十分簡單。蔣不喝酒、不吸煙，只喝白開水，其實生活很是
平淡。從他的日記中可以體會到，他是很容易結盟，又是容易結仇的人。
結盟或許與上海的生活經驗有關，結仇就可能涉及他的個性。他的日記中
看出他對人物批評十分苛刻，有軍人作風，黃埔軍校畢業生拿到校長所贈
的寶劍上都刻有「不成功便成仁」的字眼，既現代又傳統。但因為他喜歡
讀書，所以跟一般純粹的武人仍有不同，能趕上時代，展現一些文人氣息。
他自承脾氣暴躁，對文官雷霆責罵，對武人甚至拳打腳踢，日記中常為自
己的錯誤「記大過」，也常懺悔，雖然一直想克制自己，但是個性似乎不

易改變。1960 年 11 月，蔣對第九十九師師長鄧親民所製小冊內容不當，大動肝火，聲嘶力竭叱責，以致喉裂聲啞，半年之久，元氣才告恢復。蔣勤於任事，甚至過火，越級指揮壞了戰局，修整文稿苦了文字秘書。大小事情都會過問，碰到交通阻梗，親出指揮，看到街道周邊髒亂，就會破口大罵指斥官員。這些個性的表現，在日記中都可覆按。這正是親近幕僚楊永泰所講的，他「事事躬行」，常致「輕重不均、顧此失彼」。盟兄黃郛則批評他有「毅力」而欠「恢弘」之氣象，均屬中肯之語。

一般人展讀別人日記，除了「偷窺」心理外，多半對主人公不免有先入為主的印象。蔣中正從一介平民到作為一個國家領導人，他奮鬥的歷程，後人難免加油添醋、說三道四。如果平實的對蔣中正日記進行觀察，會覺得他是一個民族主義者，是孫中山的信徒，是一位虔誠的基督徒，他不喜歡英國，嫉俄、日如仇讎；日記中顯示他知道自己學養不足，常師法先賢、勤讀宋明理學。1930 年代當了中央領袖，還特別禮邀學者進行「講課」，甚至不斷向「敵人」學習，有他堅持與成功的一面。但長時期以來，尤其是部分西方媒體和他的政敵，一直視他扮演的是一個「失敗者」的角色，因此多從負面來理解。

蔣中正當過軍校校長、軍隊總司令、軍事委員會委員長、黨的總裁、國家主席、總統，一生的作為不能樣樣令人滿意，當然有多方面的因素，例如說在大時代裡頭要重建一個近代國家的制度與規模，當時確實缺少一個可以運作的規則；在兵馬倥傯中還要對付內外的腐敗與變亂，何況想迅速建立「近代國家」本來就是一種苛求，幾近不可能的任務。外交是內政的延長，蔣大半輩子與美國人打交道，他的「美國經驗」，酸甜苦辣備嘗，因國力弱，政治不上軌道，一路走來需要美利堅的扶持，根本上又難符美國「要一個強大而親美的中國」的期盼。在 1930 年代之後，美國由扶蔣、輕蔣、辱蔣，甚至倒蔣的戲碼，輪番上演，是有原因的。蔣一生對日本、美國愛恨交加，日記中透露了諸多內心穩忍的秘辛與苦楚。其次，蔣當時確實不夠重視黨組織，大部分的心力不是放在軍事，就是放在對付敵人。從某個角度看，1920 年代孫中山依違於英美政黨政治與列寧式政黨之間，

所幸蔣沒進一步學取極端嚴格的動員性政黨組織模式，保有了憲政理想。
但底層力量的薄弱，派系對權力的競逐，則加深他的黨組危機。1940 年
11 月，在日記中他自承「一生之苦厄，全在於黨務也」。從另一角度看，
孫中山西方民主政治的理想，他遵循，也心嚮往之，但最終做到的只是徒
有其名而無其實。另外，他在群雄中要衝出頭是有很多困難的，他的輩分
比較低，多半的成功是靠謀略與機運。1920 年代的北伐及其後，急功近利，
對各地軍閥採取收編、妥協政策，結果形成一個諸多山頭的統一，他似乎
只成無奈的「盟主」。同時當他有權力之後又甚為自負，不太接受挑戰，
一方面是尊嚴的問題，一方面是權力意識，一方面是支撐他地位的架構，
一方面是財政來源的困難，最後可能涉及到家族的網絡問題。他身處在農
業社會傳統未褪盡，資本主義浪潮下「現代國家」制度尚待建立的威權時
代，他的作為與形象很難符合後人的要求與期待，他做事的動機和過程，
大多可以在他的日記中捕捉、體會。

　　蔣中正日記的重要性已如上述，讀者讀過之後更大的感受：這是一套
有血、有肉、有靈魂的資料。1920 年代之後，日記中許多蔣、宋、孔有關
國家大事、家中生活細節的諸多紀錄，正顯現他們平實居家生活的寫照。
他除了讀書外，喜歡旅遊，對奉化「古鄉」，頗有依戀之情。平日生活不
失赤子之心，1933 年 10 月 4 日，中央忙於應付日本侵略，又忙於對付中
共問題時，他「與妻觀月，獨唱岳飛滿江紅詞」，這與蔣平日予人嚴肅刻
板印象，頗有落差。可見這日記提供的不只是歷史的發展線索，更重要的
是人性的揭露。歷史的研究本來就應該以人性作基礎，作有「人味」的研
究，這套日記正好提供了一份珍貴的原料。

　　蔣中正日記的公開，迄今已十數年，對海峽兩岸、英日美近代史學
界，究竟造成多大的影響？「蔣中正日記」自 2006 年開放以來，引來各
地史學家競相閱覽、關注與利用，是不爭的事實。除海峽兩岸學者有大
量論著，忙著開會、籌組成立研究中心、讀書會之外，西方學界也開過幾
次以蔣日記為主體的學術會議。不同國家的學者如陶涵（Jay Taylor）、米
德（Rana Mitter）、方德萬（Hans van de Ven）、戴安娜‧拉里（Diana

Lary)、潘佐夫（Alexander V. Pantsov）等，近年均從不同角度切入，注意到日記的利用，其重要研究成果，有目共睹。即以潘佐夫的《蔣介石：失敗的勝利者》一書言，大量利用蔣的日記，又用俄羅斯的俄文檔案比證，娓娓道來，讓人覺得他真是講故事的高手。齊錫生的中文近著《分崩離析的陣營：抗戰中的國民政府，1937-1945》，其取蔣日記加之中西方檔案作精準比較，史事正負面並陳，同時賦予客觀詮釋，令人耳目一新。這說明研究者、讀者對日記有重大依賴，均能從中直接得到啓發，也就是說，對民國史研究，「蔣日記」之為用，是有相當積極而重要意義。

根據手稿本出版

蔣中正之日記，特別值得一談的是蔣記日記的時間長達半個世紀以上（共五十五年六十六冊），絕對難得。現存的日記，1915 年只有山東討袁一星期的記事，其他都在 1918 年冬永泰之役中喪失。1916 到 1917 年的日記也可能因為 1918 年在廣東戰役中遺失。1924 年正當孫中山致力改善中蘇關係、積極推動國共合作之際，蔣這一年日記則遍尋不著，誠為全套日記出版的最大遺憾。對 1918 年以前的行事，蔣曾經幾度補述，有一部份詳細敘述了他幼年的回憶，附在日記手稿之前；有一部分放在 1929 年 7 月的雜記及 1931 年 2 月的回憶中，嚴格說來不算是日記。1918 年以後雖有部分潮濕霉爛、水漬污染（尤其 1935-1936 年），所幸修補之後，大體完整。

從外型上看，蔣中正日記分為四種形態：蔣中正日記原本、蔣中正日記手抄本、蔣中正日記複印本及蔣中正日記微卷；放在胡佛研究所的蔣中正日記複印本是提供學者閱讀者。事實上，日記的版本應該只有一種，即是目前暫存美國史丹佛大學胡佛研究所之日記原本的「手稿本」，其他所有與日記相關的「版本」，都是由「手稿本」發展出來的。這套《蔣中正日記》是依據原件一個字一個字「刻」（Key）出來的，絕對真實，可靠性無庸置疑。附加的註腳，力求周延，同時方便讀者的索解。

這是學術界、出版界的盛事

日記不可能是個人全部生活的百科書全書，不能求全。日記記載的主觀性與選擇性也顯然的，故而日記史料的利用，更需要其他材料的對應和比較，是而斷章取義、各取所需、過度詮釋，都非所宜。歷史家有好的材料，更應具有好的歷史研究素養和技藝，這是學者可以同意的共識。

過去幾年，能親自參閱蔣中正日記者，畢竟有限，於是許多抄錄者形成的《蔣中正日記》地下版充斥，揭密居奇者正不在少，故而學界及社會各界要求正式出版蔣日記的呼聲極高。最近，日記出版的時機已告成熟，我們的出版立場是學術的、嚴謹的，我們的要求是明確的，這一定會是學界、社會各界期望的出版方向！

我們感謝蔣家家人的同意、國史館陳儀深館長的出版授權、蔣經國國際學術交流基金會錢復董事長、朱雲漢前執行長及今執行長陳純一先生對本案的贊助、世界大同文創公司的支持，使日記順利出版。當然，史學界的朋友，我們曾為蔣中正的善政、失政與作為爭得面紅耳赤，也曾為日記中一個字、詞的辨識吵得翻天覆地，我們的真情是為學術，最大「野心」是努力以嚴謹、負責態度維護出版品水平。這一方面，我們學社同仁自董事長至編輯同仁的付出與辛勞，全在不言中。

我們自信這會是一套擁有「精準」、「正確」特質，具權威性版本的《蔣中正日記》。相信這絕對是民國史、近代中國出版史的一樁盛事。

民國歷史文化學社社長　呂芳上

2023 年 8 月 10 日

序　三

　　蔣中正，字介石，浙江奉化人。早年在中國率軍東征、北伐、領導對日八年抗戰，到戰後由訓政走向憲政，於 1948 年當選行憲後第一任總統。1949 年中央政府遷臺後，蔣氏於 1950 年宣布復職為總統並得到美國的支持，迄 1975 年過世為止，是近半個世紀以來統治臺灣最久的領導人，對近代東亞歷史的發展影響深遠；而蔣中正在臺灣，人們對他的評價卻褒貶不一，可說是毀譽參半。

　　中日戰爭的勝利是蔣中正政治生涯的最高峰，獲譽為世界四強的「偉大領袖」，但短短不到四年時間，就從高峰跌到谷底，變成中共口中的「人民公敵」。另一方面，在威權統治時期的臺灣，他被黨國體制宣傳為「民族的救星」、「世界的偉人」，迄 1987 年解嚴之後，臺灣社會與學界才逐漸擺脫言論自由、思想自由的限制，重新審視蔣中正的歷史定位。直至今日，不論是海峽對岸，或是臺灣社會內部的不同群體，都對蔣中正的功過得失，存在著相當對立與矛盾的詮釋，離所謂的「蓋棺論定」，可能還有一段遙遠的距離。

　　關於蔣中正的學術研究，其契機始於 1995 年總統府分批將「大溪檔案」（即「蔣中正總統檔案」）從陽明山中興賓館移轉至國史館庋藏。該批檔案，是蔣中正統軍領政期間之親筆手稿、文件、電令、諭告，也有經過幕僚統整之檔案彙編、事略稿本，並有蔣氏之相關文物照片等，時間涵蓋 1924 年至 1975 年，為研究蔣中正生平及國民政府、國共內戰、1949 年至 1975 年間中華民國在臺灣之歷史的珍貴重要史料。經過本館初步編目

整理，兩年後即全部正式對外公開，是當年學術界的一大盛事。其後，本館更在「蔣中正總統檔案」的開放基礎上，為開拓研究視野並嘉惠學界，從中披沙揀金，先後出版《蔣中正總統事略稿本》82 冊、《蔣中正總統五記》、《蔣中正先生年譜長編》12 冊，後續並將觸角拓展至戰後臺灣史，先後出版《中華民國政府遷臺初期重要史料彙編－中美協防、臺海危機》5 冊及《二二八事件檔案彙編（17）－大溪檔案》等，這些都是完整取材自「蔣中正總統檔案」的原始文獻，從以上出版主題的多元性來看，不難一窺近 30 萬件的「蔣中正總統檔案」，絕對是中華民國史研究者必須參考的材料。

1988 年蔣經國總統逝世後，蔣家家人將兩蔣日記攜至海外，最終寄存於美國史丹佛大學胡佛研究所檔案館。2006 年史丹佛大學胡佛研究所檔案館正式對外開放《蔣中正日記》的閱覽服務，以致以《蔣中正日記》為文本的歷史書寫，方興未艾。本人為了研究二二八事件、1949 大變局、兩次臺海危機以及 1971 年失去聯合國席位的經過等大問題，亦屢次飛去史丹佛大學抄錄蔣日記。隨著日記內容的不斷披露，海峽兩岸與國際漢學界都有研究蔣中正的學界團體與國際會議，出版的研究論著更是隨著時間累積而呈倍數成長。然而受限於時間與成本，絡繹不絕前去史丹佛大學抄錄的學者，往往只能選擇自己最需要參考的部分，而難窺其全貌，這也使得至今《蔣中正日記》雖有多種版本在坊間流傳，但終究都不是正確而完整的內容。

《蔣中正日記》起自 1917 年，迄至 1972 年 7 月止，除了 1924 年份佚失外，大致完整地保存了蔣中正一生橫跨 55 年的日記，其內容不僅是私人之內心世界，更多涉及軍國大事要聞者，對於歷史研究之重要意義，實不言可喻。本館掌理纂修國史及總統副總統文物之典藏管理及研究，長期致力爭取兩蔣日記返國典藏，歷經 10 年纏訟，終於在 2023 年臺灣及美國法院都將兩蔣父子「任職總統期間的」文物所有權判給國史館；加上從 2014 年呂芳上前館長開始、歷經吳密察前館長以及本人任內的溝通努力，陸續得到蔣家後人的捐贈，今日國史館遂擁有這批兩蔣文物的完整所有

權。有鑑於社會各界對於開放日記之殷切期盼,本館立即著手規畫《蔣中正日記》的出版工作,惟考量日記內容卷帙浩繁,決定先從蔣中正就任中華民國行憲後第一任總統任期(1948-1954)的日記開始出版,後續再根據任期及年度依序出版。

這次《蔣中正日記》之所以能夠快速而順利出版,要感謝呂芳上前館長所主持的民國歷史文化學社,因學社內的編輯同仁早已著手校正日記內容的正確性,也為日記中提到的人物及事件作註解,使得日記的深度、廣度大為提升。相信藉由《蔣中正日記》的出版,必定有助於呈現一個有血有肉、在感情上常常天人交戰、在理性上屢屢自我挑戰、在政治上功過參半的政治人物,也就是更真實的蔣中正。

國史館館長

2023 年 8 月 31 日

蔣中正日記
Chiang Kai-shek Diaries

圖像集珍

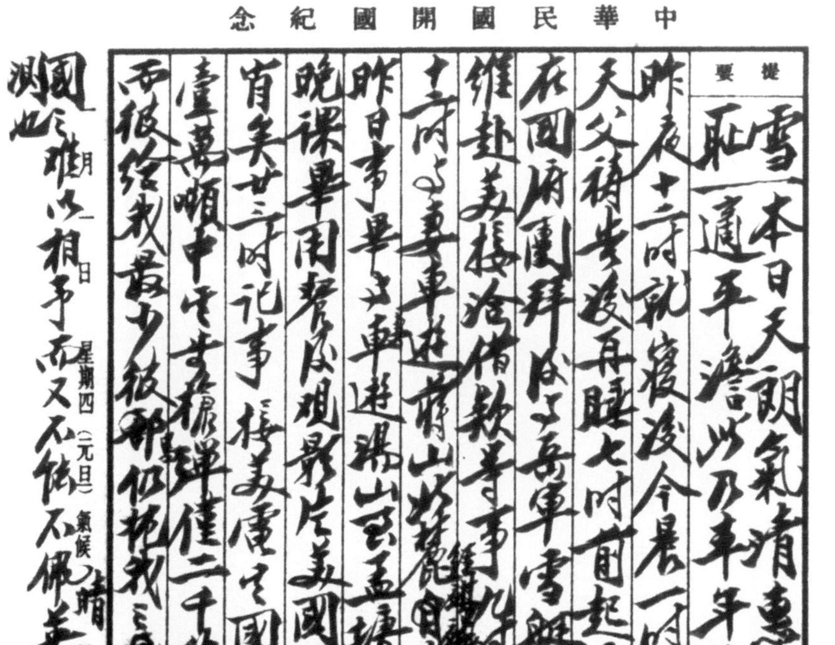

念紀國開國民華中

提要

雪

耻

星期四（元旦）

氣候　晴

溫度

地點

民國三十七年

日記原件。1948 年 1 月 1 日。

「十時謁陵。」（1月1日）

「十時半召見美國顧問團新團長巴爾。」（1月28日）

「朝課後美國太平洋艦隊司令等來訪後，審閱戰況。」（2月27日）

「召見新疆哈密區民眾代表堯樂博士等十餘人。」（3月5日）

「十時檢閱第三快速縱隊,並舉行第一、第二、第三各戰車團
團旗授予典禮畢。」(3月10日)

「到其第一團部即
緯國之團巡視。」
(3月10日)

「本日中華民國國民代表大會
第一屆開會之期,經過無數委
曲忍痛,乃得如期舉行開會,
此實為建國史上第一件大事。」
(3月29日)

「朝課後，謁陵畢，與經兒便遊明孝陵及小紅山基督凱歌堂後，主祭陣亡將士公墓。」（3月29日）

「下午召見美國西太平洋艦隊司令白爵等，其意態誠摯可感。」（4月20日）

「本日朝課後，國大主席團送總統當選證書來寓，謹敬接受。」（5月1日）

「到凸亭侯澄祖墓前登岸謁陵。」（5月16日）

「今日為余就總統職之日，心緒愁鬱，精神沉悶，似乎到處都是黑暗，悲傷悽慘未有如今日之甚。」（5月20日）

「十時到國民大會堂舉行就職典禮畢，到國府舉行文武官員行覲見禮，召見蒙藏
代表後攝影，回寓。」（5 月 20 日）

「奉化各鄉代表來京觀賀，親自接見。」（5 月 28 日）

「晚課後，約宴美國紅衣主教。」（6月3日）

「十一時到新博物館參觀古物陳列品，安陽出土之商代大鼎以及毛公鼎亦陳列其間，此為抗戰勝利後，民間收藏者貢獻於余，祝六十之壽者，余皆轉獻於中央博物館也。」（6月9日）

「十一時到新博物館參觀古物陳列品，安陽出土之商代大鼎以及毛公鼎亦陳列其間，此為抗戰勝利後，民間收藏者貢獻於余，祝六十之壽者，余皆轉獻於中央博物館也。」（6月9日）

「召見馬鴻賓與馬步芳。」（6月24日）

「申刻在眼前生意滿亭，獨坐
靜思，澈悟消滅共匪之道，惟
有提倡基督教會，以天主教之
制度組織與精神，方能澈底消
滅共匪也。」（6月25日）

「下午召集監察院
委員茶會。」
（7月3日）

「召見新疆、西藏各
代表四、五十人畢。」
（7月5日）

「十時到中訓團校閱特種
武器甚良，但無人注意尚
未分發各部隊為憾。」
（7月11日）

「五時到府，接受瑞典與多明尼國勳章。」（7月12日）

「朝課後步行遊覽劍池，相傳為莫干夫婦鍊劍之處也，其水自蘆花塘而下成為小瀑布，分上下兩池，並非名勝也。」（7月27日）

「十一時舉行基督凱歌堂開幕典禮，親自講演證道並跪受聖餐禮。」（8月1日）

「朝課後遊覽庭園，隨時指示石刊『美廬』，甚感興趣。」（8月13日）

「晡與司徒談話後，約其與白吉爾同往大天池遊覽野餐，始則雲霧罩山，最後則豁然開朗，夕陽爭照，益顯天池寺風景之優勝以及其地位適中，實為廬山山上之第一名勝也。」（8月16日）

「到靈谷寺正氣堂致祭陣亡將士畢，巡視西墓與雨農之墓。」（9月3日）

「十一時接暹邏新使國書。」（9 月 18 日）

「下午與劉瑤章巡遊蘆溝橋。
蘆溝橋為古時通南御道，其規
模宏大，構築堅實，自宛平城
直至彰儀門大道，其基石之堅
實現尚存在，殊為可感。」
（10 月 4-5 日）

「正午到津即乘車，至塘沽
乘小船，至口外登重慶艦
將四時矣，五時半起椗。」
（10 月 5 日）

「約宴蒲立德，談起美國在華人員之無識，可笑。」（11 月 17 日）

「約宴空軍將士七十餘人畢。」（12 月 25 日）

目錄

目錄

民國三十七年大事表

一、召集第一屆國民大會，實行憲政，成立正式政府。

二、民選立法院、監察院之成立，其他司法、考試二院亦依照憲法改組成立。

三、地方行政制度之改革。

四、剿匪綏靖區制之建立。

五、幣制之改革。

六、財政制度之改革。

七、平均地權制之開始實行。

八、都市經濟制度之改革與管制幹部之訓練。

九、黨務與幹部之改造。

十、基本工作之實行事項：

    子、剿匪計畫之訂立。

    丑、軍事制度與編組之改造。

    寅、高級將領之訓練，戰術、戰略、戰鬥理論之建立（新剿匪手本之編成）。

    卯、政工幹部之建立與訓練。

    辰、地方基層黨政幹部之建立與訓練。

    己〔巳〕、軍隊新生力之培植與將領之選拔。

    午、調查、組織、管理三種機構之設計與設立。

    未、軍隊訓練機構之督導。

    申、後調旅組訓之速成。

    酉、綏靖地方制度之建立與實行。

    戊〔戌〕、幣制改革之實行。

    亥、糧政、役政之改制與實行。

十一、美國經濟援華計畫之進行。

十二、美國軍事援華計畫之利害。

十三、對美、對俄之外交政策。

十四、國際形勢之發展與運用。

十五、本黨全國代表大會之召集。

一月

蔣中正日記
Chiang Kai-shek Diaries

蔣中正日記
Chiang Kai-shek Diaries

民國三十七年一月

本月大事預定表

一、本年度總預算之手續從速督導完成。

二、本年度整個剿匪總方略之擬定。

三、本年對美、對俄外交方略之研究。

四、各軍師之補充訓練之方案與督導。

五、對劉伯誠〔承〕[1]、陳毅[2]股匪進剿部署之完成。

六、快速縱隊組訓之完成。

七、後調旅及青年師之整訓與督導。

八、去年軍事得失之檢討會議。

九、去年情報工作之檢討會議。

十、匪部優劣各點之檢討。

十一、本年政治、經濟方案之研究。

十二、去年反省錄之記錄。

十三、國防部各部門剿匪業務之加強計畫。

　　　甲、訓練機構與業務。

1　劉伯承，名明昭，字伯承，以字行。時任中共中央委員，先後出任晉冀魯豫軍區、中原軍區司令員。

2　陳毅，原名世俊，字仲弘，時任中共中央委員、華東軍區司令員、華東野戰軍司令員兼政治委員。

乙、征補機構與賞罰。

丙、督導視察機構與人選。

丁、政工職責與組織。

戊、通信情報網與電臺之增加。

己、運輸工具與管理考察工作。

庚、保密、防奸與情報三項工作。

辛、民兵組訓（各級指揮部設置專員）與宣傳主義工作。

壬、交通工具之保管。

十四、圍剿黃河以南劉、陳股匪各兵團之組訓。

1. 第十一與第二十各師。

2. 第九、第六十六各師。

3. 第十與第廿八各師。

4. 五十四與第七十各師。

5. 第八十四與第八十八各師。

6. 廿五與第七十四各師。

7. 第卅二與第七十二各師。

8. 第一與第六十五各師。

9. 第五十二與第八十五各師。

10. 第五與第七十五各師。

本冊乃由第一、第二兩冊日記合訂而成，故其間多有空頁與重複月日也。

一月一日　星期四（元旦）　氣候：晴

雪恥：本日天朗氣清，惠風和暢，心神亦較舒適平澹，此乃本年勝利成功之預兆也。

昨夜十二時就寢後，今晨一時三刻又起床，夫妻並向天父禱告後再睡，七時前起床，朝課。十時謁陵，十一時在國府團拜後，與岳軍[1]、雪艇[2]談對美外交，決派俞大維[3]赴美接洽借款等事。九時在國防部團拜致詞，十二時與妻[4]車遊蔣山北麓，經麒麟門、仙鶴門入太平門回寓午餐。下午記昨日事畢，與妻車遊湯山，至孟塘而回，閱報後處理公文。晚課畢，用餐後觀影片，美國電影之進步誠惟〔維〕妙惟〔維〕肖矣。廿三時記事，接美電，其國務部所允給我國武器壹萬噸中，其步槍彈僅二千餘萬顆，以我所需最急者，而彼給我最少，彼馬[5]仍扼我之吭始終不放也，甚感美國之難以相予，而又不能不佩英國駕馭美國技術之高明莫測也。

一月二日　星期五　氣候：晴

雪恥：一、召訓副級職中級官長計畫。二、戰力補充之要件：甲、增征補充兵方法。乙、師團管區改為征訓機構。丙、進剿區就地募補辦法。丁、後調旅之編配計畫及人選。戊、各訓練區之征補與後調旅之配合計畫。己、招募

1　張羣，字岳軍，曾任外交部部長、行政院副院長、四川省主席等職。時任行政院院長。
2　王世杰，字雪艇，湖北崇陽人。曾任教育部部長、國防最高委員會中央設計局秘書長等職。時任國民參政會主席團主席、外交部部長。1948年3月當選中央研究院院士。
3　俞大維，浙江紹興人。曾任軍政部兵工署署長、軍政部常務次長。時任交通部部長。
4　宋美齡，原籍廣東文昌，生於上海。蔣中正夫人。1950年1月13日自美返臺，支持反共復國大業，並創辦中華民國婦女反共聯合會、華興育幼院。
5　馬歇爾（George C. Marshall），日記中有時記為馬下兒，美國陸軍將領，曾任陸軍參謀長、駐華特使。1947年1月至1949年1月任國務卿。

青年軍計畫。庚、孫立人[1]、唐守治[2]、黃維[3]、方天[4]。三、第二〇三師長陳鞠旅[5]、第三師長黃翔[6]。四、後方機關員兵之裁減。五、電胡璉[7]部署。

朝課後手擬要電數通,召蔚文[8]研究征補兵員與訓練各處機構之人選畢,研究戰局,處理平漢路與隴海路各部署,指導大別山區進剿方略後,再擬電令數通。下午批閱文件,清理積案,據報鄭州軍糧不足一星期之數,平漢路被破壞以後無法運輸,不勝憂惶。又閱美國各報輿論消息,侮華污辱殊難忍受,可痛之至。晡與妻車遊下關視察,市容日有進步。晚課後用餐,晚召集征補訓練有關各主官,決定補訓方略後,記事。

一月三日　星期六（下弦）　氣候:晴

雪恥:一、師部直屬部隊員兵冗員太多,應將此等部隊員兵裁減,充實作戰部隊。二、中央及各地後方機關之勤務衛兵裁減。三、汽車隊加強。

注意:一、追剿以指定部隊對其某一匪部之專剿。二、對匪分區分股集中兵力之圍剿,積小勝為大勝。三、堵裁〔截〕重於追剿。四、偽電、偽令使用

1　孫立人,字撫民,號仲能,曾任新三十八師師長、新一軍軍長、東北保安副司令官。時任陸軍副總司令代理總司令兼陸軍訓練司令。

2　唐守治,字浩泉,湖南零陵人。1946 年任第一軍高級參謀。1947 年,任陸軍訓練司令部參謀長、第四軍官訓練班副主任。本年,出任第二〇六師師長。

3　黃維,字悟我,曾任第三十一軍軍長、聯合後勤總司令部副總司令,時任新制軍官學校校長。本年,兼陸軍第三訓練處處長。

4　方天,字天逸,號空如,1946 年後任國防部第五廳廳長、代理參謀次長,陸軍第一訓練處處長。時任國防部參謀次長。本年,任長沙綏靖公署副主任。

5　陳鞠旅,字戚揚,廣東惠陽人。原任第十六軍副軍長兼第九十四師師長。1948 年 1 月,升任第二〇三師師長。同年 6 月,接任整編第一軍第一師師長,8 月任第一軍軍長。

6　黃翔,原名衍纘,曾任第九十五師師長,時任第六訓練處副處長,10 月調任第九十二軍軍長。

7　胡璉,字伯玉,陝西華縣人。時任整編第十一師師長,在徐蚌會戰中任第十二兵團副司令官指揮突圍時,中彈受傷。

8　林蔚,字蔚文,浙江黃巖人,曾任侍從室第一處主任、軍令部政務次長。1946 年 6 月任國防部政務次長,1947 年 6 月任國防部參謀次長。

之研究。五、召集青年軍各師旅長開會。六、江防之各青年旅及川軍之各旅
與第三師殘部之整編計畫速定。七、交警總隊之升編計畫。

朝課後記事,研究戰局,決定收復運城及恢復平漢路,增援荷澤方略,批閱
公文。下午記上月反省錄與去年反省錄開始,召見魯克斯[1],辭別。到國防部
會議,七時後方畢。餐後晚課畢,召見魏伯聰[2]談臺灣經濟與財政問題。

上星期反省錄

一、東北戰局至上月底我軍已集中完畢,向瀋陽外衛出擊以後,卅一日匪乃
　　開始潰退至遼河北岸,而華北我軍亦向北平外衛掃盪〔蕩〕獲勝,則北
　　方戰局一時當可穩定。

二、上月廿七日運城失陷,晉南攻守方略應即策定。

三、飛武漢召集軍事會議,檢討大別山區進剿得失與今後剿匪要旨之指示,
　　未知能收效否。

四、督導訓練與征補之要領及組織,對於主任人選之提拔與部隊整編之計畫
　　頗費心力也。

五、元旦告書對共匪之罪惡與陰謀之揭露,認為最重要之文字,非此不能使
　　國民警覺匪患之深重也。

六、京滬每石米價已漲至一百十五萬元以上,能不警惕。

七、美國對我之侮辱,其國務部受共匪與史迪威[3]之遺毒,至今非特未減,而
　　且有加無已,實為終身難忘之恥辱。

1　魯克斯(John P. Lucas),美國陸軍將領,曾任第四軍軍長,1946 至 1948 年為駐華軍
　事顧問團團長。

2　魏道明,字伯聰,江西九江人。歷任司法行政部部長、駐法大使、駐美大使、立法院
　副院長。時任臺灣省政府主席。

3　史迪威(Joseph W. Stilwell, 1883-1946),美國陸軍將領,曾任駐華美軍司令、盟軍中
　國戰區參謀長,1944 年蔣與史迪威發生衝突,史稱「史迪威事件」。

八、信心益堅，自修不懈，所恃而無恐者惟此而已。

本星期預定工作課目

1. 黃翔、鍾彬[1]、劉伯龍[2]、高魁元[3]、陳鞠旅、唐守治、李天霞[4]、李默庵[5]之調補 205D、202D、203D、3D、憲兵司令等職。

2. 各訓練處之人選與組織之速成。

3. 應以黃河以南、長江以北地區為生命地帶。

4. 保障津浦路與肅清大別山區為急務。

5. 確定圍剿劉伯誠〔承〕與陳毅二股共匪之主力計畫。

6. 檢討去年軍事之得失與共匪之特點。

7. 審研本年剿匪全盤計畫。

8. 對美、對俄外交政策之檢討與對共之策略。

9. 召見第五期軍訓團員。

10. 總預算與幣制改革案之決定。

11. 快速縱隊之校閱。

12. 新剿匪手本之編審。

1　鍾彬，字中兵，廣東興寧人。曾任第七十一軍軍長、青年軍第九軍軍長、國民政府參軍處參軍。本年，任第九訓練處處長。

2　劉伯龍，貴州龍里人。曾任中央軍官學校教育處處長、戰地視察組第七組組長、陸軍第五訓練處副處長。1948 年 9 月，調任總統特派戰地視察組第十三組組長。

3　高魁元，字煜辰，山東嶧縣人。曾任第十八軍第一一八師師長、整編第十一師副師長。時任整編第八十八師師長。1949 年 4 月，出任第十八軍軍長。

4　李天霞，字耀宗，江蘇寶山人。曾任第七十四軍副軍長、第一〇〇軍軍長、整編第八十三師師長，於孟良崮戰役後撤職。時任第一綏靖區副司令官，1949 年 1 月起調任第七十三軍軍長。

5　李默庵，時任第一綏靖區司令官，10 月調任長沙綏靖公署副主任兼第十七綏靖區司令官。

一月四日　星期日　氣候：晴

雪恥：以科學方法、以力行哲學即革命精神保衛國家獨立，解除人民痛苦，保障民族固有文化與倫理，發揚中華光榮歷史與傳統的德性為訓練之宗旨。

預定：一、綏靖大隊人民服務隊與進剿部隊之配合。二、川旅移駐鄖西、白河。三、召李鐵軍[1]李師長來京。

六時半起床，妻言星期日應可多眠一時，稍節勞力，你尚不知自鬚已全白乎，長此操老，精力何以為繼。余聞之只有彼此憐惜，互道「但願上帝保佑」，另無他言可慰也。

朝課後審閱戰局，十時到戡亂建國訓練班開學典禮，訓話一小時回寓，記事及上週反省錄。下午手擬各戰區訓練處人選及其範圍與部隊，今晨初醒即對此事研究，不敢安眠也。召見公權[2]，談借款與整理幣制計畫後，與妻車遊湯山，回寓審閱戰報，晚課。餐後召見文白[3]與介民[4]、劉培初[5]等商談別動隊與地下電臺之組織，十時半後入浴。

本日英國歸還政權於緬甸，此乃中國抗戰結果所得之影響也。

1　李鐵軍，原名培元，字虞午，廣東梅縣人。曾任第七十六軍軍長、第三集團軍總司令、第二十九集團軍總司令。時任第五兵團司令官。

2　張嘉璈，字公權，江蘇寶山人。張君勱之弟。曾任中國銀行總經理、交通部部長、軍事委員會東北行營經濟委員會主任委員等職。1947 年 3 月至 1948 年 5 月，特任中央銀行總裁。

3　張治中，字文白，時任國民政府西北行轅主任。本年 8 月起，任西北軍政長官。12 月起，任行政院政務委員。

4　鄭介民，原名庭炳，字耀全，廣東文昌人。1947 年 12 月至 1950 年 3 月任國防部常務次長。

5　劉培初，時任國防部綏靖總隊總隊長。

一月五日　星期一　氣候：晴

雪恥：一、令王耀武[1]在萊山、博山與泰安、肥城間各地區，隨時可集中兩個整師，準備對大汶口拆毀鐵道之匪出擊。二、決定俞大維中止赴美。

朝課後到中央黨部紀念週致詞完，再到中訓團舉行陸軍大學將官班開學典禮，致詞點名畢，回寓，召見六員。下午口授令稿十餘通，手擬電稿數通。召見俞大維部長，聽取其與美國公使衛克拉克[2]談話經過，表示俞此次赴美只能與其遠東司長[3]為對手談話，而馬歇爾不能接待之意，最可駭異者為其提開闢南京與漢口為商埠，作為此次援華借款之條件，且要求俞對其政府提議須有確實答覆之準備云，聞此痛憤無已，何我受恥蒙辱、為美壓迫竟至於此。公畢，沉痛挹〔悒〕鬱中出外散步，兼閱地圖消遣，勿使悶損過甚。晚課後，約岳軍、雪艇商談外交方針，決定俞、貝[4]二人皆不赴美，並提警告。召見美大使[5]。

一月六日　星期二（小寒）　氣候：晴

雪恥：一、各地傷痊官兵之整頓，出院歸隊或編組之計畫。二、南陽專員褚懷理[6]與宛西民團首領陳舜德[7]之任用。三、第三廳每月對各師長參謀長剿匪

1　王耀武，字佐民，山東泰安人。時任第二綏靖區司令官兼山東省政府主席，9 月在濟南戰役被俘。

2　克拉克（Lewis Clark），又譯柯慎思，美國外交官，時任駐華大使館公使銜參事。

3　白德華（W. Walton Butterworth），又譯白脫華、白塔華，美國外交官，曾任駐華公使，時任國務院遠東司司長。

4　俞、貝，即俞大維、貝祖詒。貝祖詒，字淞蓀，江蘇吳縣人。曾任中國銀行副總經理、中央銀行總裁等職。1948 年，全家赴美國，擔任中華民國駐華盛頓技術代表團團長，以爭取美援。

5　司徒雷登（John Leighton Stuart），美國傳教士，曾任燕京大學校長，1946 年 7 月起任駐華大使。

6　褚懷理，時任河南省第六區行政督察專員。

7　陳舜德，時任宛西民團縱隊司令。

新心得與新發明之技術，及其所部之特殊功績者之有否。四、召見軍訓團員。子丑禱告時，請求天父指示對美可否表示決絕，連叩三次皆示為不可，照常理決策，以為對頑固不靈之政敵有詞可藉、有機可乘，非予以當頭一棒，使之有所覺悟不可，而神則再三示為不可。過後半日乃發現余自主觀太強、思慮錯誤處之發現，始信知幾惟神，非人所能想及，自後諸事益不敢自是，皆應以神之指示為決定矣。

朝課後再約大維、雪艇談對美方鍼畢，再召見漢傑[1]談膠東部隊整補事，研究作戰畢，訓練會報，記事。正午宴于斌[2]主教。下午批閱公文，召見五人，並見新疆回教朝聖代表[3]。審閱戰報，晚課。清理積案，餐後召見二人。

本日為戴院長季陶[4]生日五十九歲。

一月七日　星期三　氣候：陰

雪恥：注意：一、對匪之戰略狡計：甲、盡量在我外衛擾亂，以加重我經濟之困窮而掠奪我物資。乙、對我避作主力戰。丙、以山地為其根據。對其甲項應特別研究對策。二、本日處境益形艱窘：甲、美國記者將端納[5]行狀出版，其間對我之誹謗誣蔑必多，此其毀謗我之影響或比史迪威之日記更大，共匪之宣傳與美國之反華非使我澈底毀滅而不甘其心也。乙、作戰會報研討去年

1　范漢傑，名其迭，以字行。1946 年任國防部參謀次長、陸軍副總司令。1947 年 3 月任陸軍總司令部鄭州指揮部主任，6 月調任第一兵團司令，9 月兼任膠東兵團司令。1948 年 10 月在錦州戰役被俘。
2　于斌，字野聲，1946 年為南京總主教，創辦《益世報》，並當選為制憲國民大會主席。1949 年遵照教廷命令，離開南京前往美國，在紐約成立中美聯誼會。
3　艾布都拉，新疆回胞朝聖團團長。
4　戴傳賢（1891-1949），字季陶，號天仇，原籍浙江吳興，生於四川廣漢。1928 年 10 月至 1948 年 7 月，任考試院院長，近二十年。1948 年 6 月，發表國史館館長，因病未到職。1949 年 2 月 11 日，服藥自殺。
5　端納（William Henry Donald, 1875-1946），澳洲記者，先後擔任孫中山、張學良和蔣中正、宋美齡夫婦私人顧問。

剿匪軍事之得失，其地圖中共匪擴張之範圍色別，誠令人警怖失色，若不知對匪作戰專對其軍隊主力，而不重面積之原則，是真以為陷入不可挽救之局勢，故此心倍覺憂慮也。

朝課後審閱戰報，批閱公文，召見六人後，召集宣傳會報。下午到國防部會報至六時半方畢，指示今後作戰方略與準備。晚課後，與妻對奕二局後，聽取保密局貪污案報告，是誠駭人聽聞，可痛。

一月八日　星期四　氣候：陰

雪恥：一、進剿各師汽車之增加。二、退役軍官派任高級政工與戰地行政工作。三、勳章之發給，每戰役以高級官最多為三分一，其餘應多給中下級軍官。又前方勳章應多於後方。四、臨潼十七旅之補兵。五、重申警戒謊報軍情與加強情報技術。七[1]、匪之以多吃少之對策與機動性之提倡。八、協同一致、赴援必到之習慣。

朝課後接叔銘[2]電稱，昨日瀋陽前方失利，情勢危急，余得此始以為不至如此危急，及得辭修[3]電，乃知公主屯附近兩師已被匪消滅，情勢果甚危迫也，不勝焦慮，但亦惟有默禱天父之保佑而已。十時到戡建班訓話點名，回寓，醫牙。下午批閱公文後，到軍訓團召見五十餘人，得益甚多，戒懼亦多也。回

1　原文如此，後同。
2　王叔銘，本名勳，號叔銘，山東諸城人。1946 年 6 月任空軍總司令部副總司令兼參謀長。
3　陳誠，字辭修，號石叟，浙江青田人。曾任第九戰區司令長官、中國遠征軍司令官、軍政部部長等職。時任參謀總長兼東北行轅主任，本年 5 月底卸職養病。

寓召見六員，見胡團長翼烜[1]、劉旅長平[2]、朱賡颺[3]、譚煜麟[4]，皆優秀可用之才，則轉悲為樂矣。研究東北戰局，策定方案。晚餐後，與妻車遊陵園即回，晚課後記事。今日甚覺疲乏也。

一月九日　星期五　氣候：上陰下晴

雪恥：一、本年度剿匪工作應特別加強各業務。二、東北參謀長人選。三、熱河主席人選。三[5]、各據點流落軍眷之救濟與遣送。四、令各地優待軍眷。朝課後記事，到國務會議，總預算案及文武職人員俸給案皆通過，惟省縣市自治通則案[6]，以季陶發表意見：此案關乎國家治亂強弱，甚至存亡所關之根本問題，以中國各省縣之人口財富與教育文化水準之不平，如輕率決定通則，必貽後患，故慎重其事，再付審查也。下午到軍官團第五期畢業禮，訓話一小時半，頗覺疲勞，回寓休息，批閱。晚課，審閱戰報，補召訓練會議人員，到勵志社宴會後，與妻車遊下關，回寓。入浴後接閱辭修電，乃知瀋陽之圍尚未解除，準備困守，其氣似餒，故決心明日飛瀋視察。

---

1 胡翼烜，字炳文，曾任第三十六師參謀主任、第一○八團團長等職。時任整編第三十六旅第一○六團團長，堅守山東萊陽。本年 2 月，升任整編第三十六旅旅長。
2 劉平，湖南湘潭人。時任整編第九師第七十六旅旅長。本年，升任整編第十五師師長。
3 朱賡颺，原任交通警察第十六總隊第三大隊長，因守衛大同有功，擢升交通警察第九總隊隊長。
4 譚煜麟，曾任憲兵訓練所教育長、第四十二師師長、淞滬警備司令部參謀長。本年 11 月起，任憲兵學校校長。
5 原文如此。
6 即國民政府對行政院呈來《省縣自治通則草案》的審查工作。國民黨總理孫中山主張中央與地方均權，提倡地方自治，其基本理念業經納入《中華民國憲法》「中央與地方之權限」、「地方制度」兩章中。按憲法規定，中央應完成《省縣自治通則》的立法工作，再由省、縣依據該通則，制定省、縣自治法。即以該通則做為地方自治的母法之意。1947 年 12 月 9 日，行政院院會修正通過《省縣自治通則草案》，並呈交國民政府討論審查。不過部分黨政要員始終認為軍事政經情勢特殊，立法「尚非其時」。俟 1948 年行憲中央政府組成後，第一屆立法院就相關提案展開審議，然黨政高層仍認為不宜輕易決定，「必須慎重出之」（參見蔣本年 9 月 6 日日記）。該案直到 1949 年中央政府遷設臺灣後，始終未能完成三讀立法程序。

一月十日　星期六　氣候：上陰下晴

雪恥：一、剿匪綏靖區制度：甲、軍政黨一元化。乙、壯丁征訓。丙、糧秣囤積。丁、情報網之加強。二、快速縱隊之行動與戰術：甲、行進列車之編組。乙、距離之規定，以六十華里為準。丙、分途並進。丁、注重迂迴，避免敵之預伏。戊、搜索隊廣正面之分布。己、通信之加強。庚、秘密其駐地。辛、車隊之防護。三、通信與情報組織之擴充與健全，及其訓練與待遇之提高。

朝課後清理積案，研究戰報，指導豫中圍剿計畫之要則，召見岳軍、達銓[1]、蔚文等畢。正午起飛，十六時到瀋陽，十八時到行轅會議聽取報告，對於敵情及其行動，行轅全不明瞭，殊為憂慮。與宜生[2]談增援東北事，彼反要求增加華北兵力為言，殊出意外，其態度適與前相反也，何耶？晚課後用餐，聽取叔銘與耀湘[3]各別報告，廿二時就寢。

上星期反省錄

一、政治事只有利害而無是非，更無道義，如為政敵，尤其是叛徒降伏後，予以寬大收容，在我勢強力大、政局穩定健全時則皆服從無事，萬一動盪，則其態度與行動立變為對敵，其攜貳離叛之心，決不能因道義寬大而為之澈底感召也。觀乎最近馮[4]、李[5]之遺臭國外與桂系之擅自行動，更

1　吳鼎昌，字達銓，四川華陽人。曾任天津《大公報》社長、實業部部長、貴州省政府主席、中國國民黨國防最高委員會中央設計局秘書長。時任國民政府文官長。1948 年 5 月，任總統府秘書長。1949 年 1 月去職，轉赴香港。

2　傅作義，字宜生，山西榮河人。時任察哈爾省政府主席、華北剿匪總司令部總司令。

3　廖耀湘，字建楚，曾任第二○○師參謀長、新編第二十二師師長、新編第六軍軍長等職。1947 年 8 月起，任第九兵團司令。1948 年 10 月，在遼西會戰被俘。

4　馮玉祥（1882-1948），字煥章，安徽巢縣人。曾任國防最高委員會常務委員，第三戰區、第六戰區司令長官，1946 年以考察水利專使身分赴美，1947 年底撤銷名義。1948 年 8 月 22 日，以所乘船隻在黑海海域起火，逃生不及遇難。

5　李宗仁，字德鄰，曾任第五戰區司令長官、軍事委員會漢中及北平行營主任。時為國民政府主席北平行轅主任。

可證明此乃畢生之大教訓也。

二、美國務院表示對我政府所派代表俞大維之拒絕，可知馬歇爾對前參加三人小組會議與其不睦者之仇恨永不能解，其量之狹小，誠不出余妻之所料，而其對我政府之侮辱更甚，殊堪痛心。

三、東北公主屯陳林達[1]軍又被匪消滅兩個師，情勢更覺嚴重，乃於週末飛瀋實地視察。當地軍政與組織情形與辭修之病態，殊堪憂慮。此行心神雖倍增悲戚，但獲益亦多，若因此而能加以改善，未始非轉敗為勝之道也。

本星期預定工作課目

1. 發表衛立煌[2]為東北剿匪總司令。

2. 為九龍案告民眾書。

3. 東北戰略之重新決定。

4. 各區訓練處之組織與籌備一切。

5. 訓練會議之召集。

6. 補充兵征募之督促。

7. 第二快速縱隊之編成。

8. 第三師之整編與人事。

9. 對陳毅股匪行動之研究與圍剿計畫。

10. 第九師速派南陽赴援鄧縣。

11. 快速縱隊通信器材之補充。

12. 準備往廬山休息。

1　陳林達，字兼善，時任新五軍軍長。本年 1 月間，部隊遭殲，被俘。

2　衛立煌，字俊如，又字輝珊，安徽合肥人。1948 年 1 月，任東北剿匪總司令部總司令。11 月 16 日，以貽誤戎機，導致東北淪陷，遭撤職查辦。

一月十一日　星期日（朔）　氣候：晴

雪恥：昨夜氣候雖寒，但子丑禱告仍如常起床舉行，未敢或息。今晨六時半起床，朝課未畢，宜生來見，以大沽戰況緊急之電見告，彼欲即時飛回北平，其恐商談增援東北兵力也。余乃明告其今後華北與東北二戰區應打成一片，首先應掌握冀熱遼邊區與保掌北寧路，雙方應先派主力部隊肅清邊區之匪，令其對冀西南暫取守勢，又以辭修病狀公私關係相勉，彼似仍無所動。最後余令其三星期後必須抽出三個師有力部隊東進，實行此一任務，彼雖口頭勉允，未知其能遵令奉行否。彼辭別後，繼續朝課。九時半到行轅會議，召見高級將領，檢討公主屯失敗經過，行轅以廖耀湘部赴援不力為言，而實際上乃陳林達不能固守據點待援，及行轅指導無方所致，本擬處分廖部，檢討結果並無過失，乃不置議。指示訓勉以後，時已十四，乃即直到機場起飛，十八時回京，妻迎之回家，倍覺自慰，晚課，會客。

一月十二日　星期一　氣候：晴

雪恥：近日內部因政治與人事關係，一般心理與精神皆為權利觀念而起要脅與背離之態勢，余雖不以為意，但終不能忘憂，於是心神有紛煩不專之象，加之東北軍事嚴重與辭修病態，更覺處理困難，但對前途並不悲觀，深信天父必能保佑中華，完成其所賦予我之使命也。今日對東北人事之處置與慰勉各將領之工作，多已解決矣，事煩心重，惟尚能了理無遺也。

朝課後發廖耀湘等電，審閱戰報，批核公文，召見十餘人，決派衛立煌為東北剿匪總司令。下午發辭修及各將領慰勉電後，與妻車遊湯山，回寓，審閱戰報。晚課後即召見孫立人、李默庵等，討論訓練與蘇北清剿等問題。第三

師長李楚瀛[1]來見，此人無能失敗，甚悔用人之不加考察，而各主官不負責濫荐也。

一月十三日　星期二　氣候：晴　朝霧

雪恥：竺甥培風[2]昨日在中牟上空，以發動機發生故障機墜死亡，殊為悲慟，該甥性行皆非短命之象，不料其如此慘死也。妻聞此驚惶不知所措，面色慘白來告噩耗，余始不信以為真，及經兒[3]來言其屍已覓獲，乃知已證實無望矣。此甥先慈[4]鍾愛之如經兒，蓮妹[5]惟出此一子，如其尚在，不知如何悲傷矣。

朝課靜默時，意煩思雜，甚不純一。上午到訓練會議指示訓話約二小時餘，回寓審閱戰報。正在記事時，忽得培甥噩耗，甚感人生之無常也，乃派經兒前往上海經理喪事，安慰其家人。下午手擬健生[6]電稿，批閱公文，清理積案，不敢因悲而延誤要公也。與妻車遊市郊後，晚課，餐畢，雪艇外長來告，九龍拆屋，港警干涉，因開槍受傷者五人，群情憤激，各地醞釀風潮，殊為可慮。召見二人，記事。

1　李楚瀛，曾任第十九集團軍副總司令、整編第三師師長等職。時任整編第二十六軍副軍長兼整編第三師師長。本年先後調國防部部員、淞滬警備司令部副司令。

2　竺培風（1916-1948），蔣中正外甥，曾任空軍第二中隊飛行員、B-25 轟炸機飛行員。1948 年 1 月 12 日墜機身亡。

3　蔣經國，字建豐，蔣中正長子。歷任三民主義青年團中央常務幹事兼中央組訓處處長、國防部預備幹部管理處處長等職。本年 4 月代理中央政治學校教育長。

4　王采玉（1864-1921），蔣中正之母親。18 歲前夫故去，20 歲再嫁蔣肇聰為繼室，1887 年，生蔣肇聰次子蔣中正，後又生一男兩女：蔣瑞蓮、蔣瑞菊、蔣瑞青。

5　蔣瑞蓮（1890-1937），浙江奉化人，蔣中正之妹。嫁與竺芝珊為妻，其子名竺培風。

6　白崇禧，字健生，廣西桂林人。1946 年 6 月任國防部部長。1948 年 6 月任華中剿匪總司令部總司令、總統府戰略顧問委員會主任委員。

一月十四日　星期三　氣候：晴　北風　寒

雪恥：一、組織新生力軍十二個師之籌備與人選。二、清剿中原劉、陳[1]等股之組織。三、對華中各邊區之部署與圍剿，勿使其蔓延。四、各綏區壯丁與糧食之登記管理，應派各師人民服務隊執行，須先訓練。五、國防部經理與發餉手續之嚴格規定。

朝課後手擬要令數通，對軍糧與編組兵團問題之之[2]核定，審閱戰報，研究進剿陳、劉各股整個計畫，核定進剿、圍剿與追堵各種基本方案，召見數人，參加宣傳會報，決定對九龍事件之對策與方鍼。下午批閱公文後，到國防部部務會議，十九時方畢，休息後晚課。餐後各別召見高級將領二十餘人，自廿一時起，廿三時後方完，多數將領皆有可為，故此心甚安，而不覺其倦也。

一月十五日　星期四（上元）　氣候：晴　寒

雪恥：一、華北新卅二師師長李銘鼎[3]陣亡後，魯英麐[4]軍長乃又自戕，華北戰局將日益嚴重，前途大難仍未已也。二、政治大學為九龍事件[5]，有少數學生竟擅自遊行請願不遵校令，本黨幹部之無能失職，殊為痛苦。三、李宗仁自

1　劉、陳即劉伯承、陳毅。
2　原文如此。
3　李銘鼎（1903-1948），字著九，時任新編第三十二師師長，本年 1 月間在淶水戰役陣亡。
4　魯英麐（1894-1948），字銳鋒，時任第三十五軍軍長，本年 1 月在淶水戰役失利自盡。
5　1898 年 6 月，清廷和英國簽訂《展拓香港界址專條》，議定：「所有現在九龍城內駐紮之中國官員，仍可在城內各司其事，惟不得與保衛香港之武備有所妨礙。其餘新租之地，專歸英國管轄。」但不久後，英方即以清廷妨礙武備為由，驅逐城內中國官兵，逕自宣示取得九龍城寨的主權與管治。邁入二十世紀後，中英兩國對該城寨的管治問題，依然各申己是，遲未達成共識。1948 年 1 月，港英政府派遣工人、警察進入九龍城，強拆民房，驅逐居民，釀成流血事件，中國廣州、南京、上海等各大城市爆發反英示威遊行，國民政府主席蔣中正諭示人民謹守秩序，並令外交部提出嚴正抗議，積極交涉。嗣與英方商定改造城寨為同盟公園，雙方共同管理，以紀念為二次大戰犧牲之同盟國將士。然而隨著中國內戰局勢瞬息丕變，計畫為之中輟。

動競選副總統,而要求胡適[1]競選大總統,其用心可知,但余反因此而自慰,引為無上之佳音,只要能有人願負責接替重任,余必全力協助其成功,務使我人民與部下皆能安心服務,勿為共匪乘機擴大叛亂則幸矣。

朝課後處理要務,十時到戡亂建國訓練班授課,回寓,召見岳軍、江杓[2]等,記事。正午約見訓練會議人員聚餐,下午到訓練會議聽取結果後,訓話一小時餘。晡見英國藍浦生[3]夫婦,晚在勵志社宴訓練會議全體人員,回寓休息後,晚課畢,十時半就寢。

一月十六日　星期五　氣候:晴

雪恥:重慶高級機關與主管官之貪污索詐、不道德、無廉恥之腐敗情形,聞之色變,不知革命前途究將如何結果,不勝悲痛之至。

朝課後手擬數電,特征補充兵令稿後,審閱戰報,召見青年軍各師、旅、團長及各訓練處長與前方部隊長等卅餘人,關於調整人事與考察性能,未能使銓敘循入軌道,乃為最苦最難之一事,自悔漫無組織,貽誤事業非尟,及今力行或可挽救乎。下午批閱公文,召見數人。晡與妻車遊湯山回寓,得廣州群眾為九龍案遊行,燒燬英國領館與商店,此乃共匪使中國回復到庚子年拳匪之亂,使國家重陷於萬劫不復之陰謀。茫茫前途未知如何能消除此殷憂,惟有盡其人事、聽之於天而已。晚課靜坐未畢,岳軍與雪艇來談廣州暴動案處置辦法後,為美艦隊司令柯克[4]上將餞別後,繼續靜坐默禱,廿三時前就寢。

1　胡適,字適之,安徽績溪人。1946 年 9 月任北京大學校長,1948 年獲選第一屆國民大會代表。

2　江杓,字星初,上海人。曾任駐美物資供應委員會副主任委員。1946 年起,任行政院物資供應委員會秘書長,兼物資供應局局長。

3　藍浦生(Miles W. Lampson),英國外交官,曾任駐華公使、駐埃及與蘇丹高級專員、駐埃及與蘇丹大使。

4　柯克(Charles M. Cooke Jr.),又譯可克,曾任美國海軍軍令部副部長、第七艦隊司令,1947 年至 1948 年任西太平洋海軍部隊司令,常駐青島。

一月十七日　星期六　氣候：晴

雪恥：一、召見張世光[1]、王元直[2]（前 88D 師長）。二、203 師駐武穴一旅之編配確定。三、抽廿一師一旅移駐津浦路。四、發糧食庫券及組織公倉與登記糧食。五、方天兼第一廳長。六、查報無線電製造計畫。

朝課後召見鄭州區各高級將領訓示與整編第三師要旨，審閱戰報。鄧縣情況不明，空軍偵察上午則靜寂無所見，下午則其內城尚有聯絡符號，如此者已有二日，民團不習聯絡與通信，故信疑莫決，甚恐此城已失矣。記事，批閱公文。下午召見通信技術研究所人員後，批閱公文完，到國防部部務會議，休息後晚課，餐後召見俊如、漢傑。本日為廣州暴動案，口授布雷[3]擬告誠民眾書大要，而布雷不敢着筆。上海亦有學生包圍英國領館示威運動，本黨組織無力，領導無方，反為共匪反動所利用，痛心盡極。

上星期反省錄

一、自瀋陽視察回京後，對東北與華北軍事倍增憂患。辭修因病而發生心理變態，更為可慮，乃即決派衛立煌為東北剿匪總司令，前往替代，或可轉危為安也。

二、訓練會議如計召集完成，人事亦已確定，此乃為根本問題，如能切實進行，則剿匪可轉敗為勝也。

1　張世光，曾任第八十八軍軍長，時任中央訓練團軍事幹部訓練班主任。
2　王元直，字重剛，湖南長沙人。1946 年 5 月，任整編第十一旅副旅長。1947 年 6 月，功升整編第一一八旅旅長。1948 年 3 月，接任整編第十一旅旅長。9 月，整編第十一旅恢復第十一師番號，任師長。
3　陳布雷（1890-1948），名訓恩，字彥及，筆名布雷、畏壘，浙江寧波人。曾任中國國民黨中央宣傳部副部長、中央政治委員會副秘書長、國防最高委員會副秘書長、軍事委員會侍從室第二處主任等職。時任國民政府委員。本年任第一屆國大代表、總統府國策顧問、中國國民黨中央政治委員會代理秘書長。11 月 13 日，服用過量安眠藥致死。

三、近日心理多為讓賢選能之準備，最好國民黨在國民大會時交出政權，本人不加入競選，而提出推選國中無黨派之名流為大總統，若果如願以償，則余為國家、為軍事，必使軍民不致因余退職而恐慌與動搖，願暫任參謀總長，以協助繼任者，一俟軍民安定，不致應〔因〕新舊交接時間為匪所乘，則幸矣。

四、桂系攜貳益顯，九龍問題擴大，皆足顧慮，然其並不能危害國家也。

五、竺甥培風死亡乃為不測之變，亦憂害中之悲劇也。

六、華北魯軍長、李師長[1]殉職，軍事又增加困難矣。

本星期預定工作課目

1. 地下電臺之組織，與劉培初綏靖及服務隊配合計畫之督導。

2. 熱河主席與瀋陽防守司令人選。

3. 國防部去年工作之檢討，以及本年度工作之預定。

4. 堅苦學習，深切研究，又特重調查組織與管理。

5. 組織新生力軍十二個師之籌備與人選。

6. 四川問題與人事之研究。

7. 督導訓練處限期成立。

8. 活動堡壘限期裝置。

9. 去年國防部工作報告與審查。

10. 華中兵團之組織與運用方案之確立。

11. 追堵圍清計畫之確立。

12. 發東北各將領訓勉函。

1　魯軍長、李師長，即第三十五軍軍長魯英麐、新編第三十二師師長李銘鼎。

一月十八日　星期日　氣候：晴

雪恥：一、對赴援兵力必須超過匪方預期之兵力，而且必須主力部隊，用中央突破戰術，惟必須抽調一部兵力，在匪預期主力所在方向牽制之，此對匪圍點打援之法也。

朝課後，經、緯[1] 兩兒自上海經紀培甥喪事回報，不忍詳問其經過情形，惟知其遺體原箱未開，即將原箱置入棺內而已。對上海黨團仍有意見不能一致奮鬥為慮。審閱戰報，召衛俊如來地圖室，指示東北剿匪基本方鍼，又召張希世〔世希〕[2]，面示其對鄭州與開封內部之匪探及城市內之潛匪首先設法肅清，而以劉汝明[3] 部最為複雜，其師長劉汝珍[4] 之妾且有共黨之嫌，至少必與匪通消息，其砲兵營長又為馮玉祥之子[5]，殊為可慮。此種腐化之軍情與狡詐之奸匪，如果能不為匪所消滅，豈非上帝佑華之神恩乎，思之寒心。記事與上週反省錄，下午與妻郊遊燕子磯與陵園，僅閱布雷擬稿與審閱戰況，其他並未辦公也。晚課後，九時半即就寢。

1　蔣緯國，字建鎬，蔣中正次子。原任戰車第一團副團長，1947 年 8 月，升任戰車第一團團長。1948 年初，時任裝甲兵編練總處副處長，於南京香林寺創辦「裝甲兵子弟學校」，兼任董事長。7 月升任裝甲兵司令部參謀長。1949 年 2 月，升任裝甲兵司令部副司令。

2　張世希，字適分，江蘇江寧人。1946 年起歷任徐州綏靖公署參謀長、陸軍總司令部副參謀長。時任徐州剿匪總部鄭州指揮所副主任。

3　劉汝明，字子亮，河北獻縣人。曾任第二十九軍副軍長、察哈爾省政府主席、第六十八軍軍長、第二集團軍總司令等職。時任第四綏靖區司令官。本年 8 月，任徐州剿匪總司令部副總司令。

4　劉汝珍，劉汝明之弟。時任整編第六十八師師長。本年 10 月，再任第六十八軍軍長。

5　馮洪國，時任整編第六十八師砲兵營營長。月前，赴重慶進陸軍大學特八期。

一月十九日　星期一（上弦）　氣候：晴

雪恥：一、提槍交匪為軍人最大之恥辱。二、身不死，槍不丟。三、棄械為軍人最大之罪惡。

感懷：一、大公報胡霖[1]對美國大使司徒雷登稱，上海各界領袖六十餘人主張由美國政府主動使蔣主席下野，由張羣負責當政，以期打開政局云。胡本陰險之政客，萬不料其卑劣無恥至此，是誠洋奴成性，不知國家為何物，然一般智識份子與明〔名〕流大都均以洋人為神聖，國事皆以外國態度為轉移，民族自信心之喪失如此，若不積極奮鬥圖強，何以保種與立國也。對於此種陰謀惟有置之不理，以不值一笑視之，以余之責任及信心所在，不必與之計較也。

朝課後批閱要件，到中央紀念週，責令張厲生[2]對立法委員選舉舞弊徇私事件之糾正，其糊塗不可靠之此，萬所不料也。審閱戰報後記事，在庭園散步。下午清理重要積案數十件，不覺其時之晚也，召見六人。對視察人員二十餘人訓話後，晚課畢，口授令稿二十餘通，餐後與妻車遊市郊一匝，記事。

一月二十日　星期二　氣候：晴

雪恥：一、近日共匪猖獗，自石家莊、運城各據點失陷以後，東北新五軍陳林達與四十三師留光天[3]在公主屯之役被俘，與華北卅二師李銘鼎及魯應〔英〕麐軍長自戕以後，士氣民心皆為之動搖，幾乎有風聲鶴淚〔唳〕、朝不保夕之狀態，尤以外僑與使領館人員更聽信共匪之宣傳，以為中國政府三

1　胡霖，字政之，1924年創立《國聞週報》，1926年起接辦天津《大公報》。曾為國民參政員、政治協商會議代表。
2　張厲生，字少武，河北樂亭人。1947年4月，任行政院政務委員兼內政部部長。1948年6月，任行政院副院長，8月兼行政院經濟管制委員會委員、天津區經濟管制督導員。
3　留光天，時任新編第五軍第四十三師師長，本年1月7日在遼寧新民被俘。

個月內必崩潰。而東北與華北為匪完全佔領僅為時間問題，不能超出三個月以上，故上海一般所謂實業界與智識份子如胡霖等輩，一面求得共匪之諒解，一面對美國告洋狀，急使推倒中央政府，以為其自保之地步，甚至文武官吏心神亦全為此種空氣所籠罩威脅，而現悲觀癱瘓之象。余告以共匪並不足畏，而且必有把握保證其必可平定匪亂，則不之信，殊為可痛。

朝課後研究戰局，與天翼[1]談話，召集訓練會報後，批閱公文。下午續批公文，清理要案，召見六人。六時到美國軍醫院鑲製假牙，回寓，晚課，餐後召見俊如，指示東北軍政要領。

昨晚以人心卑劣陷溺與時局艱難，內外多故、變遷無常，乃有非想象所能及者，故未得安眠，但今日辦事精神如常也。

一月二十一日　星期三（大寒）　氣候：陰

雪恥：過去剿匪之所以失敗者，其原因多半為：一、疏忽大意，不明匪情。二、急舉輕進，被匪所算。今後剿匪要領，要以偵察研究、周到準備、謀定後動，尤以不輕進、不輕退，多置第二線兵團與地區預備隊為要旨。蓋匪之實力不大，而且已到其最大限度，只要我國軍不為其所敗，而反予之補充養大，則各種條件我皆優勝於匪，只要假以時日不難就殲，何必求速也。

朝課後寫辭修、叔銘、宜生等各函後，研究戰局，記事。正午宣傳會報，下午批閱公文，召見四人畢，到國防部會議，十八時後方完，回寓休息。晚課後，宴救濟總署分署長[2]，授勳畢，與妻車遊市區一匝。本日立法委員開始投要〔票〕，選舉情形並不踴躍也。

1　熊式輝，字天翼，曾任國民政府軍事委員會委員長東北行營主任、國民政府主席東北行轅主任。1947 年 8 月卸職後，專任國民政府戰略顧問委員會委員。

2　克利佛蘭（Harlan Cleveland），又譯葛理倫、克里夫來，美國外交官員，曾任聯合國戰後救濟總署義大利分署副主任，1947 年 5 月至 1948 年 2 月任聯合國善後救濟總署中國分署主任。

一月二十二日　星期四　氣候：雨

雪恥：國防部務會議自覺態度過嚴，責備太厲，以致部員畏懼，此非所宜，前因部務鬆弛，舊習泄沓，諸事多推諉腐敗，故以嚴制之，此後乃可寬裕處之，使之能知畏而自勉，不敢怠擴〔曠〕職責可也。

預定：一、兵團組織之要旨：甲、每一兵團指定其專對共匪中之某一股，使之負責剿除。乙、每一兵團必須有兩個單位，使之能彼此交換任務，有整休時間，勿使疲勞過久也。

昨夜以東北各將領心理與態度不能和洽與忠勇為慮，乃致未能安眠。朝課後記事。十時到戡亂建國訓練班訓話，點名，考察六、七人，回寓，與岳軍談本年施政方鍼及黨費問題。下午修正令稿二十通畢，往投立法委員選舉票（劉蘅靜[1]）後，回寓，會客，鑲牙。得報美國國務院發表松岡洋右[2]一九四一年在柏林談話錄，稱「彼與蔣委員長取得聯絡」云，余即否認其事。

一月二十三日　星期五　氣候：雪　寒

雪恥：人心險惡已極，美國國務部完全為其共黨所操縱，必欲置余於死地，非使中國赤化與受美、俄所統制而不甘心。彼在用盡其百般陰謀，無計可施之後，竟發表其所謂納粹秘密文件，一九四一年日本外相松岡談話錄中「彼與蔣委員長取得聯絡」一語，欲假我以納粹之罪名，余始見此，乃置之一笑，以為不值置辯，繼乃思美既正式發表此文，如不否認，則將以余為默認，乃即聲明「自一九二七年國民政府成立以來，並未與松岡晤見，且自一九三七

1　劉蘅靜，曾任南京女中校長、國民參政員、制憲國大代表等職，獲選行憲第一屆立法委員。時任中國國民黨中央婦女運動委員會主任委員。
2　松岡洋右（1880-1946），日本外交官。1940-1941年為日本外務大臣，促成日德義三國結盟。

年抗戰以後，並未與任何日人相見，可知此談話實為一卑劣之謊話也」。余對此只覺心神安定，毫不為動，亦未有憤恨之意，此或養氣之工夫進步乎。昨晚約宴國防部高級將領，並指明工作與業務落後及其腐敗之程度至此，殊所不料，期其有所自覺痛改也。

一月二十四日　星期六　氣候：雪　寒

雪恥：昨（廿三）日朝課後記事，到國務會議通過財政經濟政策十條，與救濟捐款辦法。對九龍案決從速了結為主，對馬來亞聯邦憲法令華僑不必反對，並參加競選其議員，以將來華僑在該邦土生日加孳繁，馬來語自無問題，決不能以此限制華僑入藉〔籍〕也。下午清理積案數十件，召見三人，再鑲假牙。晚課後，約國府委員宴會畢，記事，廿二時後就寢。

本日朝課後手擬令稿二通，指導進剿豫中陳毅股匪方略畢，批閱公文。下午召見七人，對青島六十四師內部散漫情形甚為憂慮，丁治盤〔磐〕[1]條陳匪之地方行政與武裝組織與我之對策，頗有見地。現在與匪鬥爭者，乃在於其制度組織與研究謀略之工夫，而決非軍事之單獨力量也。到國防部務會議指示剿匪方鍼，至十九時方完。休息後晚課，餐後召見歸誠之匪高級人員二人畢，觀影片，十時後就寢。

1　丁治磐，字似庵、石安，江蘇東海人。1947 年 12 月調任第十一綏靖區司令官。1948 年 9 月，任江蘇省政府主席兼保安司令，12 月任京滬杭警備總司令部副總司令。1949 年 1 月，兼任江蘇省黨部主任委員。

上星期反省錄

一、近來軍事、政治與外交、經濟環境之複雜艱難，日甚一日，而各種弊竇亦發現益多，誠有百孔千瘡之感，但此心反而安定，不如過去之焦急，朝、夕二課默禱之終時，以「無聲無臭、不憂不懼」二語自勵，以一切成敗皆願以上帝旨意成就為主也。

二、衛總司令立煌已到東北，則軍事負責有人，亦減我對東北人事數月來猶豫不定之憂患也。

三、立法委員之選舉再三易期，今幸實施完成矣，惟本黨內容與其所表現者之不識大體、徇私舞弊之情形，殊堪悲戚，不知何日乃能改革自新。

四、憂患日深，恥辱更重，只有深討匪部之內容及其優點所在，而一一分析之，以定我平亂之對策，而其最重要者，厥為制度、組織與研究之精神，今後應於此三者，作為剿匪最急之要務，為我研究之對象。

本星期預定工作課目

1. 訓練實施綱要與程序之研究會議。
2. 運輸機構之組織問題。
3. 聯勤業務必須將軍品運到部隊應用。
4. 為部下、為所部服務之口號。
5. 總攻擊補給運輸之補充準備計畫。
6. 國防部工效研究與法令檢討會議。
7. 美顧問業務講習會與實地指導之辦法。
8. 聯勤積極整頓與改革之計畫。
9. 人事機構與主管人選之決定及改革。
10. 組織管理與監察等有效方法之研究。
11. 對匪鬥爭之制度組織與科學研究之精神。

12. 地方基層制度及其武裝組織之研究。

一月二十五日　星期日　氣候：微雪　寒

雪恥：入冬以來，每念窮民之凍餓，與前方官兵在冰地雪地中之苦鬥惡戰，耐凍忍痛、流血犧牲之慘狀，殊為之寢食不安，若不努力精進，以期雪恥圖強，以報答受苦受難、為國為我之軍民，其將何以慰先烈在天之靈，而無忝所生耶。

注意：一、如何防止將士被俘，而使之決心戰死，以求榮歸也。二、匪之攻略中小城市，圍困大都市，以達到其各個殲滅之要求的妄想，如何使之粉碎。朝課後審閱戰報，記事，記上週反省錄，批發親友年節金。正午與妻車遊陵園觀雪景。下午清理積案數十通，修正軍官團第五期畢業訓詞稿後，晚課，餐畢，召見黃國樑[1]、丁治磐。本日工作寬緩，心神亦較恬澹，不如過去之緊張也，以日來自覺太緊迫，故使之弛鬆也。

一月二十六日　星期一（望）　氣候：晴　寒

雪恥：外國恨我侮我、毀我反我，尤其是美國馬派之帝國主義者，必欲害我倒我，非得而甘心不可之勢燄，雖使我事業益艱，處境日蹙，但此心益安，此志彌堅，深信此乃我人格品德高深之反影，如我能屹立自強，不忮不求，則彼將如我何耶。

朝課後研究剿匪戰術，思有一具體教程以課將領。十時到軍訓團第六期開學

1　黃國樑，號日如，時任整編第二軍軍長兼整編第六十四師師長。本年先後出任第七兵團副司令、廣東省保安司令部副司令。

典禮，訓話一小時回寓。召見華北代表及李誠一[1]等後，批閱公文。下午續批公文畢，召見新疆、西藏各地來者十餘人，與妻車遊郊外。晡對羅澤闓[2]等指示剿匪戰術要旨。晚餐後，與妻對奕兩局，晚課畢，記事。本日重思編訂曾文正家書目錄，分期別事，使查考較易，而近來各印本分類摘要，反使整個精神與全書體系割裂，最無意義也。

一月二十七日　星期二　氣候：晴

雪恥：剿匪勝負關係：一、匪要拖延時間。二、匪在消極尋隙。三、匪要擴大擾亂範圍。四、匪要困我據點。五、匪要斷我交通。六、匪要保持其各區聯絡路線。七、匪要前方補充。八、匪要就地給養。九、匪要裹脅壯丁。十、匪要我經濟崩潰。十一、匪要踞有山地。十二、匪要坐大盤踞。十三、匪要鞏固其佔領新地。十四、匪無進攻大據點實力。

朝課後記事，餐畢在庭園散步一匝，審閱戰報，對新立屯戰況無消息甚憂慮，二十六師恐又被匪消滅矣。批閱公文，研究剿匪戰術。正午訓練會報，下午批閱後，召見達賴兩兄[3]後，二十師伍副師長重嚴[4]，彼乃優秀將領也。晡與妻車遊郊外，為軍紀廢弛，尤以東北將領不睦、驕傲與怯懦自棄，辭修處置無方，更為苦悶。晚課後見蔚文。

1　李誠一，時任第四綏靖區司令部第二處處長。
2　羅澤闓，曾任國民政府軍令部第一廳第四處處長、青年軍第二〇二師師長等職。時任國防部第三廳廳長，稍後轉任西安綏靖公署副主任、總統府參軍。
3　嘉樂頓珠，第十四世達賴喇嘛二兄，時在南京讀書。
4　伍重嚴，四川廣安人。1947 年 12 月自整編第二十師第一三四旅旅長升任整編第二十師副師長，1948 年因軍級編制恢復，9 月改任第二十軍副軍長。

一月二十八日　星期三　氣候：晴

雪恥：今後剿匪要領：一、不可求速。二、不可輕敵。三、不可疏忽。四、不可輕進。五、不可滯疑（應進即進，應退即退）。六、不可怕敵。七、不可突圍（輕退）。八、要集中主力。九、要慎重。十、要研究。十一、要決斷。十二、要志氣。十三、要振作。十四、要訓練。十五、要專精。十六、要秘密。十七、要確實。十八、要準備。十九、要夜間行動。二十、要主動。廿一、要獨斷（不可請示失機）。廿二、要負責。廿三、要機動。廿四、要輪流進剿。朝課後記事畢，遊覽庭園，審閱戰報。十時半召見美國顧問團新團長巴爾[1]後，見孫仿魯[2]，彼昨始到京就衛戍總司令也。批閱公文，到宣傳會報。下午續批公文，清理積案後，到作戰會報，決定對豫匪總攻擊部署與日期。晚課後，約宴仿魯夫婦畢，與妻車遊下關，回寓默禱後，十時半就寢。

一月二十九日　星期四　氣候：晴

雪恥：一、研究攻擊方法，發揚攻擊精神。二、特種兵精神教育：甲、愛護武器工具。乙、臨危應破壞武器工具勿為匪用。三、監察局任務以監察各部隊發餉與收餉日期、數目為第一要務。四、視察組以考核各團、連經理委員會成績及組織與督促實施為第一。五、國防部每月發表統計各部隊對於剿匪戰績及其研究心得優點之獎勉。六、剿匪歌。七、嚴戒各將領對餉項不公開之惡習。八、運輸工具之集中與管理之一元化。

1　巴大維（David G. Barr），又譯巴爾、巴大衛，簡稱巴顧問。美國陸軍將領，曾任北非戰區參謀長、第六軍團參謀長、陸軍地面部隊人事主管。1948 年 1 月起任美國駐華軍事顧問團團長。
2　孫連仲，字仿魯，曾任第五戰區副司令長官，第六、第十一戰區司令長官、河北省政府主席、保定綏靖公署主任。時任首都衛戍總司令，本年 10 月任總統府參軍長。

朝課後記事，手擬數電稿。對東北軍事給養不良，無任焦急，召見林湛[1]等。十時到戡建班授課，點名，回寓，召見范漢傑談熱河軍政問題。下午批閱情報後，召見三人，六時到美國醫院鑲牙。我國對美顧問招待之優、耗費之大，在此財政經濟狀況之下，美國不惟財政毫不援助，而其顧問並無重要工作，亦無補益，但又不能拒絕，痛悔盡極。晚課。

一月三十日　星期五　氣候：晴

雪恥：一、被俘回來之官長，應將匪方所有宣傳欺騙之事實盡量陳說。二、熟慮斷行與臨事而懼、好謀而成。三、研究準備與斷行。四、加兵減政。五、激勵忠義之氣。五[2]、東北副食物空運。六、激勵士氣文稿。

朝課後草擬講稿條目。十時後到軍訓團點名訓話，回寓，批閱公文。正午約岳軍、詠霓[3]、大維等，商談借款詳細用途及增產計畫。其實美政府故意刁難，乃以我計畫不詳相責難，其實則彼無誠意也，但亦由我軍事挫折，故彼美更無意助我建設耳。下午假眠起後，接東北溝幫子站失陷，匪大部向錦州急進之報，乃手擬二稿電辭修處置要旨。禱告畢，與妻車遊湯山，甚為東北局勢重憂也，審閱戰報，處置畢。晚課後，為美國顧問餞別與歡迎，用心甚苦也。餐後得印度甘地[4]被刺殞命之報，甚望此消不確也。

1　林湛，字照然，曾任國民政府軍訓部騎兵監等職，時任整編第六十三師師長。本年任第六十三軍軍長。
2　原文如此。
3　翁文灝，字詠霓，浙江鄞縣人。曾任行政院副院長等職。時任行政院政務委員兼資源委員會委員長。本年 5 月起，任行政院院長。
4　甘地（Mahatma Gandhi, 1869-1948），印度民族主義運動和國大黨領袖，1 月 30 日遇刺身亡。

一月三十一日　星期六　氣候：晴陰

雪恥：一、裁減後方兵員問題。二、陸空軍聯合作戰之特別訓練。三、快速縱隊之戰術。

朝課後審閱戰報，散步庭園一匝，批閱公文，召見十人，對於點線面戰術由第三廳編製完成甚慰。下午到國防部部務會議，自四時半至七時一刻方完，回寓休息片刻，乃即晚課。餐後，熊天翼所擬新剿匪手本初稿已成，先審閱第一章，尚須切實修改也。手擬錦州、瀋陽數電，對錦州防務未固不勝焦慮，幸葫蘆島港口尚可航行，今冬尚未封港也。

注重：經兒稱劉為章[1]言：主席今日無師傅、無朋友亦無部下，只有學生，所以幹部不夠，革命事業不能有成。此言應深切反省，為何部下而實無幹部、無組織之謂也，可不戒懼，勉乎哉。

1　劉斐，字為章，湖南醴陵人。時任國防部參謀次長。

上月反省錄

一、黨政軍各種舞弊貪婪、怯懦悲觀等之弱點，逐漸暴露，而且層出無窮，而其一般失敗亡國之心理亦日漸表現，殊堪駭異，尤其東北將領之精神一片絕望悲歎之消息更足戒懼。然另一方面觀之，此種弱點破綻之暴露與發見乃於我有益，只要其能發見危險，而能及時補救努力不懈，則未始非轉危為安之機也。

二、東北自公主屯失陷，陳林達軍長被俘以後，一般將領怯懦怨懟，萎靡散漫表現殆盡，主將[1] 帶病處置不當，一着失敗全局動搖，此為今日惟一險象，其敗局幾有不可收拾之憂慮。衛立煌到任之後，未知能否為之挽救也，惟有盡我人事而已。大別山區進剿已有進步，為之略慰，華北戰局自李、魯[2] 二將殉職以後，雖漸穩定，然人事顧慮尚多，人心莫測，駕馭不易，又多我一經驗矣。

三、政治與經濟本年度上半年之總預算，出入相抵雖差百分之四十，然已難得矣，公教人員生活費之調整雖有增加，然物價上漲，石米已逾一百六十萬元之價，與去年此時相比已增至十倍以上，憂悶愁鬱，軍事之外以經濟更足傷人腦筋，茫茫前途不知所止。

四、美國外交侮辱逼迫日甚一日，而以本月拒絕我代表俞大維赴美之舉最為可惡，對我軍事、經濟，其真袖手不顧且加嗤笑漫罵，實難能忍受，但其議會與社會正人亦不少予我以同情，與為我竭力設法援助也。俄國再三試探調解共匪問題，以余置之不理，彼乃惱羞成怒，一面在東北挾匪以自重，一面要求我受其範圍以反美，而美誠昧不自覺，總有一日自食其報乎。

1　主將即東北行轅主任陳誠。
2　李、魯即李銘鼎、魯英麐。

五、本月環境愈惡，時局愈危，內部各種破綻與弱點亦愈顯露，尤其是舊日政敵與降將，皆表現其背叛離異之言行。余則一以勤慎自持，以信道自修，故對軍事之督導與國防部務之整理，戡建班與視察組、軍訓團之督訓組織不遺餘力，亦可說本月實為最苦最忙之一月，嚴督痛責，心神交瘁，人以為余急燥不耐，而余惟知盡其在我而已。

二月

蔣中正日記
Chiang Kai-shek Diaries

民國三十七年二月

本月大事預定表

1. 整頓國防部機構與人事。

2. 加強點驗校閱機構。

3. 加強政工與民眾組訓機構。

4. 裁減第六廳與國防科學會等。

5. 組織新力軍十二個師之籌備與人選。

6. 激勵士氣方法之研究與文稿。

7. 春季攻勢計畫之審核。

8. 訓練與財務經理核實之督導。

9. 東北反攻計畫之督導。

10. 第四快速縱隊之督編。

11. 交警總隊、憲兵司令等人事之決定。

12. 新剿匪手本之完成。

13. 共匪文件之綜核研究。

14. 熱河及東北人事之決定。

15. 對地方有志人士起而保鄉衛國之文稿。

16. 首都警衛兵力編組九個團之計畫。

17. 對黨務之整頓與統制問題。

18. 對國民大會開會之方鍼與準備事項。

19. 各重鎮之行轅如何改組與制度之研究。

20. 剿匪地方行政之基層組織及人事方鍼。

21. 剿匪戰略與戰術具體方案之研究。

22. 對東北政策與戰略之研究。

23. 對世界大勢與對美、對俄外交之研究。

24. 經濟政策與根本方鍼具體計畫之研究。

上星期反省錄

一、東北新立屯與溝幫子各要點相繼失陷，共匪逼緊錦州，瀋陽形勢更孤，國軍若不積極出擊，作破釜沉州〔舟〕之決心，則瀋陽二十萬之官兵皆成甕中之鱉。故分致各軍、師長手書，望其能團結一致，同仇敵愾，以九死一生之志衝出一條血路也。

二、上海同濟大學學生圍打吳國楨[1]市長，共匪必欲借學潮之名，以造成慘案。次日上海舞女以反對禁舞令糾合千人以上，搗毀市政府之社會局，法紀盪然，此又共匪特使政府喪失威信、貽笑中外之陰謀，而我內部黨部與團部不睦，且以此為我內部之糾紛，甚至有人信以為真，殊可怪也。

本星期預定工作課目

1. 國防部業務檢討會議。

2. 將領被俘無恥之嚴重問題之研究。

3. 軍額與軍費預算之解決。

1　吳國楨，字峙之、維周，湖北建始人。1946 年 5 月任上海市市長。1949 年 4 月辭上海市市長職務；12 月任臺灣省政府主席兼保安司令。

4. 新剿匪手本之校閱開始。

5. 對豫中總攻擊之準備。

6. 東北反攻計畫之督導。

7. 訓練機構之組成與督導。

8. 視察人員之召見。

9. 陸、空軍聯合作戰計畫之督導。

10. 地方基層組織與制度及人員之訓練。

11. 聯勤總部業務之督導與人選。

12. 東北政務人事之決定。

二月一日　星期日　氣候：陰晴

雪恥：卅七年匆匆已過一月，光陰如箭，事業日艱，經濟困窘，社會不安，一般幹部心理已完全動搖，信心喪失已盡，對領袖之輕藐雖未形於外，實已動於中，一生事業皆以幹部無組織、無定力，所以不能完成也。惟今日之險狀，余以為不如十五、六年及二十與廿一年之甚，更不能比卅三年七、八月間絕望之時也。惟有竭盡人事，聽之於天父之使命而已。

朝課後召見經兒商談家事。十時到戡亂建國班舉行畢業典禮，訓話一小時後點名，回寓審閱戰報。下午修正致東北將領全力出擊函稿後，手書數函，幾乎無片刻之暇。晡遊覽庭園一匝，散步消遣。晚課後用餐，八時半觀劇。馬連良[1]之唱藝超群，歎為觀止。深夜夫妻皆以時局艱鉅，尤以政府裁減人員與社會經濟困窮，不勝憂戚也。

1　馬連良，字溫如，北京人。扶風社老生演員，民國時期京劇三大家之一。拿手戲目有《借東風》《甘露寺》《青風亭》等。

二月二日　星期一（下弦）　氣候：晴

雪恥：一、政工局設督導員。二、青年軍訓練處設政工處。三、加強兵役宣傳機構。四、電李彌[1]來見。五、沈靖〔澄〕年[2]來見。六、後調旅政工加強，每週呈報組訓情形。

注意：一、對李德鄰競選副總統事之開誠說明意見。二、經國工作：甲、東北政訓，或乙、青年軍政訓業務，丙、政工局之督導員。三、方天與李彌可各組訓一兵團。

朝課後手書周福成[3]等八函至十時方畢，飛送東北各將領，督促反攻也。審閱戰報後，召見十人，記事。下午記本週工作預定表，四時至七時一刻國防部部務總檢討會議，親自主持。回寓休息，在爐前與妻偶談一樂也。終日辛苦，惟此半小時略得自慰也。晚課後餐畢，與天翼談話，觀劇，十一時回，就寢。

二月三日　星期二　氣候：晴

雪恥：最近軍心、民心動搖已極，無人無地無不表現其失敗主義之情緒，可說其對剿匪戡亂之信心，以及對其革命與國家之責任心完全喪失，尤其對領袖之信仰心亦不存在，此種精神之影響，比之於共匪之暴動陰謀更為危急。上海同濟學生擊傷市長，舞女結隊搗毀社會局，以及新申紗廠之暴動，皆為

1　李彌，字炳仁，號文卿，雲南騰衝人。1947 年任整編第八師師長。1948 年徐蚌會戰任第十三兵團司令兼第八軍軍長。後改第六編練司令部司令，部隊直開雲南。1950 年率部撤往緬甸、寮國、泰國交界地，任雲南省政府主席兼雲南綏靖公署主任，繼續於雲南江心坡地區帶領滇緬孤軍與中共對抗。

2　沈澄年，號漸之，曾任第七十五軍第六師師長、第七十五軍副軍長。1946 年起，任整編第七十五師師長。本年 7 月 2 日被俘。

3　周福成，字全五，1947 年 8 月任第三兵團（後改稱第八兵團）司令官，仍兼第五十三軍軍長。1948 年 4 月兼松江省政府主席及保安司令部司令，10 月兼瀋陽守備兵團司令官，11 月於瀋陽被俘。

共匪在我經濟中心區搗亂，擾害社會、顛覆政府、有計畫之暴動，情勢愈急，險象萬狀。惟余之信心絕未為共匪虛聲暴行所動搖，自信其在上帝保佑之下，盡我人事，不憂不懼，必能打破此一最大最後之難關，而獲得最後之勝利與成功也。

二月四日　星期三　氣候：雪

雪恥：昨日朝課後審閱戰報，記事，批閱公文，召見三人後，訓練會報畢。乃對陳毅股匪進剿方案之研討直至十四時方畢，再與文白談對俄外交與新疆問題。下午召見三人後，到國防部業務檢討會議第二日程，對戰犯逃逸，軍法局瞞不早報，不勝憤怒，近日心急情燥，應切戒之。七時鑲牙完畢，晚課後見顧孟餘[1]，約談半小時。緯兒來見，辭出後入浴，就寢。

本（四）日朝課後遊覽庭園一匝，審閱戰報，批閱公文，召見高級視察組員卅餘人畢，宣傳會報。下午繼續召見視察人員卅六六[2]人，皆各別談話後訓示，自十六時至十九時一刻，皆在國防部檢討會議完畢，回寓修補假牙，約顧孟餘晚餐後，晚課，廿二時半就寢。本日忙碌異甚，略覺疲乏也。

二月五日　星期四（立春）　氣候：晴

雪恥：一、至死不作俘、重傷不叫苦之口號。二、綜核名實、踐履篤實、戒除虛浮之口號。三、負責任、守紀律、知廉恥、重考核。四、卅六旅副長朱

1　顧孟餘，字兆熊，河北宛平人。曾任鐵道部部長、中央大學校長。本年行憲政府組成，獲提為行政院副院長，堅辭不就，後獲聘總統府資政。

2　原文如此。

振華[1]之升調。五、潘國華〔華國〕[2]為預幹局局長。

朝課後口授令稿二十餘通,記事。十時半到軍訓團訓話後,對匪俘管理幹訓班點名,回寓審閱戰報,清理積案數十件。正午召集國防部各次長、各總司令聚餐,指示重整國防部各機構之調整,與本年度業務之重點在建立經理財務與訓練部隊二要務之上也。下午審閱上週日記後,與妻車遊燕子磯,途中對抗戰期間及勝利後外交與經濟之失敗原因與貽誤之責任者,不勝挹〔悒〕鬱苦痛,只怪本身之不能把握其大者也,今後恐再無此種良機矣。晚課後,辭修今日由瀋陽回京,討論東北軍事及赴援遼陽問題。

二月六日　星期五　氣候:陰

雪恥:心理作用之影響,比之於物質之作用更大,近來一般文人公教職員,對共匪心理之害怕,幾乎有風聲鶴淚〔唳〕、草木皆兵之象。二十年來人心之動搖、社會之恐慌未有如今日甚者。最可怪者,並無共匪蹤跡之地,而曰匪徒潛伏已久,尤其如宜昌、沙市要埠,殘匪在數百里以外竄擾,而曰其地已被匪包圍,乃知謠諑宣傳之效用,幾乎超過軍事制勝者不止倍屣,共匪竟挾此技倆以威脅一切,應切實研究對策以制之。

朝課後記事,到國務會議,下午到軍訓團第六期畢業典禮,訓話約一小時,照相,鑲牙。晚課後,與辭修談話。約軍訓團學員晚餐,訓話半小時畢。與健生談大別山區剿匪情形及一般剿務。本日心神焦慮,而以辭修精神與病態更為憂沸,美國之外交無禮無義竟至於此,自愧無見也。

1　朱振華,湖南零陵人。原任整編第五十四師第三十六旅副旅長,1948 年 1 月升任整編第三十五師第七旅旅長。
2　潘華國,字靜如,湖南南縣人。曾任青年軍第二〇一師及第二〇三師師長,時任國民政府主席特派戰地視察組第十一組組長。本年先後再任總統特派戰地視察組第十一組、第十組組長。

二月七日　星期六　氣候：晴

雪恥：近日時以機會易失而難得為悔，二十年來，多少良機皆為大意疏忽寬縱而逝去，致有今日之危急與困阨，而恥辱更難忍受矣，未知亡羊補牢，尚未為晚乎？此其惟有仰望天父，再賜予以更大之恩典與救法而已。凡革命與軍事、政治得機握勢之際，必須緊張把持，萬不可有一刻之放縱，更不可托之於將來次一更大之機會，余之性情每次誤事，皆為希望次一機會，而不知其惟一良機稍縱即逝，尚何再有次一良機也。

朝課後寫俊如函，上午舉行緬甸大使[1]呈遞國書典禮，無任欣快，此為平生志願之一，即緬甸獨立也。批閱公文，正午約宴軍事高級幹部訓誡之。下午清理積案，召見邱維達[2]師長，修牙後，召見美大使[3]。晚課後，約宴黨政幹部指導時局，說明今年剿匪必勝之道。

遼陽昨已失陷，此後瀋陽四圍愈緊，東北更嚴重矣。

上星期反省錄

一、本週乃為舊歷年關最後之末週，亦為工作最忙、最繁與憂患最切最重之一週，而以追悔與愧怍為最甚，對於前途之艱難，雖甚戒懼，然而仰賴天父完成使命之信心彌堅，而並未有絲毫之動搖，以天父決不使中華民國滅亡，則余亦決無失敗之理。美馬[4]雖冷酷，俄史[5]雖陰狠，其如天之未喪斯文何，然而經濟窘迫、人心動搖、軍事失利，環境險惡已極矣。

1　宇密登（Myint Thein），緬甸駐華大使，1948 年 1 月 24 日到任，2 月 7 日呈遞到任國書，1949 年 9 月離任。
2　邱維達，時任整編第七十四師師長，本年 9 月任第七十四軍軍長。
3　美大使即司徒雷登（John Leighton Stuart）。
4　美馬即馬歇爾（George C. Marshall）。
5　史達林（Joseph Stalin），又譯史大林、斯大林，蘇聯共產黨總書記、部長會議主席。

二、東北遼陽失陷，乃為戰局劣轉最極之時也。

三、國防部檢討會議連續三天，軍訓團第六期訓話與視察組員之召見指示，以及對東北各將領各致手書十餘件，苦口婆心，舌焦神疲，其已盡人事乎。

四、辭修由東北回京，精神萎靡，病態益著，更增憂戚。

五、美國援華已定五億七千萬美金之數字，此心未有所動也。

本星期預定工作課目

1. 警衛總隊改為三團制之旅。

2. 首都衛戍副總司令與參謀長人選：陳大慶[1]、萬建蕃[2]。

3. 駐廬期間工作預定表：甲、研究匪部戰略戰術與對策。乙、新剿匪手本之完成。丙、國大之要務與目的及政策，對憲法之補救與運用。丁、本年工作預定表及去年反省錄之完成。戊、中央及地方人事之研究與準備。己、貪污軍官之懲治。庚、行憲後進退與政局之處置。辛、剿匪方案與期別之擬議。壬、外交政策之研究。癸、經濟政策之研究。

4. 第四快速縱隊之督組。

5. 對魯西與鄂西堵剿之部署。

6. 召見胡長青[3]等各師長。

8.[4] 河南省主席人選之準備。

9. 曹福林[5]師之移調。

1　陳大慶，字養浩，江西崇義人。曾任第二十九軍軍長、第十九集團軍總司令、第一綏靖區副司令官，本年先後擔任首都衛戍副司令官、衢州綏靖公署副主任等職。
2　萬建蕃，曾任第一戰區副參謀長，本年任首都衛戍司令部參謀長。
3　胡長青，曾任第四十五師師長等職，時任整編第六十九師師長。後任第九十九軍軍長。
4　原文如此，下同。
5　曹福林，字樂山，河北景縣人。時任整編第五十五師師長。本年，任第八兵團副司令官兼第五十五軍軍長，參與徐蚌會戰。

二月八日　星期日　氣候：晴

雪恥：朝課後清理積案，收拾文件、行裝畢，岳軍來談其對於大局注重各點：甲、行憲前對行憲後制度之牽制不通，行政與立法院之關係，以及本黨派別之複雜不能統制。乙、目前本黨副總統競選之激烈。丙、國大是否修改憲法問題。丁、軍事、經濟之前途與人心之動搖。戊、彼決不再任行政院長。余明告以：一、軍事絕對有把握。二、經濟奇窘，決不能使我政府崩潰，余已作最後之準備。三、本黨派別平時不必過於統制，若到最後，則可使必歸一致無疑。四、須知吾人始終立於革命地位，中華民國今日之基礎不在政治與軍事之有否實力，而全在於余一人之生死存亡如何，只要余能生存一日，則必能保障國家之生存。至於憲法與行憲問題，亦只有應因時宜，以革命手段斷然處置，對經濟問題亦復如是，一到最後關頭，只有以快刀斬亂麻之精神行之，不必為將來與目前之現狀深慮也。

二月九日　星期一　氣候：晴

雪恥：昨（八）晨與岳軍談畢，召見健生部長，討論軍事與政治問題，屬其轉告德鄰勿再對競選副總統事作宣傳，勿予共匪以可乘之隙，自削其剿共之形勢與力量也。召見蔚文，核定東北重要人事後，審閱戰報，乃知陳毅全股主力已竄向魯西（由豫中），而劉伯誠〔承〕仍帶其第一、第二縱隊殘部竄回淮河南岸大別山區也，共匪此一行動之變化，應特別研究其要旨所在也。十一時半乘飛機由京到潯，十五時半到達牯嶺，空氣清冷，環境幽雅，雪山銀樹堪歎觀止，誠休養之地也。除補記昨事外，皆在寓漫游自得，妻則整頓房舍，布置鋪陳甚忙耳。晚課畢，與妻對奕後入浴，廿二時後就寢。
本（九）日朝課後出外在雪地散步，日光與雪色皭潔明澈，益見「雪中松柏愈青青」，秀挺之難得而可貴矣。研究中原陳毅股匪回竄魯西之原因及進剿方略頗久，回寓，記事。下午批閱公文，與妻攜手同行至圖書館遊覽，雪地

同遊，益覺心身之康樂而難得矣。晚課後，宴侍從人員度歲。

本日為舊曆大除夕，曾憶二十一歲考入保定軍校，未能回家度年，因之家中先慈與前妻[1]，皆在此夕晚餐時對泣不能成音，乃竟不食而眠，想見當時家中孤苦與慈愛之情形，每念及此，不勝其不肖忤逆之悔，然已無及矣。

二月十日　星期二（朔）　　氣候：晴
溫度：朝卅度　午四十度

雪恥：昨日默禱五次，每次皆在十分時以上，讀舊約四章耶利米記第四十二至四十五各章，自覺對天父仰賴益切，信心彌篤，本年必承蒙更大之恩典與救法，消滅全國共匪、統一中國之事業，完成上帝所賦予之使命並無疑問，故未曾占卜也。及至午夜一時，與妻共同禱告後乃寢。大除夕宴會後，觀放花筒與高昇鞭砲，勉效少年度歲之樂，妻更歡悅也。

本日元旦，七時後起床，朝課默禱如常。朝餐畢天氣放晴，日暖風靜，心神怡愉，庭園散步後外出。與羅澤闓廳長等研究匪情，預料劉匪決不能久盤大別，其企圖將向鄂北對湘鄂川黔邊區竄擾乎。指導要務後回寓，記上週反省錄，下午與妻同遊訪仙亭，在觀妙亭眺望雪景，東為訪山亭，層岩疊翠，西為御碑亭與大天池寶塔對峙，廬山美景此其一也。回寓，入浴後，晚課畢，用餐，對奕，記事。本日略有雅逸之意。

1　毛福梅（1882-1939），浙江奉化人，蔣中正元配夫人，蔣經國之母。

二月十一日　星期三　氣候：晴
溫度：朝卅一度　午四十六度　地點：廬山

雪恥：今後剿匪，應以多（集中兵力）、快（加強車輛）、精（訓練研究）、實四字為行動之要領。本日對匪擴大竄擾地區，我軍兵力不足，防不勝防，彼剿此竄，頗難為計，乃以暫取守勢、沉機觀變之法，加以深慮，所得結論應求匪之要害取而守之，使其不能不被動來攻，待其停攻挫折，而後再加以反擊清剿，當易為力也。決照此意斷行，即先以戰略取攻勢，而後再以戰術取攻勝，積小勝為大勝之道出之。

朝起旭日初昇，天朗氣清，心神怡愉勝常，朝課畢，餐後再到羅廳長[1]處審閱戰報，指示要領頗詳。回寓記上週反省錄，處理要務。下午研究剿匪方略甚切，記雜錄數則。四時後與妻遊蘆林橋，即在橋畔茶點畢，仍徒步回牯嶺。終日陽光明朗，晚景更覺美麗，惟略感冒。入浴，晚課後用餐，對奕，二十二時就寢，以傷風故早睡。

二月十二日　星期四　氣候：陰雨

雪恥：一、訓練青年軍為第二期之新生力軍。二、二〇三師之一旅仍應令其補足或在青島另編一個旅。三、目下戰略應保守重要據點、集中主力，予以積極整補訓練後，重定全面進剿之方案。四、剿匪應加強戰略及其各級預備隊為要則。

注意：一、匪不敢進攻重要據點之後果如何。二、匪以消極戰略使我困疲，拖長時間，待我束手自斃之後果如何。應加以研究，以空間換時間之戰略能否用之剿匪。

1　羅廳長即國防部第三廳廳長羅澤闓。

昨日傷風，故子丑禱告未敢舉行，今晨起床後補行之。朝課後記事，校閱總體戰及點線面戰術之草案修正之。下午校閱匪所謂「口袋戰術」之對策，修改未畢。審閱戰報，第五軍已追擊陳毅股匪、佔領曹縣為慰。口授第一期新生力軍之編組大意，令羅澤闓立案。晚課後，續改草案至九時方畢，餐後對奕，廿二時半就寢。

二月十三日　星期五　氣候：陰

雪恥：一、各綏區對地方保甲如有另匪躲藏或發現，甲長軍法從事處死，重者全家治罪，保長處死或無期徒刑，重者全家治罪。一家窩匪則殺一家，一村通匪則燒一村之法令（鄉長鎮長亦予懲治）。二、併村築寨之屬行。三、各省保安團隊之督訓與檢閱專責人員之指定。四、大小範圍掃盪〔蕩〕戰之戰法。

本日傷風加重，咳嗽尤劇，直至傍晚竟有熱度，但只卅八度零，朝課、晚課與默禱如常，惟子丑禱告則改為臨睡以前預行，以深夜起臥恐病加重也。上午修正口袋戰術草案完畢，手擬剿匪戰術各要目，令澤闓研究。下午重閱軍訓團第三期研究班剿匪戰術之講話小冊，甚覺當時對沂〔沂〕蒙山區進剿研究之切與準備之周也。晡指示羅澤闓等今後剿匪戰略之要領，又為二〇五師師長劉樹勳[1]帶款潛逃，敗壞我軍譽，不勝痛憤。

1　劉樹勳，時為第二〇五師師長，捲款潛逃。

二月十四日　星期六　氣候：陰雨偶晴

雪恥：一、浙、豫各主席之人選。二、電詢各部隊一月份清剿情形（對魯中各師、旅長）。

今晨子丑禱告，以病未克舉行，晨操亦停止，其他朝課課目如常也。晨起熱度全退，惟咳嗽未息，痰結如球狀，據醫稱此乃將癒之象。上午核定三個月內華中剿匪方案後，手擬令稿三通皆甚長，思慮甚切。下午審閱戰報後，審閱天翼所擬新剿匪手本稿未畢。晡妻在傍為我縫衣補鈕，鍼線女紅之精巧，比之文字思想更覺難能而可貴，以現代之女子，求其文字高深者尚易，而求其能鍼線與文字全能者，實未見也。夫妻在爐前對話談心，其樂無窮，病體亦忘其疲困矣。入浴後，妻為我擦身敷藥，盡心竭力，以求我病之速痊也。晚課後，續校閱新手本，二十二時就寢。

上星期反省錄

一、本週特來廬山作舊曆度歲之休假，本擬耶誕節登廬，乃以總預算案及其他要務臨時中止，是後一月半之間忙碌更甚，不克抽身休養，直至舊曆除夕始偷閒撥冗，以償前願。最初三日雪滿日暖，遊覽考慮，意態甚樂，身心皆泰，夫妻伴遊更覺快慰。去歲夏秋間之特殊辛勞，七個月來未有如此三日之欣快也，惟星期三日下午，忽受感冒，而且初發甚劇，甚歎人生良辰美景之不易多得，亦不能完滿無缺耳。

二、陳毅股匪忽由豫中竄回魯西，此舉於我軍今後進剿方略較為有利，殊出意料之外，應加研究。

三、在病中四、五日間，對於預定工作軍事課目重要問題已完成大半，此後可專心修訂新剿匪手本，惟近來修稿着思，即覺腦痛筆鈍，不如往日矣。

本星期預定工作課目

1. 新剿匪手本之修訂完成。
2. 警衛師高級將領之選定。
3. 國防部組織調整方案之督促。
4. 各訓練處之督導。
5. 訓練重點之指示。
6. 總預備隊之指定。
7. 美式彈藥之督運。
8. 本年空軍與空運量計畫之督導。
9. 全國各區進剿期別次序之擬議。
10. 激勵士氣之文告。
11. 地方綏靖制度法令與地方人士之激勵。

二月十五日　星期日　氣候：晴陰　卯刻雷雨

雪恥：共匪為共產國際在中國所組織之第五縱隊，受共產國際之驅使，阻礙我民族之獨立，破壞我國家之建設，窒息我人民之生機，不僅為中華民國之漢奸，且為世界人類之公敵，國民革命之叛逆，故共匪不滅，不僅革命不能成功，而且世界亦無和平之日，世代子孫永為其共產國際（所謂階級專政）之奴隸牛馬，萬劫不復矣，豈復有個人立足之地，更無安樂可享了，對於一般將領「有匪有我、無匪無我」之心理，須予以澈底消除之。

朝課後記事，續審閱新剿匪手本，至正午完畢。下午重核新手本開始，對於緒言與跋文之條理與涵義，研究考慮甚切，以傷風未痊，精神不佳，身體亦覺疲乏無力，故未能着筆也。晚課後，八時即就寢。

二月十六日　星期一　氣候：陰雨

雪恥：一、確定朱毛[1]為共匪之稱號。二、電詢華北各將領李文[2]等之近況。三、軍官畢業學生之分發，及調職人員到職誤期之處罰與告誡。四、地方黨政應歸當地軍事當局之指揮，而各綏靖區司令應責成其區內之帶兵高級官負責督導其當地之黨政。五、軍隊黨團之積極推進。六、被匪說降之高樹勳〔勛〕[3]、續範庭〔亭〕[4]與郝鵬舉[5]等之結果，應加宣傳。七、共匪所謂優待俘虜，就是要騙你先放武器，再作戰犯受其審判。俘虜即戰犯，如國軍失敗，則每一被匪之官兵決無幸免之理，須知其寬容仇敵，即殘殺同志口號之意義。

朝課後召見胡璉談話約半小時，然後召見楊幹才[6]、吳紹周[7]、楊彬[8]等各師長，

1　朱毛即朱德、毛澤東。朱德，原名朱代珍，曾用名建德，字玉階，時任中共中央革命軍事委員會副主席、中國人民解放軍總司令。毛澤東，字潤之，湖南湘潭人。時任中國共產黨中央委員會主席。

2　李文，字質吾，號作彬，湖南新化人。1945 年 1 月，任第三十四集團軍總司令，10 月赴石家莊接受河北日軍投降。後率部駐防北平。1948 年 10 月，兼任北平警備總司令，12 月任第四兵團司令員兼華北剿匪總司令部副總司令。1949 年 1 月，傅作義於北平投共，李與第九兵團司令官石覺等與傅決裂，並同機返回南京，旋任西安綏靖公署副主任兼第五兵團司令官。

3　高樹勳，字建侯，曾任第十一戰區副司令長官兼新編第八軍軍長。1945 年 11 月間在河北邯鄲率軍投共。1947 年與共幹不合遭審查，為毛澤東下令保全。

4　續範亭（1893-1947），名培模，字範亭，早年參加中國同盟會，曾任馮玉祥國民軍第三軍第六混成旅旅長。抗戰期間加入中共，任晉西北行政公署主任、晉西北軍區副司令員等職。

5　郝鵬舉（1903-1947），前汪政權將領，戰後被國民政府任命為新編第六路軍總司令。1946 年初，率部投共。1947 年 1 月重返國軍，任第四十二集團軍總司令，旋遭共軍擒獲處決。

6　楊幹才，原名臣棟，四川廣安人。1946 年，任整編第二十師師長。1948 年 11 月復任第二十軍軍長。徐蚌會戰後，調任南京衛戍總部滁縣指揮所主任，1949 年 2 月奉命於蕪湖、魯港、三山等地擔負防守任務。4 月 24 日於灣沚戰役苦戰，所部盡數為共軍所殲，無力突圍，舉槍殉國。

7　吳紹周，字國賓、子斌，貴州天柱人。1946 年上半年任整編第八十五師師長。1948 年 9 月，整編第八十五師恢復第八十五軍番號，任第二、第十二兵團副司令官兼第八十五軍軍長，12 月 15 日在安徽蒙城雙堆集被共軍俘虜。

8　楊彬，字東屏，曾任青年軍第二〇六師師長。時任整編第五十二師師長，後任國防部第四廳副廳長。

與胡素[1]、王勁修[2]等視察組長及龍洪濤[3]營長，吳紹周乃有為之將才也。正午召宴各將領訓示，下午修正新手本第一章首頁，腦筋作痛，為從前所少有，乃知體力尚弱，傷風未痊也。晚課後入浴，妻復為余擦藥抹膏，甚倦也。

二月十七日　星期二　氣候：陰霧

雪恥：本日氣候惡劣，心神悲憤，而以下午為甚，以新生活運動十四週年紀念節通電稿仍要余親自修改，且費時至三小時以上，無異於手擬全文。對於軍事、政治與外交、經濟之實際問題，須由余自主持，尚不為苦，而此稿文字稿件亦非親自批改不可，則不能不怪幹部之無人矣。布雷未老先衰，近來對文件亦不能負責處理，其文氣筆意且遠不如前，此余所以更苦也。至於吳達銓則更不知其職責所在，因之痛苦而又憤怒不置。晡刻回憶子文[4]之自私誤國，敗乃〔及〕公事，更使此心甚覺追悔莫及之痛，因之晝夜為之煩悶沉鬱，無時或舒也。上午修正新手本稿，下午修改新運紀念通電稿，至二十時方畢，心身皆倦矣。

---

1 胡素，號白凡，曾任新一軍副軍長、青年軍第二〇五師師長等職，時任戰地視察組第二組組長。7 月，調江西保安司令部副司令。
2 王勁修，號健飛，湖南長沙人。1946 年 4 月，任中央訓練團將官班總隊長。1948 年調任國防部戰地視察第六組組長（轄區東北）。1949 年 4 月，調任長沙綏靖公署副主任。
3 龍洪濤，號金剛，河北昌黎人。1947 年 3 月任張垣綏靖公署特種兵指揮部參謀長。1949 年 3 月調任戰車第三團副團長。
4 宋子文，原籍廣東文昌，生於上海。1947 年 10 月任廣東省政府主席，11 月兼廣州行轅主任。1949 年 1 月蔣中正下野後辭職移居香港。

二月十八日　星期三（上弦）　氣候：陰霧

雪恥：一、電郭寄嶠[1]來見。二、電第五軍吳建新[2]、崔家〔賢〕文[3]、索本勤[4]、李大昭[5]、周德宣[6]、韓德懷〔懷魏〕[7]來見。

注意：一、調查管理與組織之專員主持推動。二、制度與權變之分別。

今晨仍恢復子丑禱告，朝課如常，咳嗽已痊矣。上午記事後，修正新手本，下午記上週反省錄，修正對各訓練處訓練要旨電令稿。晚課畢，約侍從人員聚餐，二十二時後入浴，就寢。

注意：三[8]、俄派其駐華武官[9]為駐華大使，是其誘引政府與匪調解，以排除美國之謀略尚未斷念，並在積極進行之中，不能不加以深研，必思有以對之。二、最後勝利之憑藉，乃在自我不再犯錯誤，而一面專伺敵之錯誤，把握之不失時機也。

1　郭寄嶠，原名光霱，安徽合肥人。曾任新疆省政府代理主席、國防部參謀次長等職。時任甘肅省政府主席，本年兼任西北軍政長官公署副長官。

2　吳建新，曾任第四十五師副師長，時任整編第五師第四十五旅第一三三團團長。本年升任新編第二十二旅旅長，後改編改稱第二三九師師長。

3　崔賢文，曾任第五軍新編第二十二師輜重營副營長，時任整編第五師第四十五旅第一三四團團長。本年升任第四十五師副師長、師長。

4　索本勤，曾任軍政部第三十三補訓處第三團團長，時任整編第五師第九十六旅第二八八團團長。本年6月任第二〇三師第二旅旅長，9月改編改稱第二一五師師長。

5　李大昭，時任整編第五師第四十五旅第一三三團副團長。

6　周德宣，時任整編第五師第九十六旅參謀長。本年底徐蚌會戰時為第九十六師第二八八團團長。

7　韓懷魏，時任整編第五師第二〇〇旅第五九八團副團長。

8　原文如此。

9　羅申（Nikolai V. Roshchin），蘇聯將領，曾任駐華大使館助理武官、武官，1948年2月任駐華大使。

二月十九日　星期四　氣候：晴

雪恥：今日病體仍未全復，心神憂患未能消除，故時動怒氣。近來沉悶鬱悒異甚，對鏡時形容消瘦〔瘦〕，遠不及在京時忙迫憂勤、日無暇晷之時，妻謂余勤勞日強，休假反弱，豈命定如此乎。然如過去半年之辛勞，如此次再不來廬休息，則必更病矣。晚餐後，夫妻同在爐前閒話，余斜身假眠，妻加薪調樂，音韻幽雅，爐火熊熊，神經寬鬆，欠呵頻乘，不覺憂心全消，漸入夢鄉，此乃憂患中難得之樂境也。

本晨八時後起床，朝課畢，在樓下書室消閒，向東窗假眠，外望日光新麗，松竹競秀，意態自得。不一時來報戰信，陳毅主力雖北竄魯西，而其魯西原駐之三個縱隊乃由商邱、碭山間南下，偷逾隴海路南竄，是陳匪兩部乃為換防也。東北鞍山已入巷戰，其勢孤危，乃電廿五師守備師長激勉之，未知尚能如天之福，固守勿失否。

二月二十日　星期五（雨水）　氣候：雲雨極濃

雪恥：昨日修正訓練綱要草案未完，下午擬遊含鄱口，以霧重折回，經遷岩飯店茶點後，回寓。晚課畢，修稿，餐後與妻對奕三局後，爐前偶談，斜眠生爐聽樂，夫妻之樂最難能也。

本日（二十）朝課後着手修改新剿匪手本稿，終日皆專心修稿，未理他務。晚餐後仍與妻爐前消遣也。時局嚴重，軍費拮据，以四百五十萬人之糧餉而欲維持五百十萬人之供應，其何能堪。其他經費支出未列預算者，亦需臨時撥發，更不堪設想，尤其國防部負責無人，要務皆須親決，內政外交苦痛無從訴說，恥辱忍受不已。聞美大使司徒[1]昨日因其援華借款提出國會，而又發表其侮華背理荒唐之宣言，可痛極矣。

1　司徒即司徒雷登（John Leighton Stuart）。

二月二十一日　星期六　氣候：晴

雪恥：接閱馬歇爾覆其司徒大使電，意對我接濟軍械之要求，仍以官話搪塞，毫無同情之心，對我東北危急之戰況，亦置若罔聞。觀其答覆議會，對其援華不足之質問，乃推托於我政治、軍事之無能失效，議會督促其軍事援華，而彼以現款購械，必欲將我所餘三億美金之殘款外匯完全用罄，而後乃快其心。美國外交不講信義，無視責任，欺弱侮貧如此，其與今日之俄國，往日之德、日，究有何分別，然此惟馬之一人作梗，而與其整個國家平時之精神實相背矛，馬歇爾實為其國家之反動最烈之軍閥，若不速敗，其將貽害其美國前途無窮也。

朝課後終日在廬修改新手本稿，初以為二日可完，今一着手，幾乎字句多需修改，或非一星期不能完工也。下午申刻，妻強勸出遊大天池，以氣候寒冷，乃至御碑亭略坐而返，繼續改稿。晡約郭悔吾[1] 總司令來談，聽取其軍費與國防部業務之報告，令人不能無憂。今夜僅沉眠三小時，愁思煩慮，久未有如此之切矣。

上星期反省錄

一、青年軍二〇五師劉樹勳挾其大款潛逃，甚悔二十年來軍需制度未能建立，過去軍事當局因循苟且，不負責任，致有今日之痛苦也。

二、屢思今日政治、軍事、外交之失敗與恥辱，皆由子文前年蒙蔽欺妄，用空外匯，以致今日經濟崩潰，對內對外皆要蒙受此奇恥大辱，此種苦痛無從申訴。而子文本人漫不知恥悔罪，更覺文武幹部不能成材之苦，此皆余不道無識之過也，於人何尤。

1　郭懺，字悔吾，曾任武漢警備總司令、武漢行營副主任兼參謀長、國防部參謀次長等職。1947 年 6 月起，任聯合勤務總司令部總司令。

三、東北鞍山要點，我第廿五師孤軍苦鬥旬餘後，週末恐已陷落矣。

四、美國政府向其國會提出援華計畫五億七千萬美金之數，自於我經濟不無小補，然而其大使發言之荒謬，及其馬歇爾在國會之答詞，皆表現其侮華之狂態，不勝為民族自尊心之痛憤矣。

本星期預定工作課目

1. 剿匪方案與期別地區之研究。

2. 國防部機構調整方案之督導。

3. 訓練組織與工作之督導。

4. 海空軍走私之防制。

5. 運輸機構與業務之整頓。

6. 約見巴顧問 [1] 與商討顧問工作及軍事方案。

7. 美國軍事援助之名實問題及利害之研究。

8. 校閱快速縱隊與會議之日期。

9. 召集各綏靖主任會議，總體戰與面的戰術。

10. 中央及地方人士之研究與調換。

11. 聯勤總部各案之解決。

12. 黨的改革與憲法修改的方鍼。

1　巴顧問，即美國駐華軍事顧問團團長巴大維（David G. Barr）。

二月二十二日　　星期日　　氣候：晴

雪恥：昨夜一時半醒後，輾轉不能成眠，此或不盡為憂患之切所致，而亦為新手本稿之修改精思入神、用心高度，以致奮興太甚，不能入睡之故歟。近年來以軍政業務忙迫，未敢有長篇專作，前數日偶一着筆，即覺腦筋刺痛，故又停筆。兩日來一面養疴靜思，一面為避煩消愁，不願痛念恥辱，故埋頭改稿，文心又來矣。

本晨黎明即起，朝課如常。上午再約悔吾來談，並審閱戰報後，乃即埋頭改稿，直至申刻，承妻強勸出遊片刻，仍回廬改稿，至夜已完成其半卷矣。晚約悔吾、希聖[1]、澤閭等聚餐，聽取其最近外交、軍事各報告。美國外交幼稚，其大使輕浮無知，其合眾社捏造俄國調解中共問題，更為可惡可笑而又可痛也。餐後研究東北戰局，決心將主力撤至錦州集中，排除眾疑與阻礙，毅然決定下令實施，務期保存此僅有之兵力也。

二月二十三日　　星期一　　氣候：晴

雪恥：中外對我之侮辱，投機分子反動，軍閥此時對我之脅制，各界各階對我之譏刺毀謗，所部將領如劉樹勳無恥無識捲款潛逃，無志無勇之親信者被俘繳械，可說今日環境之惡劣為從來所未有，其全局動搖，險狀四伏，似有隨時可以滅亡之勢。但余深信天父必不使其忠孝子民之失敗與長受恥辱。而最足自慰之一點，就是余妻對余之信仰與篤愛，始終為余之慰藉，故時以身修家齊為幸，更覺治平之基已固，不患其為共匪所算也。

朝課後寫俊如、叔銘、健生各函，指示東北主力部隊撤退要領，派羅澤閭攜令飛京轉瀋實施後，上、下午皆在廬修改新手本稿，已成十分之八矣。晡與

1　陶希聖，名匯曾，字希聖，以字行，湖北黃岡人。曾任軍事委員會委員長侍從室第二處第五組組長。1947 年 7 月至 1950 年 3 月，任中國國民黨中央宣傳部副部長。

妻略出散步，晚餐後與妻對奕，爐前閒話，其樂無比。晚課後，廿三時就寢。

二月二十四日　星期二　氣候：晴

雪恥：廿五年以來，共匪處心積慮以毀滅我人格，動搖我國本，企圖達成其顛覆國家、奪取政權，而至今仍未能隨其所欲者，可知其所用誹謗污辱，雖無所不用其極，亦不能動搖我毫末，是誠所謂（困厄如何，力量亦如何）之至言，能不信心益堅乎。新剿匪手本初稿今日修改已完，來廬半月，最重要工作初步完成，此心為之一慰，重負如釋其半矣。對於東北戰略之決定，北平李、傅[1]是否能派援遵行，但已盡我心力，尤其致彼等各函，自覺正大無病，或能望其有所覺悟為慰。

朝課後審閱戰報，接某電忿恚異甚無已，乃提筆修改文稿。正午與妻登松林路散步消遣。下午召見羅[2]、鄭（洞國）[3]，聽取對東北戰略意見後，續改文稿。晡遊覽蓄水池畔，七時完稿，晚課。

二月二十五日　星期三（望）　氣候：晴

雪恥：昨晚為舊歷元宵，約集在廬同志觀電影片後，再指示東北戰略，屬羅澤闓等飛平，催傅[4]抽調有力部隊出關接應也，廿三時寢。

1　李、傅即李宗仁、傅作義。
2　羅即羅澤闓。
3　鄭洞國，字桂庭，湖南石門人。1947 年 8 月，改任東北行轅副主任。1948 年 1 月，任東北剿匪總司令部副總司令。3 月兼任第一兵團司令和吉林省政府主席，率軍堅守長春。10 月，在長春經共軍圍困數月後彈盡援絕而降。
4　傅即傅作義。

本日朝課後寫德鄰與王維宙[1]、衛俊如各函，面示鄭、羅[2]對李、傅[3]督促方鍼，如其不能抽調赴援，亦應聲張派遣大軍增援，以張聲勢，使共匪在解凍之前（三月中旬），不敢在瀋、錦之間長期停留圍困我軍。預料其在此半月間，非進攻即遠退北滿或南滿，必有一次行動之轉變也。上午約陶、徐[4]等來談新剿匪手本整編要旨，對於國際形勢與外交政策一章，特別指示其方鍼與主旨也。記事後，正午與妻往含鄱口野餐後，同往觀音橋遊覽，即前第二慈庵之舊址，遊覽一小時，在三峽澗前之南亭觀峽聽泉，其水聲流瀑之幽雅，別有一種情景，只能意會神領，決非筆墨所能形容，余無以名之，只以幽靜二字誌之。余所遊之地，再無幽靜如此地者也，而且五老峰直峙其側，更顯其莊嚴矣。

二月二十六日　星期四　氣候：雨霧陰

雪恥：昨日十九時回至牯嶺，沿途風清日和，鳥語泉鳴，風光景色，怡娛自得比前更深，乃與妻曰：登廬十八日，有此半日之清閒享受，不負此行矣。妻亦樂只無窮，彼曰：只要夫能知樂，則余任何景地皆樂也。回廬不一時，岳軍來電話，稱上海謠諑頻興，始傳余被刺，繼傳余辭職，人心惶惑，物價飛漲，美鈔一元已漲張至卅萬元，可駭之至。此時最難者為人民之無智識，而且怯懦成性，加之一般投機份子、幸災樂禍之徒，惟恐不能興風作浪，故一經共匪造謠擾亂，乃即混亂動盪，可痛之至。本擬在廬多住三日，現則不

1　王樹翰，字維宙，曾任軍事委員會北平分會秘書長，時任東北行轅政務委員會副主任委員。本年 7 月 30 日，獲聘總統府國策顧問委員會委員。

2　鄭、羅即鄭洞國、羅澤闓。

3　李、傅即李宗仁、傅作義。

4　陶、徐即陶希聖、徐復觀。徐復觀，原名秉常，字佛觀，後由熊十力更名為復觀，湖北浠水人。1946 年以陸軍少將呈請退役，1947 年與商務印書館合作，創辦《學原》雜誌。時任中國國民黨中央黨政軍聯席會議副秘書長。

能不提前回京矣。晚課如常，與希聖等談話後，廿三時就寢。

本（廿六）日五時初醒，決定應即回京。起床後處理回京事宜，朝課後記事，審閱戰報，清理積案二小時之久，整理行裝書籍。正午召見方舟主席[1]後，午餐畢，與妻禱告後，十四時由廬起程，十五時到京，約見經兒及達銓、公權、雪艇等，聽取外交、經濟及政治報告，再召見沈昌煥[2]報告後，晚課畢，記事。

二月二十七日　星期五　氣候：陰

雪恥：一、黨之改革及組織之研究。二、憲法有否修改之必要。三、對匪殲滅戰與速決速戰之對策。四、匪的伏兵戰、突擊戰、遊〔游〕擊戰、截擊戰、夜戰、大爆擊戰等戰法之性質及對策。五、續辦戡建班。

營口情況不明，據報守軍叛變降匪，以該暫編 58D 王家善[3]是偽軍所改編以成者，此乃我軍組織與監督不嚴之故也，在形勢不利之際，雜排〔牌〕偽軍之動搖乃意中事，東北偽軍改變者甚多，今後更為可慮，應積極防範。

朝課後美國太平洋艦隊司令[4]等來訪後，審閱戰況。十時到國務會議畢，回寓，得營口失陷之報，殊出意外，又來一個打擊也。下午批閱公文，清理積案後，分別召見黨務及軍事高級幹部。晡子文來談後，晚課畢，研究毛澤東匪首所著戰略問題，甚有益趣，惟恨研究不早耳。

1　王陵基，字方舟，四川樂山人。1946 年 3 月，調任江西省政府委員兼主席。1948 年 4 月，調任四川省政府主席兼保安司令、軍管區司令。
2　沈昌煥，字揆一，曾任軍事委員會委員長侍從室侍從秘書，時任蔣中正英文秘書。本年 12 月，出任行政院新聞局局長。
3　王家善，曾任滿洲國第七軍管區司令部參謀長，時任第五十二軍暫編第五十八師師長，本年 2 月 25 日在營口率部投共。
4 ．拉姆塞（Dewitt C. Ramsey），曾任美國海軍軍令部副部長，時任太平洋艦隊司令。

二月二十八日　星期六　氣候：陰

雪恥：一、召見周偉龍[1]。二、整頓交警總隊。三、召見高魁元。四、青年軍之方鍼應即決定。

注意：一、瀋陽主力軍決心空運錦州。二、永吉與四平街各駐軍，應撤集長春與錦州。三、瀋陽外圍各據點是否應即撤退之研究。

朝課後到軍訓團第七期開學典禮訓話，自覺語有失檢之處，以事前未有準備也。與健生談話，觀其語氣神態，令人憂惶，內部之不能精誠團結，部屬不能對上直報而有不可對人言之隱衷，則難矣。派范漢傑飛青島、北平商議抽軍增援東北辦法。召見恩伯[2]、介民等，得悉麥克約瑟[3]在東京對中國軍事武器援助甚力，惟為其政府馬歇爾所阻也。下午批閱公文，召見王雲沛[4]等。本日心神沉悶，憂鬱異甚，以匪勢猖獗，社會惶惑，而內部不能團結，各懷存見而且觀望，此毒甚於匪禍也。晚課。

上星期反省錄

一、國際形勢：捷克政府推翻，共黨已達成其奪取政權之目的，今後捷克完全為俄之附庸，此一變化，所謂東歐與西歐兩集團之形勢更明，其具體之組織亦更速，第三次大戰又進一步矣。

二、俄派羅申為駐華大使，美國表示疑奇，甚恐我國外交方鍼變更，故其合眾社對我與共黨調解消息亦特別宣傳，我政府雖一再否認，彼仍懷疑也。

1　周偉龍，時任國防部軍法執行部第一分部主任，本年任交通部第一交通警察總局局長。
2　湯恩伯，原名克勤，浙江武義人。時任陸軍副總司令。1948 年 5 月，出任衢州綏靖公署主任，12 月調任京滬警備總司令。1949 年 8 月任福建省主席兼廈門警備司令。
3　麥克阿瑟（Douglas MacArthur），又譯麥克阿薩、麥克阿塞、麥克合瑟、麥克約瑟，西南太平洋戰區盟軍最高司令，1945 年 8 月任盟軍最高統帥。
4　王雲沛，原名岫，字雲峰，浙江仙居人。時任浙江省保安司令部副司令。

三、美國軍事援華案，在其議會已形成特殊問題，而馬歇爾仍竭力反對與阻礙，不知其結果如何。

四、共匪奸商互相利用，在舊歷元宵因余未回京，乃其在滬先造謠，以余被刺，繼謠余辭職，於是人心恐慌，物價飛漲至百分之四十，美金漲至卅四萬元，痛心盍極，乃於星四日回京，謠言自熄，物價亦頓減矣。

五、東北之營口與開原相繼失陷，匪勢益張，人心更慌，對東北之政略與軍略不能不作最後之決定。

本星期預定工作課目

1. 對美軍事與經濟援助案之運用。

2. 美國械彈運輸與接受之準備。

3. 訓練處工作之督導。

4. 編組十二個師計畫之擬訂。

5. 國防部機構調整案之督導。

6. 交警總局長之調換。

7. 浙江警保處長之調換。

8. 青島市長之調換。

9. 戡建班員之情形如何。

10. 東北戰略與部署之督導。

二月二十九日　星期日　氣候：陰

雪恥：昨晚課後，餐畢，召見羅澤闓等，聽取其對瀋陽軍情與將領心理之報告，不敢由瀋陽西進，事實上亦多危險，故乃決心由空運撤退，而不派兵增援接應，或反較便也。與司徒大使明談其國務院對援華武器，近因其議會壓迫，增加數量雖多，但其最急需與最輕易之步機槍子彈則未增一枚，而且其前所撥援之步機彈至今未到，即到每兵亦不能分配十枚之數，此種緩不濟急與名援而實阻之不誠舉動，殊不知其意之所在，望其轉達馬歇爾果知其所屬如此之慘酷行動否，可痛極矣。

本廿九日朝課後經兒來見，對於青年軍組織與成績不良，遷怒於經兒，未盡我教導之責也。研究東北戰略與部署，記事，召見林、劉各次長[1]，解決東北方鍼，仍照昨日預定計畫不予更動，故空運計畫作罷，正午宴張作相[2]等，下午閱毛匪首所著戰略問題二篇，甚為有益，晚課如常。

1　林、劉各次長即國防部參謀次長林蔚、劉斐。
2　張作相，字輔臣，又作輔忱，曾任東北邊防軍副司令長官兼吉林省政府主席。1931 年9 月九一八事變後辭職。1933 年寓居天津英租界。本年 3 月起獲聘國民政府顧問。

上月反省錄

一、本月在廬山住十八日，本擬休養靜慮，各種重要問題皆能有一決定，以期全局有一整個方案也。不料入山後，傷風一週未能工作，而且氣候不甚良好，心神亦不甚佳，故在山只能修改新剿匪手本初稿完成，其他以匆促回京，皆未作具體之方案。惟最後半日在遊觀音橋途中，對於本人在國大時，為國、為黨、為革命、為主義之利益與個人之出處已有一具體之決定，引以為慰。

二、本月初旬，國防部檢討會議與視察組班訓練考察，以及對東北各將領手諭訓勉不遺餘力，加之舊歷年關，可謂忙碌緊張，幾乎日無暇晷，午睡亦且中斷，用心用力竭盡人事，對國似可告無罪。

三、軍事以東北最為險惡，遼陽、鞍山、營口各要據點皆已次第失陷，士氣不振，人心動盪。辭修回京養疴，東北事更難處理矣。惟大別山與豫中剿務漸穩，且有進展矣。

四、外交：美國援華案，美金五億七千萬元已由其政府提出議會討論，而馬歇爾與司徒雷登因此示惠挾功，對華又發出荒謬狂妄之指斥，侮華反蔣，殊令人痛憤異甚。

五、捷克共黨以暴力奪取政權，所謂聯合政府者，完全為俄共之糖衣，至此方為人所認識，美國至此不能不覺悟。余不贊成馬歇爾對中共之調解，為自主者必須如此也。朝鮮問題與芬蘭問題之演進，是俄國對美已公開備戰，毫不掩飾忌諱矣。

六、經濟：本月杪即舊歷元宵前後，共匪與奸商造謠呼應，以致物價暴漲，石米竟至三百萬，尤其謠諑頻興，先謂余在廬山被刺，繼謂余消極辭職，以致人心惶惑、社會不安，故余不能不提前下山回京主持，果於回京後物價降低，人心亦定矣。

七、本月國際態勢已漸呈動盪，亦可說已進入國際戰爭正式開始乎。

三月

蔣中正日記
Chiang Kai-shek Diaries

蔣中正日記
Chiang Kai-shek Diaries

民國三十七年三月

本月大事預定表

1. 重新檢討剿匪戰略戰術與部署及訓練。

2. 研究青年軍編組使用與訓練。

3. 憲法缺點之研究。

4. 黨務與整頓復興之研究。

5. 新剿匪手本之頒發。

6. 國民代表大會開會之準備。

7. 快速縱隊之檢閱與使用方法之指導。

8. 各綏靖司令之會議。

9. 美國武器接運之計畫與處理之準備。

10. 新生力軍九個師－十二個師之計畫。

11. 調查管理組織各種方案主持負責者之指定。

12. 剿匪整個計畫期別區域次序及戰略總預備隊指定。

13. 各省人事之調整。

14. 各行轅改為綏靖總署。

15. 國大開會以前各項法令之改正。

16. 接收美械之準備與負責人之指定。

17. 經濟與幣制問題之考慮。

18. 新編兵團與師旅長之人選（李彌、方天、羅廣文[1]）。

19. 國防部機構調整之督導。

20. 總統與副總統候選人之考慮。

21. 國大開會詞之準備。

22. 經濟政策與根本方鍼之研究。

23. 點驗人員武器之機構如何加強。

24. 新政府各院部長之人選及方鍼。

三月一日　星期一　氣候：晴

雪恥：前擬以剿匪戰略，應重新檢討與另定，在此期間暫取守勢，保守現有據點與恢復交通為主，一面集中主力予以積極整補訓練，待全面進剿之新計畫決定以後，再作第二次進剿之行動。如果美國物資借款實現，經濟形勢漸趨穩定，則更可如此行施，因匪以消極拖延政策，使我急遽盲進，迫不及待，彼乃可以乘機取巧或短兵襲擊，促我崩潰也，不可以不防。

朝課後審閱戰報，得悉宜川形勢不利，我增援主力又被匪攔阻，損傷頗重為慮，此戰如果失敗，則陝西與西北局勢甚危矣。十一時到中央訓練團十週年紀念會，對團員警告約一小時，不知能動其心否。正午與亮疇[2]討論憲法國民大會前後之措施，獲益良多。下午清理積案，口授令稿，召見十五人。緯兒來見後，審閱戰報，晚課，記事。

1　羅廣文，曾任第十八師師長、第十八軍軍長、第十四軍軍長等職，時任第四兵團司令官兼整編第十師師長。本年先後擔任陸軍第十訓練處處長、第七編練司令部司令，後兼第一〇八軍軍長。

2　王寵惠，字亮疇，廣東東莞人，生於香港。曾任北京政府司法總長、國民政府司法院院長、外交部部長、國防最高委員會秘書長等職。時任國民政府委員，獲選第一屆國民大會代表、中央研究院院士，6 月起任司法院院長。

三月二日　星期二　氣候：晴

雪恥：宜川西南二十里之石村地方附近，我陸軍第廿七、第九十兩師，昨日被匪扣〔口〕袋戰術所消滅，此為陝西我軍一年來最大之失敗，而胡宗南[1] 疏忽粗魯，毫不研究匪情，重蹈覆輒〔轍〕，殊為痛心。三日來為此不安，早知匪必有此一着，而以事忙心煩不能專心指導，致此大錯，今日得此教訓，當又有一番悔悟反省與求進步歟。此一損失，全陝主力幾乎消失三分之一以上，維持關中區與延安據點已甚為難，但尚有可為也。

朝課後得劉戡[2] 軍在宜川被匪解決之報。到軍事幹訓班即被俘放回之中上級官長六百餘人編組而成者訓話畢，召集訓練會議後，送妻至機場赴滬休養也。

下午批閱公文，召見四人，審核陝西今後作戰部署畢。晚課後與經兒談話，雪艇來談後，校閱新手本二稿開始。

本日憂悶最甚，宜川劉戡軍整個覆沒之外，孔庸之[3] 不斷要求我承認其為我之代表，准在美國參議院出席報告中國情形，余固卻之而彼仍纏擾不休，可恥之至。

三月三日　星期三（下弦）（襖辰）　氣候：晴

雪恥：近日事忙心煩，腦筋中鬱結如蛛網，幾乎不知所解，尤其近來記憶力大減，要事易忘，故貽誤益多。最近要務：一、剿匪全般情勢與整個計畫之決定。二、剿匪戰略戰術之理論及綱領之研究與決定。三、經國專助政工人事之訓練與考察。

1　胡宗南，原名琴齋，字壽山，浙江孝豐人。曾任第一軍軍長、第一戰區司令長官、鄭州綏靖公署副主任等職。時任西安綏靖公署主任。

2　劉戡，時任整編第二十九軍軍長，於本年3月1日馳援陝西宜川期間作戰殉職。

3　孔祥熙，字庸之，曾任中央銀行總裁、國民政府行政院副院長、院長等職。時為中國銀行董事長，寓居美國，辭職後於1950年4月獲聘總統府資政。

朝課後記事，審閱戰報，指導中原進剿部署與組訓新兵部隊，並嚴戒宗南疏忽誤戰之過，令其所部代告，自覺太怒矣。批閱公文，正午宣傳會報後，召見羅廣文聚餐。下午清理積案後，召見孫仿魯等，往訪岳軍病。晚課後，召見郭懺與毛人鳳[1]後，校閱新手本二稿，記事。聞李德鄰營私圖利、競選副總統之醜態百出，桂系之貪污投機，可說為今日之首也。

三月四日　星期四　氣候：晴

雪恥：宜川失敗以後，西北又處劣勢地位，如欲維持現狀，必須增加兵力，惟瀋陽附近匪之主力已向北撤退，東北形勢當較前穩定，在此期間對於剿匪軍事應作全般之檢討與重新之規定，戰略戰術整補訓練與部署裝備等，皆宜重起爐灶，另定進剿方案後，作第二期進剿之實施，方有根絕匪患之把握也。
預定：一、政工教育與業務及精神之加強。二、對各兵團下令應同時通知視察組。三、綏靖、服務與交警總隊等各部隊之統一編組辦法。
朝課後審察時局，處理要務，對於蘇北匪情殊堪顧慮，到軍訓團訓話。正午約李彌來談，羅廳長報告瀋陽附近匪之主力已向北撤退云。下午批閱情報，匪、俄二方諜報反間，其勢甚洶，余不以為奇。申刻研討西北，增加兵力，指示全般軍事，主張重整旗鼓另定方案也。召見保密局人員二十人，與經兒郊遊。

1　毛人鳳，浙江江山人。曾任軍事委員會調查統計局代理主任秘書、副局長等職。1946
　　年 8 月，軍統局改國防部保密局，仍任副局長。1947 年 12 月，升任保密局局長。

三月五日　星期五（驚蟄）　氣候：上晴　下雨

雪恥：昨晚沐浴後，晚課畢，觀自我在北平、廬山與延安等處五彩影片完，乃與經兒禱告畢，寢。

本晨得匪方廣播，知劉軍長戡與嚴師長明[1]皆已在石村陣亡，悲痛憤恥之餘，猶覺為革命犧牲之將領，不被匪生俘受辱，實為國民革命軍歷史之榮，不禁為剿匪前途轉悲為樂，惟在如何激發各將領之敵愾心耳。

朝課後記雜錄數則，覺甚重要，指示瀋陽防守方鍼。得報知魯中匪之第二、第七各縱隊已南下越隴海路，竄入蘇北，增強其蘇北匪勢，以為四、五月間擾亂京滬一帶，使國民代表大會不得安全開會也。到甘地追悼會後，在國府接奧國公使[2]國書，召見新疆哈密區民眾代表堯樂博士[3]等十餘人後，審閱戰局，記上月反省錄。正午召見將領四員，下午批閱公文，清理積案。晚課後召見四員。

三月六日　星期六　氣候：晴

雪恥：最近匪燄更張，西北又增加危機，而潼洛間交通無力兼顧，則晉南、豫西為匪打成一片，該段黃河兩岸匪更暢通無阻，故在河南之匪，其主要後方將轉移於潼洛之間，而西北完全被其隔絕矣，此乃最足憂慮。果爾，則陝南、隴東皆將為匪所掌握，四川完全受其威脅矣。惟近日國際形勢變化，關內之匪必先求打通其外蒙路線為第一，以便俄國之接濟，或其不即向南發展，果爾，則榆林與寧夏之勢甚危矣。惟無論如何，總須有備而後無患，無論為

1　嚴明，時任整編第九十師長，於本年3月1日馳援陝西宜川期間作戰殉職。
2　施德復（Felix Stumvoll），奧地利駐華公使，1948年2月18日到任，3月5日呈遞到任國書，1950年離任。
3　堯樂博士，字景福，新疆哈密人。1947年10月起，任新疆省第九區（哈密區）行政督察專員。

南為北,皆須積極準備,立於主動地位也。

朝課後研究戰局,指導瀋陽守備要旨,批閱公文,至共匪本年度鬥爭總綱,不勝欣幸。下午全國軍事總檢討會議,匪我兩方兵力幾乎相等矣,作結論約一小時,以提高高級將領之信心與士氣加以慰勉,十九時後方完。晚課,餐畢,與經兒談鄉事,十時半就寢。

上星期反省錄

一、美國截獲俄電:一、俄國在美國沿海船艦皆即回國。二、俄駐衛星國使節皆回俄會議,又以俄在伊朗與希臘邊界集中兵力,因此美認俄有開戰之可能,乃突形緊張。以此判斷,俄固未敢有開戰之膽力,然而美國之浮淺與英國之陰險,在在皆使美國不安,以挑起第三次大戰為其惟一職業,而又加之俄國惡貫滿盈,騎虎難下之勢,大戰開始必不在遠矣。

二、宜川石村劉戡軍之失敗,劉軍長與嚴師長皆盡職陣亡,殊為不測之大禍,而胡宗南之精神與品德、智能皆不如前,乃為最大之原因,不勝為革命前途悲也。

三、東北瀋陽附近,匪之主力已向北撤退。

四、美國會對軍事援華問題爭辯已到沸點,麥克阿瑟主張援華甚力、其理甚明,最後結果如何雖不可知,但馬歇爾已允許其步機槍各種急需彈藥售我矣。

本星期預定工作課目

1. 檢閱快速縱隊與會議。
2. 調駐首都部隊之決定(大別山區部隊抽調)。

3. 綏靖會議之各項議案之準備。

4. 剿匪戰略（中原）劃分區域與指定匪部跟剿。

5. 新剿匪手本之修正。

6. 各種應修改法令之頒發。

7. 國防部機構調整之督導。

8. 海空軍走私之防制。

9. 各部隊武器彈藥與人員馬匹檢閱之組織。

10. 警衛師組織之督導。

11. 各省市人事之調整：豫、川、黔、湘、閩、浙、贛、蘇、青島。

12. 調查、管理、組織各設計方案主持人之指定。

三月七日　星期日　氣候：陰晴

雪恥：昨日心神沉悶，一般高級將領精神信心皆已動搖為慮。今晨四時初醒，甚覺西北危機之大，將領腐敗無能，前途黯澹，環境險惡，輾轉不能成寐。此時惟有仰賴天父突賜洪恩，以救國家，使能即日轉危為安，且亦深信天父必能拯救我於窮途末路，絕處逢生。一生經過歷歷不爽，一切艱險皆供之於天父之前，任由天父處理與解決，余惟盡我心力耳。

預定：一、視察組長應指定主力部隊為其工作主務，並轉達電令。二、清剿戰術與任務。三、清剿不力者懲處。四、對線與面責成民眾自衛與嚴刑峻罰。五、83D 長撤換。

朝課後見澤闓，指示東北作戰方案後，記事，記反省錄與本週工作預定表，

約立夫[1]聚餐。下午閱美國生活雜誌「十年來美國如何虐待中國」之記事一篇，甚翔實，此文可以暴露史迪威之橫暴罪惡，而馬歇爾之固執冷酷之心行，亦可於此了然，足以消失其國務院反華反蔣之宣傳也。四時與經兒車遊湯山，回程在吳大帝陵上觀梅。

三月八日　星期一　氣候：晴

雪恥：昨晚課後，核定東北作戰與瀋陽防守計畫，召黃國樑、周志道[2]晚餐。聽周報告僅守據點，而未實行清剿訓令，以致魯中之匪向魯南、蘇北進竄，如入無人之境，毫無阻擋。聞之痛憤，乃又大怒痛斥，事後甚覺慚惶，為何如此暴戾，而仍無蓄養至此耶，亦可知近日心神之焦灼不寧矣。觀假鳳虛凰國產影片，聊以解愁。

朝課後記事，到軍訓團點名訓話約一小時半，研究戰局，指導作戰要領。下午批閱公文，召見東北代表等十餘人後，閱美史汀生[3]著報國錄[4]中之中國一章，其受史迪威之蒙蔽，對中國軍隊及余個人之毀謗侮誣異甚，惟有一笑置之，美國人之浮淺衝動皆如此也。晚課後，約彥棻[5]來報告粵情，聚餐畢，修正軍訓團第六期畢業訓詞完，十一時後浴罷就寢。

1　陳立夫，名祖燕，字立夫，以字行，浙江吳興人。曾任中國國民黨中央組織部部長、秘書長、教育部部長等職。1947 年 4 月任中央政治委員會委員兼秘書長。1948 年 5 月任立法院副院長，12 月至 1949 年 3 月，出任行政院政務委員。
2　周志道，時任整編第八十三師師長。本年該師恢復原一〇〇軍番號，任軍長。
3　史汀生（Henry L. Stimson），美國政治家，曾任戰爭部部長、菲律賓總督、國務卿等職。
4　報國錄，指史汀生所著 *On Active Service in Peace and War*（1947）一書。
5　鄭彥棻，曾任廣東省政府委員兼秘書長、三民主義青年團廣東支團幹事、制憲國大代表等職。時任立法委員、中國國民黨中央執行委員會常務委員。

三月九日　星期二　氣候：陰晴

雪恥：一、畢業生調查處之充實（楊亮〔良〕[1]）。二、童子軍總會副理事長人選（吳沿？〔兆〕棠[2]）之召見。三、臺灣保安旅改警備旅。

朝課後遊覽庭園，審閱戰報，批閱公文，手記雜錄十則。正午約宴前菲列濱美國專員麥克納鐵[3]。下午休息後，與張、白、林[4]等電話囑咐畢，四時乘機飛徐州，閱後期國民革命之任務小冊與快速縱隊教令。晚課後，緯兒來見。晚聽取總司令部戰報及部署後，指導要領，說明毛匪戰略之理論，自信對剿匪更有把握，只要我軍能偵察研究，準備集中與澈底執行命令，遵奉剿匪手本原則，乃萬無一失矣。十時半經兒來談後，就寢。

三月十日　星期三　氣候：陰　微雨

雪恥：剿匪原則之條目：一、一點。二、兩面。三、三猛。四、退一步（口袋戰術）。五、封鎖。六、跟偵高級指揮部。七、專射官長。八、突擊司令部所在地。九、伏兵。十、腰擊。十一、以大吃小。十二、秘密接近。十三、快速。十四、聲東擊西。

朝課後記事，十時檢閱第三快速縱隊，並舉行第一、第二、第三各戰車團團旗授予典禮畢，訓話。到其第一團部即緯國之團巡視，召見各團長後，到徐州城外舊黃河道，校閱水陸兩用戰車即水牛、水鴨、水鼠三式車輛，實見以後乃可瞭然其性能與用途矣。正午約沈澄年等聚餐，下午召見將領十餘人後，

1　楊良，曾任國防部第一廳第二處處長等職，時任中央各軍事學校畢業生調查處處長。
2　吳兆棠，字昭讜，安徽休寧人。曾任中國童子軍教育學會理事長、三民主義青年團中央訓練處副處長、教育部督學、中正大學代理校長等職。本年5月，調任教育部中等教育司長。
3　麥克納（Paul V. McNutt），又譯麥克納鐵，美國民主黨人，曾任印地安納州長、駐菲律賓高級專員、駐菲律賓大使。
4　張、白、林即張羣、白崇禧、林蔚。

十五時半到快速總隊檢討會議，至十九時方畢。晚課後聚餐，召見鄧軍林[1]畢，觀平劇。廿三時半與經、緯兩兒共同禱告後，就寢。

三月十一日　星期四（朔）　　氣候：寅刻雷雨　終日陰霾

雪恥：一、約沈久成[2]與王克俊[3]（瀋陽城防副司令）來見。二、郭懺來見，都市副食必發實物。三、宜川戰役劉戡、嚴明陣亡之外，又廿七師王應尊[4]師長與周由之[5]、李達[6]二旅長亦陣亡，可痛之至，宗南之罪孽不勝其懲處矣。

未明即起朝課，擬於九時飛陝也，後應〔因〕氣候阻礙故中止。上午召見各快速縱隊到會之團長以上各將領畢，與墨三[7]研究整編各軍與將領調換計畫，記事，批示。本日氣候惡劣，正午轉佳，到機場後轉劣，又不能起飛，乃在機上休息，直至十四時半起飛回京，始得洛陽昨已被圍攻之報，匪之行動已處處立於主動地位矣。見布雷稱擬將國民大會改期半月，以本黨黨員被選代表不肯讓予本黨提名之人，所以代表名單尚未宣布，聞之痛憤無已，斥責不准其所稱也。

1　鄧軍林，時任整編第五師第九十六旅旅長兼機械化第一快速縱隊司令，9月任第九十六師師長，11月任第七十軍副軍長。

2　沈久成，時已退役，本年10月復出任貴州綏靖公署高級參謀。

3　王克俊，四川人，原任第四十九軍副軍長，本年2月調任瀋陽防守副司令官，再調為整編第二十一師師長，旋因恢復軍級番號，改稱第二十一軍軍長。

4　王應尊，字撫元，山西陽高人。時任整編第二十七師師長，本年3月在宜川戰役中被俘後逃脫。5月任西安綏靖公署幹訓大隊大隊長。

5　周由之，時任整編第三十一旅旅長，於本年2月28日在馳援陝西宜川期間遇伏殉職。

6　李達，時任整編第四十七旅旅長，於本年2月28日在馳援陝西宜川期間遇伏殉職。5月國民政府明令追贈為陸軍少將。

7　顧祝同，字墨三，江蘇漣水人。時任陸軍總司令，本年5月升任參謀總長。

三月十二日　星期五（植樹節）　氣候：陰霾四塞　雷鳴電閃
七至九時天氣昏黑，雷雨大作，前方空軍不能助戰

雪恥：昨回京後，陝洛、四平、蘇北各地戰局皆極嚴重，尤其是經濟險惡，物價飛漲，以通貨澎漲〔膨脹〕不能壓阻為最可慮，乃召公權來商，決改幣制，准將招商局、中紡公司等國有財產歸中央銀行抵為發行新幣基金之用。晚課如常，與經兒車遊後寢。

總理[1]逝世已廿四年，共匪滅黨奸計雖已打破，而叛國陰謀尚未粉碎，至今其勢兇險日甚，幾乎不可向邇，然余信必能澈底消滅此獠，以慰總理在天之靈，而報黨國也。

朝課後接洛陽已被匪侵入，正在巷戰之報，殊出意外，二〇六師青年軍無用竟至於此耶。到國務會議，通過招商局、中紡公司等財產皆交中央銀行充作法幣基金之用，此一要務也。

正午又接濟南之周村被匪圍攻之報、永久〔吉〕曾澤〔生〕[2]軍向長春撤退之報，皆非預料所及也。下午接四平守將彭鄂〔鍔〕[3]電，手擬覆電，沉思擱筆者五次之久，以不忍有一虛語以壯其心膽也，最後乃令俞濟時[4]代復慰勉，以盡我心。批閱公文，見子良[5]。

1　孫中山（1866-1925），名文，字逸仙，化名中山樵，廣東香山人。曾任中華民國臨時大總統，中國國民黨總理。
2　曾澤生，時任第六十軍軍長兼吉林守備司令，3月兼第一兵團副司令官，本年10月在長春率部投共。
3　彭鍔，湖南湘鄉人。曾任第八十八師副師長、第八十七師副師長。1947年5月任第八十八師師長，1948年3月自四平突圍，7月調第二〇二師師長。1949年，任第七十一軍軍長。
4　俞濟時，字良楨，浙江奉化人。時任國民政府參軍處軍務局局長，1948年5月，任總統府第三局局長。
5　宋子良，原籍廣東文昌，生於上海。曾任中國建設銀公司總經理、廣東省政府委員兼財政廳廳長，時任中央銀行理事。

三月十三日　星期六　氣候：雷雨

雪恥：昨晡研究戰局，指調部隊，督導實施不敢稍懈，自信無愧職責，當可對越上帝乎。故國勢日蹙，時局雖極嚴重，而心神安定如常，深信最後勝利與前途光明皆在於不久之將來，然而恥辱慚愧，殊不易忍受，時生厭棄之念，此乃信道不篤，修養不足之過，應切戒之。又見馬歇爾仍以杜魯門[1] 廿〔卅〕四年十二月對華調解國共之宣言為有效，今後政府仍應容納共黨參加之談話，更覺可笑，隨後又即改正此言，解釋其意義，尤覺其心口不一，頑固不化，死期不遠矣。

本日朝課後寫衛俊如函，嚴令其主力提早西進，集結錦州附近。十時舉行軍訓團第七期畢業典禮，訓話一小時，回寓審閱戰報。四平街經二週慘烈激戰，已於昨晚失陷，永吉我國軍已於昨日安全撤退到達長春，此着較為自慰。聞永吉青年男女隨軍退來者三萬餘人，以不願為共匪蹂躪也。洛陽尚在固守核心工事，與匪慘戰中。正午記事。

上星期反省錄

一、自捷克政變，共黨奪取政權，與俄國向芬蘭提出同盟條件以後，美、俄衝突日趨尖銳，西歐同盟醞釀已成，今後只看瑞典與挪威勢力範圍之何時解決，則大戰即何日暴發，預料不能出於一年之內，其間英國從中挑撥與操縱，實有迫不及待之勢，此實為大戰之主因也。

二、馬歇爾對記者談話，仍以共匪加入我政府為其一貫之政策，雖其事後悔改，但其頑固不化、執迷不悟、毫無政治常識更可徵明。此非余自詡其所見之正確不誤也。

1　杜魯門（Harry S. Truman），美國民主黨人，原任副總統，1945 年 4 月 12 日接替病逝之羅斯福總統，繼任總統。

三、東北之永吉自動撤退，四平街已為匪攻陷，關內華北之匪亦發動攻勢，山東之周村被陷，洛陽被圍攻岌岌可危，蘇北之匪已增加一個縱隊，軍事陷於被動矣。

四、國有重要產業撥歸中央銀行法幣基金之用。

五、到徐州檢閱快速縱隊，頗有獲益也。

本星期預定工作課目

1. 綏靖會議之召集。

2. 各後調旅之編配與主管之人選。

3. 華中戰區部署與組軍計畫。

4. 海、空軍走私之妨〔防〕制。

5. 國大會應修改法令之修改。

6. 各省主席與行轅主任人選之決定。

7. 國防部機構調整之督導。

8. 青年軍中級官長之調整。

9. 政工、地方行政、黨務三種幹部之建立與訓練。

10. 調查、管理、組織三種方案之設計。

11. 新剿匪手本與高級將領之訓練。

12. 騎兵各旅配屬於各軍。

三月十四日　星期日　氣候：雨

雪恥：昨日下午批閱公文，手擬胡宗南撤職留任令稿。晚課後，召見段澐[1]等四人畢，在勵志社宴畢業學員後，觀平劇解愁，十二時後就寢。

預定：一、第二〇三師中級官長之調整。二、魯南部隊除臨沂與日照以外，如蒙陰、新泰、沂水等據〔點〕皆放棄，應集中兵力另定方案。三、對剿匪戰略戰術應澈底改變，匪之主力未消滅以前，不再多守據點，專找匪部進剿。朝課後審閱戰報，得悉洛陽自本晨三時接其尚守兩據點慘戰中之電後，其電即中斷，至十時尚未叫通，又接空軍偵報稱洛陽靜寂無戰鬥，似已被匪完全攻陷云。余總望其猶能固守未失，以三時尚有二據點苦鬥，決不致全部陷落如此之快也，而且邱師長[2]英勇有膽，富有作戰經驗也，但已疑為凶多吉少矣。及至十五時午睡初起，將禱告時，忽接洛陽電報復通，而且空軍復偵亦見正在戰鬥中，此乃起死回生之恩德，不能不感謝天父之保佑也。上午記事，記反省錄，下午記本年工作表。晚課後，子良聚餐。

三月十五日　星期一　氣候：陰晴雨

雪恥：近日環境惡劣，情勢危險，但每念世界局勢與國家前途，乃不禁欣歡係之，將來地藏之資源與廣大之國土，如能在我輩手中消除匪亂，完成統一，則富強可立而待也，今日之國恥身辱不足介意矣。

預定：一、國史館長人選。二、東北各部隊空番號與最近損失之番號之調駐與補充計畫。三、青島警備司令人選。

1　段澐，字湘泉，曾任第九十五師師長、整編第九十五旅旅長等職，時任第二〇八師師長。本年 9 月，所部擴編，升任第八十七軍軍長。
2　邱行湘，字遼峰，1947 年 11 月，任第二〇六師師長兼洛陽警備司令。本年 3 月 13 日，在洛陽戰役被俘。

朝課後審閱戰報，研究山東匪情周村失陷後之作戰方鍼甚久，洛陽電臺自昨夜至今又中斷，此當為電機故障之故，但無任疑慮，惟增援各部隊已到達洛陽附近矣。會客十餘人，下午研究綏靖會議方案後，接見暹邏大使[1]，彼來辭行也。召見美國作戰科科長與巴大衛後，再研究山東戰局，決調第七十五師增援淄川也。晚課後，與黃伯韜[2]、丁治磐談話，研究編軍與將領人選。

三月十六日　星期二　氣候：雨

雪恥：每念天下無難事，天下無易，終身有憂處，終身有樂處之句，不禁感覺近日憂慮之深切，而心神之安樂，環境之艱險，而前途之光明矣。朝課靜默一小時之久，而思慮紛煩心事複雜，誠如抽絲理麻，無從止息，此為從來所未有，可知事業之艱鉅難理與糾纏不清矣。一、國史館長。

朝課後記事，到運輸人員與政工人員訓練班開學典禮後，研究戰況，指示綏靖會議要旨與全局暫取守勢之部署，及新生部隊組訓之計畫，皆為當前之急務也，批閱綏靖會議方案頗詳。下午批閱公文，清理積案，十八時後方畢。

晚課後，特約季陶院長商談今後政治與國大方鍼，討論亞洲全局甚詳，彼實默察世局、研究情勢最精明之同志也。晚研究人事後，記事。

1　塞古安‧杜拉勒（Sanguan Tularaksa），泰國政治家，曾任二戰期間「自由泰」運動駐中國代表、戰後首任駐華大使，本年因拒絕承認 1947 年泰國軍事政變所產生的新政府而離職。
2　黃百韜（1900-1948），一名伯韜，字煥然，號寒玉，祖籍廣東梅縣，生於河北天津。時任整編第二十五師師長。1948 年 8 月任第七兵團司令官，11 月 22 日在徐蚌會戰中於碾莊地區兵敗殉國，1949 年 1 月被追贈為上將。

三月十七日　星期三　氣候：雨

雪恥：今日急務以振作人心、提高士氣為第一，至於一般高級幹部心理之動搖悲觀，抱怨攻訐，而不自反自強之頹勢墮心，則必有待於軍事與外交之好轉，方能袪除其疑懼傍徨之心神，決非口舌所能轉移，而惟一之道乃在余之鎮靜謹慎，方能制服一切，渡此難關也。

預定：一、令各部隊長特別注重軍醫與擔架教育。二、錦瀋路修理材料之預備。三、京滬自衛隊之組織與催繳告士紳書。

朝課後到華中綏靖區會議指示要旨後，審閱戰報，增援洛陽各軍尚未入城，而二〇六師邱行湘師長據匪廣播已被俘矣，可痛。批閱綏靖會議提案甚詳，下午召見巴大衛後，研究戰局，晚課。與立夫、布雷談國大代表糾紛與選舉總統方式。晚天翼來談，其心理似已承認剿匪為已失敗，故滿腔悲觀，可歎。

三月十八日　星期四（上弦）　氣候：雨

雪恥：西歐英、法、荷、比、盧五國聯盟已經成立，以與東歐共產（集團）勢力範圍相對抗，今後只看芬蘭與意大利兩國是否入於共產集團之範圍，美俄戰爭之遲速當在最近一個月內可睨其端矣。昨日杜魯門對其議會演說發表後，戰爭勢所必至乎，預料史大林不能示弱，以其步調慌亂，實已蹈襲托爾史基[1]之覆輒〔轍〕矣。

朝課後指導工作。據各方報告，美國對中國共匪之危險與急要似皆澈悟，惟馬歇爾一人仍惱羞成怒、固執成見，妨礙軍事援華也。余始終對彼置之不理，觀其究竟阻礙可到何時耶。記事，批閱公文。正午宴客，下午研究戰局，決派十八軍由洛護送卅八師西進潼關，增援關中也。召見濟南與青

1　托爾史基（Leon Trotsky, 1879-1940），即托洛斯基，蘇聯共產黨革命與理論家，曾任中央政治局委員、外交人民委員、軍事人民委員兼最高軍事委員會主席。

島代表,研究剿匪方略。晚課後宴客,約會傅涇波[1],據告馬歇爾希望立夫赴美一行也。

三月十九日　星期五　氣候:雨

雪恥:馬歇爾仍反對軍事援華,明言歐洲第一,且以第二次大戰致勝為例,此其完全受英國人無形之指使,且其賤視黃種人潛意識之所致,無怪其然,但此非中國之不幸,或反為中國之大幸。此時只要我能自立站穩,不為共匪所消滅,則前途必有無限之光明也。

朝課後研究戰況,蘇北匪勢鴟張,甚為六合與益林慮也,陳毅匪部竄回黃河北岸,應切加研究其今後之動態。批閱公文,審定半年內作戰與整軍計畫。下午遴選新編部隊之將才,與增編野戰軍之方案。岳軍來談,決定長江以南各省主席人選,尤以四川為急要。召見三人後,指導戰局,晚課,餐畢,召見王東原[2]、黃伯韜及劉茂恩[3],商議河南軍糧問題,困難異甚,十時半就寢。

1　傅涇波,名永清,滿洲正紅旗人,富察氏,生於北京。1920 年起,成為燕京大學校長司徒雷登的助手及私人秘書。1946 年,司徒雷登出任美國駐華大使,傅以私人顧問名義繼續襄助。

2　王東原,名修墉,安徽全椒人。曾任中央訓練團教育長、國防研究院主任、湖北省政府主席等職。1946 年 4 月任湖南省政府主席,1948 年 8 月任戰略顧問委員會委員。1949 年來臺後,籌備革命實踐研究院,並兼總裁辦公室第三組主任。

3　劉茂恩,字書霖,河南鞏縣人。曾任第十四集團軍總司令、豫西警備司令等職。時任河南省政府主席,9 月調任總統府戰略顧問委員會委員,11 月任徐州剿匪總司令部政務委員會委員。

三月二十日　星期六　氣候：雨

雪恥：國大代表資格問題[1]，以中央常會與國府之命令指示自相矛盾，尤其黨部散漫零亂，不講手續程序，更使選舉事務所及各級黨部無所適從，致有今日讓與不讓、錯綜複雜、貽笑世人之現狀，苦痛悲憤莫此為甚。國事棘手至此，總因自在共匪之禍國，而美馬之干涉侮華，與一般投機政客只知個人而不知國家禍福，所謂自由分子如張君勱[2]之流假外力以欺弄國事，造成目前無法解決之困境，悲乎。

朝課後審閱戰報，批閱公文。下午為卅八師由洛入潼，增援西安問題，甚恐中途被阻，故仍令空運也。約集立夫、布雷等，指示國大代表資格與憲法，及授權總統案之方鍼，分別與各方接洽。五時到綏靖會議訓示與討論，至七時後方畢。晚課，餐後再令立夫等來談，至十時半方畢。

上星期反省錄

一、洛陽失而復得，然而第二〇六師被匪完全殲滅，邱師長行湘被俘，此一青年智識士兵部隊之損失，及其師長之被俘，是為對余莫大之打擊，每

1　行憲國民大會代表選舉結束後，中國民主社會黨、中國青年黨表示其政黨提名人的當選席次不足，認為國民黨未能滿足友黨共預憲政的願望；此外，國民黨也有一批原經中央提名的候選人未能順利當選，對黨中央同表怨望。他們特別批評一批「簽署代表」（即根據《國民大會代表選舉罷免法》第 12 條規定，循「簽署」〔即選民連署〕途徑參選的國民黨籍國代當選人），指控其未獲政黨提名而參選，既違反黨紀，也漠視了禮讓友黨的精神。由於各方爭執劇烈，衝擊行憲進程，國民黨中央遂要求「簽署代表」主動退讓，又請各級選舉事務所通知其當選資格無效，反而又掀起軒然大波。是時，司法院曾應行政院咨請，做出政黨黨員得經簽署途徑登記為候選人的解釋，等於認定其參選資格合法，暗示已非法律問題。1948 年 3 月 18 日起，國代開始報到。蔣中正在各方囂嚷的局面下，決定對黨內外代表糾紛區別對待，即：對黨內提名與簽署代表，以得票多數者決之；對民青二黨問題，則採「以黨讓黨」方針，仍請「簽署代表」退讓，以求國大順利召開。惟大會開幕後，各路抗議者眾，依然未能徹底解決此一政治風波。

2　張君勱，名嘉森，字君勱，以字行，江蘇寶山人。曾任國民參政會參政員。時為中國民主社會黨主席。

一念及邱之被俘，為之驚魂動魄，認為無上之恥辱也。又膠濟路周村失陷，卅二師周師長慶祥[1]被俘，蘇北益林亦陷落，天長、六合被竄擾，最近軍事更陷於被動矣，惟選將編練新生力軍，未敢一時或懈也。

二、美國杜魯門對其議會宣言發表後，歐局緊張，而西歐五國聯防與美國放棄猶太分治主張，皆為世界局勢急轉直下之現象。美眾議院外交會對軍事援華案之通過，使馬歇爾反對無效，是差強人意之消息。

三、國民代表大會開會期迫，而代表退讓與資格之糾紛，益見複雜不可解決，余惟一本法律與正理為最後解決之方鍼，以寧可犧牲黨紀，而保持國法之尊嚴也。

本星期預定工作課目

1. 召集作戰及訓練計畫會議。

2. 指示人事有關人員業務。

3. 物資局醫藥應先供給軍醫署。

4. 決定國大代表資格與糾紛之解決。

5. 憲法與授權總統戡亂緊急命令權案。

6. 召集五院院長商討全會與國大代表問題。

7. 調動各省主席命令之發表。

8. 新編各師旅長人選之決定。

9. 召見王之[2]與朱世明[3]。

1　周慶祥，字雲亭，曾任第三師師長。時任整編第三十二師師長，部隊於周村之戰遭殲滅，以貽誤戰機送軍法局審判，7 月 10 日處決。

2　王之，字淡如，湖南長沙人。戰後歷任國防部情報司司長、國防部辦公廳副主任、新制陸軍軍官學校（設址武漢）教育長。1948 年 9 月，調任青島警備司令部副司令官。

3　朱世明，字季光，號公亮，湖南湘鄉人。曾任中國駐美大使館武官、駐日本代表團團長等職。時任中國駐美軍事使節團團長。

10. 選舉副總統之方式與人選。

11. 新剿匪手本之編輯與校正。

12. 高級將領訓練之日期。

三月二十一日　星期日（春分）　氣候：陰

雪恥：政治全在把握時機，必須劍及履及，速決速行，不可錯過，以待第二時機，否則稍縱即逝，時不再來，機亦必不再得也。余之一生多少黃金時代與特別機勢，皆為余臨時不決或處置遷移，以及「待至下一時機」之意念所誤，無論國民大會問題、政府制度、憲法要旨以及共匪等問題，皆由此再待時機之一念，以致造成今日之窘境也，可不深戒。

朝課後記事，記本週課程表，對譯電班點名訓話後，審閱戰報，乃知淄川亦失矣，記上週反省錄畢。布雷來談哲生[1]有競選副總統且有非兼立法院長不可之決意，否則皆不願任任何一職也，其要脅無禮至此，可歎，余惟聽之。正午妻由滬回京，芳娘[2]、薇美[3]、郁文[4]同來也。下午召見丁治磐、劉汝明等各將領。晚課後，與布雷、立夫等商決國大代表以得票最多者發給證書之方鍼，並與健生談話。

1　孫科，字哲生，孫中山哲嗣。時任立法院院長、國民政府副主席。5 月任行憲立法院院長，11 月任行政院院長，1949 年 3 月辭職，移居香港。

2　蔣方良，俄名芬娜（Faina），取名芳娘，後改方良，祖籍白俄羅斯。1935 年 3 月 15 日，與蔣中正長子蔣經國結婚，1936 年 12 月，隨蔣經國回中國。生有蔣孝文、蔣孝章、蔣孝武、蔣孝勇三子一女。

3　孫薇美，浙江奉化蕭王廟孫益甫次女，嫁蔣中正長兄蔣介卿之子蔣國炳為妻，有一子四女，分別是子蔣孝倫，女蔣靜娟，蔣志倫，蔣環倫，蔣明倫。

4　楊郁文，楊森三女，1945 年 12 月嫁蔣中正外甥竺培風為妻，生女竺友冰。1948 年 1 月，竺培風駕機失事殉職。

三月二十二日　星期一　氣候：晴

雪恥：國大代表資格問題不能再事遷延不決，無論其二友黨是否諒解、是否出席國大皆不能顧慮。此時惟有一本道理，根據憲法以得票最多者為當選人，至其不守黨紀、不肯退讓友黨，則惟有開除其黨藉〔籍〕，以示對友黨之信義而已。此外如友黨不出席國大，或以一黨專政包辦選舉之罪名加諸吾身，則亦惟有聽之，成敗毀譽在所不計，以首次國大決不能留有違憲亂法之惡例，以貽國家民族無窮之禍患也，故毅然斷行之。

本日為妻五十初度，即舊歷二月十二日也。初醒，道賀其誕辰後，朝課，記事。與禮卿[1]談國大代表資格問題，屬其對青年黨說明決心，並望該黨諒解。正午經、緯二兒及親戚來祝壽，聚餐甚歡也。下午會客後，與妻車遊湯山。回寓研究戰局，指導部署後，晚課畢，已九時半。聚餐如午餐畢，觀電影。

三月二十三日　星期二　氣候：晴

雪恥：美國參院外委會仍不敢以軍事援華名義出之，僅以經濟援華款中之一億元為購取任何物資之用，而准予購買軍火，此種掩耳盜鈴之所為，徒為俄國與共匪張膽而已。馬歇爾之固執侮華政策，其必陷害美國自食其惡果無疑，可痛之至。在此美國援華案未決定之時，而我國民大會如青、民兩黨拒不參加，則尤為馬歇爾所利用，誣陷中國一黨包辦國大之惡名，以停止其援華之議案。此誠內外交迫之際，而本黨于、孫、李、程[2]等人競選副總統各不

1　吳忠信，字禮卿，安徽合肥人。1947 年 4 月，任國民政府委員，同年在原籍當選第一屆國民大會代表。1948 年 8 月轉任總統府資政，1948 年 12 月至 1949 年 1 月任總統府秘書長。

2　于、孫、李、程即于右任、孫科、李宗仁、程潛。于右任，原名伯循，字誘人，爾後以諧音「右任」為名，陝西三原人。原任訓政時期監察院長，1948 年 6 月續任行憲監察院院長。程潛，字頌雲，湖南醴陵人。時為武漢行轅主任。1948 年 3 月參加副總統選舉，6 月調任湖南綏靖公署主任兼湖南省政府主席。

相下，此種不顧大局，只知權位之黨員，更令人痛苦萬分，不知所止。

朝課後審閱戰報，遊覽庭園，批閱公文。正午對中級幹部訓話，令其負責發奮，恢復革命頹勢也。下午清理積案，召見三人後，與妻車遊湯山回，審閱戰報，李、程今皆到京矣。晚課後召見鐵城 [1]、君鉑等，以幹部愚拙，苦痛異甚。

三月二十四日　星期三　氣候：陰

雪恥：昨晚聞唐君鉑 [2] 報告，巴大衛在北平對傅宜生，要其將所需要各種武器數目表開交於巴，俾可設法補充之言行，不勝憤悶。彼美國豈仍如史迪威政策，總想分化我國軍，為其易於統制之謀略乎，但美人幼稚，此可暫置不理也。

朝課後記事，審閱戰報，指導戰局，批閱公文。正午宣傳會報，研究國大代表資格糾紛之解決方法，決先召見本黨提名落選之代表，予以勸勉與安置，然後再將應讓友黨之代表可以情理說服者親自召見，使之退讓也。下午續批公文，約見澳洲大使 [3] 與印度大使 [4]，對印希望與意見托其面告尼赫魯 [5] 也。哲生以競選副總統問題，轉詢余之意見，因李、程、于等皆擅自表示競選，而並未問余及黨之意見也，哲生此次態度與言行皆不越黨員範圍，故示意其可競選也。晚課。

1　吳鐵城，字子增，祖籍廣東香山，生於江西九江。曾任國民政府僑務委員會委員長、中國國民黨海外部部長等職。1941 年 4 月至 1948 年 12 月任中國國民黨中央執行委員會秘書長。1948 年 12 月任行政院副院長，兼外交部部長。1949 年 10 月赴香港轉至臺灣，任總統府資政。

2　唐君鉑，字貽清，廣東香山人。時任國民政府參軍處參軍，其後先後出任總統府參軍、聯合勤務總司令部兵工署副署長。

3　高伯蘭（Douglas B. Copland），教育家、外交家，時任澳洲駐華公使。

4　梅農（K. P. S. Menon），印度外交官，曾任殖民時期印度政府駐華專員，獨立後任駐華大使，1948 年 4 月離任。

5　尼赫魯（Jawaharlal Nehru），日記中有時記為尼黑魯，1947 年 8 月至 1964 年 5 月任印度總理。

三月二十五日　星期四（望）　氣候：晴

雪恥：自愧不知組織之道，以致今日黨務、軍事、政治、經濟與教育皆無幹部，一經危困，所有基礎完全動搖，至今尚未崩潰者，是獨賴天父之厚賜也。黨務幹部更為愚拙，國大代表問題結果之惡劣至此，而彼輩尚不知負責自恥，以致皆須由余一人承當處理，痛苦極矣。

朝課後審閱戰報，只見西安、濟南各處主將之恐慌無主，甚歎今日求一李鴻章[1]、胡林翼[2]、駱賓〔秉〕章[3]之流而不可得也。文武幹部必須皆有哲學與修養基礎，能以聖賢自期，而以英雄之魄力，以實現其聖賢之宗旨，方能擔當危局，不懼艱險，然而今日竟無一人也，奈何。十時後召見本黨提名落選之代表六十餘人，苦口勸戒約一小時之久，心力交瘁矣。正午約鄧晉康[4]來談，勸其辭卸四川主席，並宴德鄰、頌雲。下午批閱公文，召見六人，與康澤[5]談鄂北軍事。

三月二十六日　星期五　氣候：晴

雪恥：昨晡見南京四十七教授宣言，完全為共匪張目，煽動軍心與擾亂社會，希冀以自由分子名義，思以立中第三者地位，藉美國馬歇爾等主張之掩護，

1　李鴻章（1823-1901），字少荃，諡文忠，安徽合肥人，晚清重臣、近代重要的政治家、淮軍創始人。與曾國藩、左宗棠、張之洞並稱晚清「中興四大名臣」。

2　胡林翼（1812-1861），字貺生，號潤之，湖南益陽人，晚清中興名臣，湘軍前身湘勇重要首領，官至湖北巡撫。所著《讀史兵略》四十六卷，奏議、書牘十卷等，輯有《胡文忠公遺集》。雲南將軍蔡鍔將曾國藩、胡林翼的治軍用兵之道編成《曾胡治兵語錄》，蔣中正將此書作為黃埔軍校學生必讀教材。

3　駱秉章（1793-1867），原名俊，字籲門，號儒齋，廣東花縣人。咸豐 3 年（1853）3 月，署湖南巡撫，8 月實授，咸豐 11 年（1861）7 月 22 日調四川總督。

4　鄧錫侯，字晉康，四川營山人。曾任第四十五軍軍長、第二十二集團軍總司令、川康綏靖公署主任等職。時任四川省政府主席。

5　康澤，字代賓，號兆民，曾任三民主義力行社書記、三民主義青年團中央組織處長等職，時任第十五綏靖區司令官，獲選第一屆立法委員。本年 7 月，於襄陽戰役被俘。

以達其投機之慾望,閱之痛憤。繼思此等書生政客無論其如何煽動,決不能動搖余之威望,減損余之信用,任其所為,聽之可也,何必自討閒氣,故事後遂又自得矣。晚課後餐畢,與妻在月下遊覽庭園,愁思盡消,十時後就寢。今晨醒後,為戰局深憂切思,甚欲重定部署,集中兵力,固守據點,積極整補,再行進剿也。

朝課後以軍事與國代問題未能解決,情勢嚴重,故專心於此二事,未出席國務會議。正午漫遊庭園消遣。下午批示要公,等候簽署當選國代,應讓友黨者不肯來見,乃知其尚有畏懼之心也。晡與妻車遊湯山。本日沉悶抑鬱異甚,延安撤退問題又不能不實行也。

三月二十七日　星期六　氣候:陰雨

雪恥:昨晚課後,召見萬耀煌[1]、王作華[2]後,默禱畢,十時半就寢。

注意:一、延安放棄與撤退之路。二、青島人事。三、國代方鍼與其民、青二黨拒絕參加國大,寧可阻制本黨簽署當選者出席,強制其退讓,即使其對余起訴(向法庭)亦所不顧也。四、第五軍渡河清剿建議,不可照准。五、華中主力圍剿黃泛區之匪。

朝課後會客,審閱戰報,指導作戰畢,審核告青年書稿,平淡無力,甚思另成一稿,然無暇及此,只屬布雷照余意修改之。正午召集黨中負責幹部,指示解決本黨國代退讓辦法,草擬聲明書稿要旨。幹部無能,黨員無理,氣憤無已,乃作最後負責之處置也。下午批閱要公後,召見本黨提名與簽署二種之代表十六人,聽取其意見後,懇切勸解,闡述利害,明示余之決心約有二小時之久,始行辭去,心力交瘁矣。晚課。

1　萬耀煌,字武樵,湖北黃岡人。1946 年 4 月,任湖北省政府主席。本年 4 月改任戰略顧問委員會委員,8 月起任中央訓練團教育長。
2　王作華,時任整編第四師師長。其後恢復軍級番號,任第四軍軍長。

上星期反省錄

一、美國對猶太分治案之撤消，意大利之的利耶斯特港共管案亦主張撤消歸還意圖，近且將西班牙亦列入其援歐法案之內，此皆國際局勢最大改變，與第三次大戰逼緊之兆也。

二、山東淄川亦已失陷，王耀武無能，可痛。

三、本週軍事部署未能確定，匪情東西莫測，蘇北尤其是天長、六合為匪竄擾，影響首都人心甚大也。總之將領無能，情報無方，最堪痛心。

四、國民代表資格最為煩擾，此皆中央黨部無能、不負責任所造成，致有今日之窘境，最後自臨到頭上，不能不下最後之決心，乃發表廿七日之聲明，此實為憲政史上第一項重要之文獻也。

本星期預定工作課目

1. 二〇六師與八十八師之編組速定。
2. 國民大會開會詞之準備。
3. 龍口、威海衛部隊之撤退。
4. 華北作戰之指導。
5. 縮短戰線集中兵力之方案。
6. 後調旅編組方案之決定。
7. 對總統與副總統人選之決定。
8. 不任總統之影響與國家利害之研究。
9. 胡適任總統之利弊。
10. 美國參議院援華案之注意。

三月二十八日　星期日　氣候：晴

雪恥：昨晚發表對國大代表資格問題執行解決之辦法後，此心為之釋然。本晨朝課後，修正告青年書稿畢，審閱戰報。召見民社與青年二黨代表，彼等讀余聲明書後表示參加國大，但要脅名額無理處惱〔取鬧〕，藉故為難，不一而足，直至午夜始得妥協報到。本黨忍受之苦痛與被迫之環境，幾乎往日與共匪交涉之處境相等，更覺建國之艱難也。下午重改文稿後，到參政會結束之茶會加以獎勉。晡與妻車遊燕子磯，回寓，晚課。約宴中央研究院評議會員，忽覺告青年書第三項不甚妥善，故聚餐未畢乃即收回文稿，重加修正後再發。得報所令退讓之代表不能接受辦法，並有十人表示絕食護憲，已到國民大會堂進住，使明日不能開會也。余派員勸導，直至翌晨四時仍執迷不聽，乃令警察強制執行其退出，收容於招待所，勸其食眠，已不絕食矣。

三月二十九日　星期一　氣候：晴

雪恥：昨見報載美國參院外交會對援華決議之報告，其措詞惡劣，無異於受馬歇爾之指使，甚為駭異，何馬之魔力如此之大耶。今接顧大使[1]電，以美參院議長范登堡[2]對顧聲明，該院所發表援華報告書並非彼本人及外交會之意見，乃為其秘書草擬，未經詳加委員審核者，現決撤回，並將在其院議時另作說明，彼又特別提及對蔣主席衷心禱祝其成功與崇敬其偉大之人格云。因此可知美國會議與政府亦不免為下人舞弊操縱，而受馬歇爾之運動影響也，然亦可知美國民族性之直爽與潔白，非盡如馬之頑固不化也。

本日中華民國國民代表大會第一屆開會之期，經過無數委曲忍痛，乃得如期

1　顧維鈞，字少川，曾任駐法、駐英大使等職。1946 至 1956 年間任駐美大使。
2　范登堡（Arthur H. Vandenberg），美國共和黨人，1928 年 3 月至 1951 年 4 月為參議員（密西根州選出），時為參議院臨時議長、外交關係委員會主席。

舉行開會，此實為建國史上第一件大事。昨夜睡眠最酣，晨起濃霧籠罩全城，九時謁陵時乃陽光漸盛，衝破重霧矣。朝課後，謁陵畢，與經兒便遊明孝陵及小紅山基督凱歌堂後，主祭陣亡將士公墓。十一時舉行國大開幕典禮致詞畢，召集幹部，商討慰問退讓之代表辦法。

三月三十日　星期二　氣候：陰晴　大風

雪恥：昨日國大開會儀式隆重莊嚴，而全體代表之整齊嚴肅亦為從來所未有，尤其對余個人之表示其誠敬發乎內心之容態，更為自慰。妻言余之儀容態度以及語音之肅穆沉着，不能不使此一千七百代表心服也。散會後，特派洪蘭友[1]、張厲生二同志往慰激昂衝動、不甘退讓之黨員代表，其中有十人廿八日進佔國大會堂，以絕食相示者，且又以陳棺誓死者，皆屬其轉約來見。及至下午五時，六十餘人來見，懇切曉以大義，並示以決心，決不能再在余聲明範圍之內有所要求或討論也，惟必為其設法予以酬勞及解決其他之糾紛，直至七時後方散去。晚課後，再約黨務幹部，研討解決黨內關係糾紛之辦法，十一時方畢，沐浴後就寢。

本（卅）日六時起床，朝課，記事，與健生談話。審閱戰報，匪又圍攻阜陽矣。與雪艇談總統問題，屬其轉詢胡適之君出任，余極願退讓，並仍負責輔佐也。

1　洪蘭友，江蘇江都人。曾任國民政府社會部政務次長、（制憲）國民大會籌備委員會秘書長、（制憲）國民大會秘書長等職，時任（行憲）國民大會籌備委員會秘書長。4月6日，獲第一屆國民大會第一次會議推定為大會秘書長。

三月三十一日　星期三　氣候：晴陰　夜雨

雪恥：昨午約張向華[1]聚餐，下午批閱公文，清理積案後，召見盛紫莊[2]，以其主使退讓之代表搗亂最激者也。聞絕食十代表尚有四人未進食，惟已食水菓與糖果矣。召見倪祖耀[3]副師長，可用也。晚課後，約見于斌、胡適等商討對絕食代表等轉圜辦法，屬其一面勸慰代表，一面以其第三者立場對民、青兩黨協商各退讓五名，使絕食者得有安頓，其他皆無合理之法。預料兩黨必不允許，一任吾人之為難，亦不管絕食者之死活也。

本卅一日朝課後，研究推胡適任總統之得失與國家之利害、革命之成敗，皆作澈底之考慮，乃下決心。審閱戰報，記事，批閱公文。正午宣傳會報，對國大方鍼與宣傳以及副總統等問題加以研討。下午默禱，增讀舊約一篇，召見王陵基、張篤倫[4]等。晡與妻巡視下關，談推選與退讓之大旨，晚課。

1　張發奎，字向華，廣東始興人。曾任第四戰區司令長官、第二方面軍司令、軍事委員會委員長廣州行營及國民政府廣州行轅主任等職。時任戰略顧問委員會委員、國民大會代表。
2　盛紫莊，曾任東北行營總務處處長，時為第一屆國大代表當選人。
3　倪祖耀，字子辰，時任整編第八十五師副師長。4月，調升整編第五十二師師長，後恢復軍級番號，任第九十七軍軍長。
4　張篤倫，字伯常，時任重慶市市長。本年4月起任湖北省政府主席，後兼華中剿匪總司令部政務委員會委員。

四月

蔣中正日記
Chiang Kai-shek Diaries

民國三十七年四月

四月一日　星期四（下弦）　氣候：晴

雪恥：昨晚胡適博士接受推選總統之意，此心為之大慰，乃即召布雷詳述余之旨意與決心，屬其先告季陶與稚老[1]勿加反對。此乃黨國最大事件，余之決定必多人反對，但自信其非貫澈此一主張無法建國，而且剿匪革命亦難成功也。

六時前起床朝課後，召見衛俊如，聽取其東北作戰計畫，並指示要旨。審閱戰報，阜陽守軍似已穩定矣，記事。批閱要公畢，與岳軍商談決推適之出任總統事，研究得失，彼頗贊成，惟應知其性格有時嘗有武斷之缺點也。正午記反省錄，下午清理積案後，召見丁承法[2]與金定洲[3]，皆有為之青年也。布雷來報，季陶力主總統不得退讓，否則國基民心全盤皆亂，而稚老則贊成余之主張也，此心為之大慰。晡與妻遊明孝陵，觀櫻花盛放可愛。晚課後，約季陶來談一小時餘，最後彼方無異議也。

1　吳敬恆，字稚暉，江蘇武進人。曾任制憲國民大會主席團主席。1947 年，在原籍當選為第一屆國民大會代表。1948 年，當選為中央研究院第一屆院士，7 月被聘為首批總統府資政。
2　丁承法，時任國軍駐綏部隊指揮所督訓員。
3　金定洲，曾任第七十四軍砲兵團團長、濟南防守副司令兼人民組訓處處長。蔣中正召見後，任命為整編第二師第一四一旅副旅長。

四月二日　星期五　氣候：晴　夜雨

雪恥：一、督促首都自衛隊之組訓。二、中央全會之要務：甲、總統、副總統候選人提出方式之決定，應由全會推定人選，再依規定辦法提出國大。乙、此次國大不修改憲法。三、召集本黨國大代表訓話宴會。

朝課後，約健生來談軍人不競選，以垂範於後世，勿蹈民初之覆軼〔轍〕，並示以余不任總統之決心，屬其轉勸德鄰勿再競選副總統為要。召集衛俊如等，決定東北作戰方略後，接見海濱[1]、禮卿等。十一時半傅涇波來告，馬歇爾致司徒大使手書中有今日方知蔣主席人格之偉大句，不知其從何而有此感悟耶，外物毀譽毫不容懷也。下午批閱公文後，口授布雷、希聖全會講稿之要旨。晡與妻遊覽陵園、音樂臺與水榭後，再車遊湯山，回寓。召見立夫等，決定四日召開全會。晚課後，約邱清泉[2]軍長聚餐，此乃最有望之後進也。

四月三日　星期六　氣候：晴

雪恥：朝課後審閱戰況，攻阜陽之匪已成弩末，乃指示對黃泛區陳、劉[3]殘股圍剿之部署，批閱公文。下午修正對全會講稿後，召見二人，與妻車遊郊外。晚約見李宗仁，勸其停止競選副總統，明示其余本人亦不競選總統之意，彼乃現醜陋之態，始尚溫順，繼乃露其愚拙執拗之慢語、反黨反政府之詞句，

1　鄒魯，字海濱，廣東大埔人。曾任廣東大學校長、中山大學校長等職，時任國民政府委員、監察委員。
2　邱清泉，字雨庵，浙江永嘉人。1948 年 5 月，率整編第五軍前往豫東，收復開封，7 月馳援黃伯韜兵團。9 月任第二兵團副司令，10 月升任司令，11 月徐蚌會戰奉命增援碾莊地區的第七兵團，解圍不成。放棄徐州後，1949 年 1 月 10 日凌晨，兵力折損殆盡，血戰殉職，追贈陸軍二級上將。
3　陳、劉即陳毅、劉伯承。

幾乎一如李濟深[1]、馮玉祥之叛徒無異，甚至以國大提名讓黨非法之罪加之於余之意，及不惜分裂本黨相恫懾，余只可憐其神志失常，故不再理解，聽之而已。繼見程頌雲，其態度較佳，但亦不肯放棄其副總統之競選也。復見布雷、立夫、鐵城等，更知桂系為李競選事，對黨以分裂與廣西代表不出席國大、推倒國大相威脅，可說其不惟不擇手段，無廉恥人之無恥則不可收拾矣。十二時浴後就寢，終夜不能安眠。桂之荒唐傲橫，甚為時局與國大憂也。

上星期反省錄

一、俄軍佔領柏林火車站，阻礙英、美軍交通，並欲統制交通、檢查車輛，而美、英力加反對，不惜以武力衝突之表示後，俄軍乃始退讓屈服，此乃大戰前夕之風雨表乎。

四月四日　星期日　氣候：晴

雪恥：昨晨讀舊約但以理第三章，再讀荒漠甘泉四月三日之課，其內容完全符合，即三人在火坑中遊行，從容自在，提出火坑毫髮未損也，此乃天父示余以現在所處與得救之預兆乎。昨夜終夜不能安眠，今晨六時前起床，朝課如常，精神煥發，心志安定。八時半召見健生，示以昨夜德鄰談話經過，彼甚明理，不以彼等跋扈蠻橫為然也。十時到全會，先約四個副總統候選人與元老吳稚輝〔暉〕先生等，討論總統、副總統候選人提出國大辦法，匯合各人意見，決定自由競選後，再開全會聽取各委員發表意見至十二時。余作結

1　李濟深，字任潮，廣西蒼梧人。曾任國民政府軍事參議院議長，本年1月在香港成立中國國民黨革命委員會，任中央委員會主席。

論時，提出余主張選舉黨外人士為總統候選人之意見書，及余應〔因〕本黨有人擅自競選副總統，認為違反黨的紀律，如余為總統候選人，必須先由黨公決，否則如不先由黨決定而即簽序提出，則亦違反紀律，以其他黨員或可違紀，而余身為黨魁，決不能違反黨紀，故余未能表示競選也。

四月五日　星期一（清明）　氣候：晴

雪恥：（接昨）下午三時半復到全會，繼續討論余提黨外人士為總統候選人之主張，除稚老表示贊同之意以外，其他皆表示異議，只就推選總裁為總統候選人一點立言，而多不涉本題。迨至七時，余再作結論並警告全會，如全會不能貫澈余之主張，則剿匪不能成功，而本黨且將於二年內蹈襲民國二年整個失敗之悲運矣，仍無人應之，不得已，乃將此未決之案交與常會負責討論，決定方鍼後再報告全會，眾無異議，散會。晚課後，約宴榆林來京將領鄧寶珊[1]、左世允[2]等，談話畢，九時就寢。

本（五）日以昨夜早眠酣睡，今晨精神倍增。朝課後，約布雷、健生、岳軍先後商談總統候選人之人選，明知其已無可逃避，仍令岳軍等在本日常會照余主張作最後之奮鬥，猶冀達成初願，另推他人也。審閱戰況，批閱公文。午後知常會決議，仍須余為候選人，乃召雪艇往訪適之，告以實情，故前談作罷，惟此心歉惶，不知所云，此為余一生對人最抱歉之一事也。好在除雪艇以外，並無其他一人知其已接受余之要求其為總統候選人之經過也，故於其並無所損耳。

1　鄧寶珊，甘肅天水人。時任華北剿匪總司令部副總司令兼晉陝綏邊區司令部司令。12月底，作為傅作義全權代表與共軍平津前線指揮部談判，達成和平協議。

2　左世允，字協中，曾任第二十二軍騎兵第六師師長、副軍長等職。時任第二十二軍軍長。

四月六日　星期二　氣候：晴

雪恥：昨下午手令檢查軍用（全國）倉庫限期完成呈報後，召見邱清泉、康澤等十餘人畢，與妻遊音樂臺，布置召宴國大代表也。晚課後，餐畢，召見賀衷寒[1]後，與妻車遊市內一周，十時半就寢。

預定：一、各大學情報之組織。

本六日朝課後，召見布雷、雪艇等，指示全會決議方式，及對美援華接收之計畫。審閱戰報，洛陽昨午復陷匪手，惟部隊損失不大，以預定放棄不守也。記事後，召集訓練會報，商討續辦戡建訓練班計畫，及對李宗仁競選及其反黨反政府之反動行態加以研究與指示方鍼，決定支持哲生為副總統，明告幹部。下午復閻[2]電後，與青年黨曾琦[3]談話一小時畢，召見數人。中央全會決議仍推余為總統候選人，但本黨此次不提總統與副總統候選人，而由國大自由簽提候選也。晡與妻車遊郊外回，晚課後，召見幹部，商討國大準備與選舉事。

四月七日　星期三　氣候：晴

雪恥：一、令憲警主管加強政治教育，由政工局負責設計，並約幹部作有計畫之講演。二、上海等各大都市自衛隊從速組訓，並考選（政治性）基幹隊員十分之一為基礎，控置〔制〕各地治安。三、匪區內人民暗無天日之實情，由各地代表宣傳，使國大轉移沉悶空氣，予以刺激警覺。

1　賀衷寒，號君山，湖南岳陽人。曾任軍事委員會政治部秘書長、社會部勞動局局長等職。1947 年 5 月，任社會部政務次長，1949 年 1 月辭職。

2　閻錫山，字伯川、百川，山西五臺人。曾任軍事委員會副委員長、第二戰區司令長官等職。時任山西省政府主席。

3　曾琦，名昭琮，字慕韓，號愚公，黨號移山，四川隆昌人。早年留學東瀛，提倡愛國反日反帝，其後發起「少年中國學會」，創建「中國青年黨」，創辦《醒獅週報》，鼓吹國家主義運動。時為中國青年黨主席，本年 7 月起獲聘總統府資政。

朝課後，與布雷談對國大講稿要旨，約三刻時之久，審閱戰報。遊覽庭園後，批閱公文，清理積案。正午召集宣傳會報，研討北平各大學助教之罷教及學生罷課之處置方鍼。下午召見巴大衛與司徒大使後，與公權談穩定幣價與改革幣制之次第程序，此次利用美援物資之收入，正可以平衡外匯與收支，先穩定物價，而後改革幣制也。晚課後，約宴國大黨團幹事，加以指導會議之方鍼與態度也。

四月八日　星期四　氣候：晴　溫度：八十度

雪恥：前日洛陽復陷，我軍自動撤出，故損失不大，但匪已向鄭進逼，連陷偃師、鞏縣與汜水，今且進逼鄭州近郊。惟黃汎區之劉匪，以其進攻阜陽挫敗以後，向西逃竄，我華中主力各軍跟蹤追擊，從此黃汎區剿務或可告一段落，而大別山區之殘匪已成尾聲，當不難最近期內肅清。但劉匪西竄必踰平漢路，向桐柏、大洪山區與伏牛山區陳[1]、孔[2]兩股聯繫互為聲援，企圖入川，不無顧慮，故鄂北、陝南不能不加強兵力也。

朝課後審閱戰報，批閱公文。下午聞得簽署代表為絕食不能出席之代表準備，要求大會准其出席，否則搗毀會場，阻制大會議事，余即蒞會視察，該代表等已提出臨時動議，正在鼓噪，其勢洶湧、不可向邇之際，幸洪秘書長[3]與張伯苓主席[4]據理堅定，一照議事規則繼續討論前案，不予接受其動議，其事漸寢。

1　陳賡，原名庶康，字傳瑾，曾任中共太岳軍區司令員、晉冀魯豫野戰軍第四縱隊司令員等職。本年 5 月，指揮中原野戰軍發動宛西戰役獲勝。其後又參與宛東戰役。10 月，協同友部占領鄭州。
2　孔從周，1946 年 5 月任整編第三十八師副師長時率軍投共。
3　洪秘書長即洪蘭友。
4　張伯苓，名壽春，字伯苓，以字行。1919 年成立南開大學，任校長至 1948 年止。6 月 24 日，出任考試院院長。時亦任第一屆國民大會代表及主席團成員。

四月九日　星期五（朔）　　氣候：陰　昨夜雨

雪恥：昨下午到國大，其簽署代表搗亂未逞後，乃允雷警〔儆〕寰[1]等之請求，准予其臨時動議撤回，呈由國府主席核辦也。回寓，晚課後，約胡適之談話聚餐，聞北平學潮與助教罷教之運動未熄也。晚約國大黨團召集人會報，對選舉副總統事予以指示。

朝課後準備講稿要旨，十時與妻到大會演講約一小時卅分之久，精神始終貫注，不覺疲倦，妻言聲浪神態與前後節次皆甚適度也。自覺如此三千人以上之大會，能使全場聽眾貫注全神，肅靜無聲，殊亦不易也。下午餐後，與妻車遊東郊後午睡。四時後會客畢，郊遊，審閱戰報。晚課後，約張君勱聚餐，商談國大提議戡亂時期授權政府緊急措施案，彼始猶豫，繼乃贊同，而終要脅予以經濟協助也。

四月十日　星期六　　氣候：晴

雪恥：本日大會，因有河南代表聲言對余昨日政治報告不夠詳盡，不能滿意一語，以致全場譁然，對言者報以痛憤不平之聲浪，噪鬧雜亂十分時之久，可知多數代表擁護之至誠。其實該代表最後說明，其意在要求各院部長出席作專業報告，而並無對余有所不滿之意，於是風波平息矣。下午大會將全部議事日程通過，照預定者延長一星期，尚不太過，如果能如期完結則幸矣。

朝課後，經兒由家鄉掃墓回京，報告鄉間修譜等事，布雷來談選舉副總統事。審閱戰報，指導部署後，記事。下午批閱公文，核定美援軍款分配用度，約見于斌主教等要求設法增加大會名額，名為遴選代表，以安置絕食等簽署當選而不能出席之代表。余允考慮，屬其先就商民、青兩黨能得其同意否再定。

1　雷震，字儆寰，曾任國民參政會副秘書長、政治協商會議秘書長、制憲國民大會副秘書長等職。時任行政院政務委員、第一屆國民大會代表。

晚課後，幹事會報，商討遴選代表問題，皆以為違憲不可，故作罷。

上星期反省錄

一、上週柏林俄軍佔領火車站，斷絕美、英軍陸上交通，其交涉尚未了結，而本週初英國空運機又被俄機在其防地交界之空中撞落，死亡十餘人。此乃俄國有意挑釁試戰，事後俄軍雖表示道歉，但此乃接近大戰又進一步之風雨表也。

二、本黨臨時全會，不能令余辭退總統候選人，而另推黨外人士為總統之主張，又不能由黨公決副總統人[1]候選人，此實為革命建國無政策、無紀律之重大失敗也，殊為痛心。

三、星五對國大作長時間之政治報告，使全體代表感慰，是一成功也。

四、絕食代表問題仍未完全解決。

五、支持哲生為副總統候選人，不知後果如何。

六、洛陽復陷，而阜陽解圍矣。

本星期預定工作課目

1. 修整首都防衛工事。
2. 戡亂時期臨時條款緊急命令權之提案。
3. 副總統候選人之決定。
4. 美援軍品計畫之督導。

1　原文如此。

5. 美援經濟計畫之督導。

6. 立法委員當選人與以黨讓黨辦法之決定。

7. 華北部隊轉移東北之電令。

8. 戰士授田令應先有準備與具體方案。

9. 濰縣與臨汾增援計畫。

10. 榆林之一個旅空運回關中。

11. 對邊疆各民族代表之聯繫加強。

12. 勗勉中央將領之雪恥圖強。

四月十一日　星期日　氣候：晴

雪恥：一、族譜世系考序稿之著述。二、首都防衛工事之督修。三、京滬自衛隊之組織，與各大中學軍訓之準備。四、邊疆與各族代表之組織與招待。

朝課後，到中訓團舉行陸大將官班、視察班等畢業典禮致訓，審閱戰報，記事。正午約宴各大學校長聚餐，下午記上週反省錄後，與妻車遊麒麟門，經仙鶴門、堯化問〔門〕入太平門，回寓。審閱戰報後，晚課畢，到勵志社召宴畢業學員後觀劇，名珠痕記。凡正人苦痛最劇之時，即為其轉敗為勝之際也。在此道德淪亡、革命低潮之時，只有喚醒黨魂，提高黨德，使之能自動重視組織紀律，以達成國民大會戡亂建國之目的也。

四月十二日　星期一　氣候：晴

雪恥：國民黨扶助青年與民、社兩黨被選名額，並讓予其所約不足之名額，而彼兩黨尚嫌不足，其各種吹毛求疵之責難，不一而足，有時誠令人不堪忍受，此乃以大事小之道，亦相忍為國之道。如此禮讓，如此樂天，而終不能

感動彼軍閥政客之反省，對於副總統之競選仍各不相讓，寧毀黨國而不肯放棄其絲毫之權利，可痛極矣。

六時前起床。朝課後，八時到國防部大禮堂，召集國大代表之黨員，舉行總理紀念週，訓話一小時餘，痛斥競選副總統之文武黨員之敗壞紀律、自毀黨員人格，使之悔悟。審閱戰報，遊覽庭園，記事。正午研討戡亂時期臨時條款之提案後，召宴新疆代表，下午召見海軍顧問[1]等五人。晚課後，參加國大黨幹召集人會報，電令宗南改取守勢。

四月十三日　星期二　氣候：陰雨

雪恥：一、養成法律觀念與恪守紀律習慣，無論治國治軍，皆為第一之要務。二、長江沿岸船隻之統制與夜泊南岸。三、復海軍顧問函。

朝課後審閱戰報，策定華中總作戰方案後，批閱公文，清理積案。下午召見沙文若[2]秘書，商討修譜與先系考材料，尚有新發現也。與康澤商談剿匪與改造黨務事，晚課。見報載昨日國大檢討軍事，對陳誠總長痛詛深咒，甚至以諸葛斬馬稷〔謖〕為例，其他不堪入耳之言甚多，殊為痛憤，此種無知代表之言本不足計較，而健生作軍事報告時故意暗示挑撥，使辭修成為眾矢之的，桂系不惟對人乘機報復，而且惟恐天下之不亂，不能藉故要脅也，此項橫逆之來、無端侮辱，殊所不料，乃知大會之不可開也。晚對立夫、鐵城等嚴斥其無能與未能事先預防、不敢負責之咎，令其立即阻止之。

1　穆瑞（Stuart S. Murray），美國海軍將領，時任駐華海軍顧問團團長。
2　沙文若，字孟海。浙江鄞縣人。曾任國民政府教育部秘書兼侍從室第二處秘書等職。時任國民政府文官處秘書，參與編纂武嶺蔣氏宗譜。

四月十四日　星期三　氣候：雨

雪恥：昨夜以國大軍事檢討無理處〔取〕鬧，無端侮辱，賤視中央軍隊與將領，而歌頌傅宜生之功勳，無異於二十一年之十九路軍之形勢相等。一般代表之無知識，殊為國家前途悲也。

朝課後到國民大會，準備其代表如再要求軍事檢討，喧惱不休時，余出席報告與糾正，之後以無人再提，故余亦未出席作答也。接見山西代表，要求增援臨汾事，以好言慰之，並告其已令空軍全力助戰矣。審閱戰報，記事。下午召見巴大衛後，考核六員畢，聽趙家驤[1]報告，東北士氣民心近皆轉佳，尤以衛俊如能積極奮發，以身作則，有方有為之報，不勝欣慰。晚課後餐畢，召集國大黨團幹部，商討憲法修改之限度，與臨時條款已簽署提會之經過。

四月十五日　星期四　氣候：陰

雪恥：一、美援款中應撥五百萬美圓津補大學教授研究費。二、東北殘餘番號二師應即在湘成立補充。三、漢水與黃河堵剿之部署。四、財政以整頓地方財政為主：甲、澈查土地呈報清冊，有田無戶或一人數戶之土地，必先查明充公。乙、各省團隊之擴充。丙、發給糧票，必先屯備糧食。丁、公教人員發足養廉經費。戊、各縣財政之自給自足。四[2]、地方議會為土劣把持之對策。

朝課後記事，審閱戰報，批閱公文，致俊如、洞國、李鴻[3]、曾澤生等東北將

1　趙家驤，字大偉，曾任第五集團軍參謀長、東北保安司令長官部參謀長等職，時任東北剿匪總司令部參謀長。本年 11 月，任徐州剿匪總司令部前進指揮所副主任。

2　原文如此。

3　李鴻，字健飛，湖南湘陰人。1947 年秋，任新編第七軍軍長，兼任長春警備司令。1948 年 10 月長春失守，連同所部遭繳械，後獲釋。1950 年 2 月，攜妻女偷渡香港，5 月因孫立人之邀來臺，6 月遭逮捕下獄。

領手書四件。下午召見鄧寶珊、李棠[1]、舒適存[2]等將領尚可用，惟祈〔祁〕宗漢[3]團長應不准再用。晚課後，約宴張懷久〔九〕[4]、林佛性[5]等，商討修改憲法各提案，余主張預定卅九年十二月二十五日以前召集第二次國民大會時再行修改，此次除臨時條款外，其餘各案皆留交下次國大從長討論也，以免本大會因修憲而延期也。

四月十六日　星期五　氣候：晴

雪恥：一、東北代表孔憲榮[6]年近七十，以其義勇軍名義取消，又被共匪蹂躪壓迫，因之憤而在京自刎，國大東北代表群情憤激，又歸咎於辭修取消地方武力也。二、臨時條款在審查會審查終日未得結果，本黨代表因憤小黨反對修憲之故，乃堅主修憲而後再議臨時條款相要脅，而小黨堅決反對修憲，時以其全體退席相脅。青年黨以其內部主張不一，故對於臨時條款橫生阻礙，刁難異甚。召見該黨魁曾琦二次，好言婉勸，百端忍受，至深夜十時後，僅得其半諾而去。國大情勢困迫至此，殊非預料所及，灰心極矣。

朝課後審閱戰報，約于斌來談，簽署當選讓黨代表允予其列席國大辦法未能解決。批閱公文，清理積案。下午召見六人，考察將官四人，與曾琦談話後，時已黃昏，遊覽庭園，消愁解悶。國大開會以來，今日實為最難最苦之一日也，黨團幹事召集人會談如常舉行。

1　李棠，字浣生，曾任第三十七軍副軍長、徐州綏靖公署參謀長，時任國防部部員。
2　舒適存，湖南平江人。1947 年 11 月，升任第九兵團副司令官。1948 年 3 月，兼陸軍第七訓練處副處長，9 月調任第二兵團副司令官。
3　祁宗漢，曾任三民主義青年團中央候補幹事等職，1949 年初任國防部預備幹部訓練團第一總隊總隊附。
4　張知本，字懷九，曾任司法院秘書長等職，時任第一屆國民大會代表、行政法院院長。
5　林彬，字佛性，浙江樂清人。曾任立法委員、制憲國大代表等職，時任第一屆國大代表。本年 7 月，獲監察院同意為司法院大法官。
6　孔憲榮，曾任東北保安支隊司令、中國國民黨東北黨務特派員，時為第一屆國大代表。赴京開會期間，建言恢復東北地方武力不得，憤而自殺。

四月十七日　星期六（上弦）　氣候：晴

雪恥：一、對競選副總統之四黨員至今仍各不相下，而李之行態更下，勸解必無效果。如黨員代表相率要求中央，此次副總統人選仍須由黨決定，否則將不出席，則選舉會不足法庭〔定〕人數，即無從選出，是四人皆不能當選，則結果此次國大不能產人〔生〕副總統，當然於大會影響不良，此乃不可為。惟是否能在此法中得到調解之一道，應加研究。二、庸之官僚而又不潔，決撤換其中國銀行董事長職務，免受社會之攻訐，親戚家庭之難為其情，是不得已也。

朝課後遊覽庭園，約見岳軍與河北退讓代表四人後，與立夫談副總統選舉方鍼，記事。正午宴軍官充任代表者三十餘人。下午二時到國防部大禮堂，召集全體黨員代表二千人，先聽取其意見約半小時，然後予以訓示，全場一致通過臨時條款提案畢，已三時餘，散會。召見宋漢章[1]。五時後到國大審查憲法組，正在喧嘩不休，幾乎動手互毆之際，余乃出場，其事漸寢，總算審查案得到通過（臨時條款）。及其散會時，余以人民資格加以訓戒。

上星期反省錄

一、甚歎古聖「以天下與人易，為天下得人難」之句，其意義之精切，非至今日余決不能體認此語之至理也。如未得其人而與之，是害天下而非為天下也，余豈能不負責任如此乎。

1　宋漢章，原名魯，浙江餘姚人。曾任中國銀行上海分行經理、上海總商會會長等職，時任中國銀行常務董事兼總經理。本年 4 月，就任中國銀行董事長。1949 年 12 月辭職，由香港去巴西，1950 年赴美國，1951 年定居巴西。

四月十八日　星期日　氣候：晴

雪恥：昨晡由國大回寓後，審閱戰況，身體雖略覺疲乏，內心又應〔因〕孔[1]事不快，惟精神並不甚如何苦痛耳。晚課後召集會報，幹部立夫等實苦不堪言矣。本黨中央提名及社會簽署二種代表出席問題，至今仍無理處〔取〕鬧，在立夫、鐵城家中久佔不退，令人寢食不安。加之副總統競選人互相攻訐，疑忌偵防，惟恐余對黨員暗示，一面要脅，一面祈求，怪狀百出，痛心無已。朝課後到國大出席（奉化代表資格），參加臨時條款之表決，大會情緒之緊張已達頂點，幸事前布置，反對最烈者或以余在會，皆略申其意，未作激辯，卒至十二時一刻三讀會通過，國大最大功用已經完成矣，惟有感謝上帝佑華而已。下午在國府召見西康夷族代表卅人，東北國大代表廿餘人，另約宋漢章、李德鄰談話。接見國大主席團代表，為簽署絕食代表事商討解決辦法，余最後屬其令先復食，而後再商其他也。

四月十九日　星期一　氣候：晴

雪恥：一、第六十六師、新七旅及駐成都各師之缺額。二、第十三軍缺額之補足。三、胡長青師。

朝課後遊覽庭園，記事，審閱戰報。到國府舉行瑞典、希臘、印度、菲列濱各使節分別呈提國書典禮畢，回寓。與妻車遊陵園與靈谷寺將士公墓，回寓已十三時半。國大主席周震〔鍾〕嶽[2]與洪[3]秘書長在寓，稱奉主席團命來報上午國大選舉總統會，十二時四十五分開票結果，到會者二千七百卅四人，余以二千四百卅票當選為中華民國第一任大總統，聞之不勝惶恐，好在居覺

1　孔即孔祥熙。
2　周鍾嶽，字惺甫，曾任內政部部長。時任考試院副院長、第一屆國大代表。
3　洪即洪蘭友。

生[1]亦得二百六十九票，私心竊慰。蓋恐無人題其選票，幸時先已有布置耳。下午召見軍官八人後，與妻車遊湯山。晚課後，約宴國大六十八歲以上代表四十餘人畢，召見黨團幹部會商副總統競選解決辦法，明示哲生副總統不可兼長立法院之意，望其放棄副總統之競選也。

四月二十日　星期二（穀雨）　氣候：陰晴

雪恥：一、各後調旅訓練處之組織。二、訓練處對團長以上之撤調必先呈准。
注意：一、政府各院部會之改組及其人選之準備。二、行政院財政、外交、國防、參謀總長等人選之速定。三、上海經濟管制之準備。四、黨務改革之重要。五、與各黨派接洽改組政府事。六、湯[2]訓練努力。
朝課後遊覽庭園，審閱戰報。朝餐約鐵城、立夫來談副總統選舉事，鐵城誤傳我旨意使哲生誤會，記事。召集訓練會報，指示今後黨務須先注重紀律與組織之加強，意志之集中也，言時又起憤激之情緒。正午約集亮疇、懷久〔九〕等法家，研討副總統是否可兼立法院長問題，僉以為不可也。下午召見美國西太平洋艦院〔隊〕司令白爵[3]等，其意態誠摯可感。晡與妻車遊湯山。晚課未終，以時已到，即至勵志社宴會講演。

1　居正，字覺生，號梅川，時任司法院院長，獲連署提名為第一屆總統候選人。
2　湯即湯恩伯。
3　白爵（Oscar C. Badger Ⅱ），又譯白爵爾、白傑、白齊爾、白吉爾，美國海軍將領，曾任海軍大西洋艦隊驅逐艦隊司令、海軍軍令部助理部長，1948 年 2 月任遠東海軍部隊司令。

四月二十一日　星期三　氣候：晴

雪恥：昨晚講演以精神不專，故多語病，應加注意，對大會應再作一次之講演。一、勉代表努力奮鬥，自強自信。二、信仰領袖，擁護政府。三、團結一致，集中意志，乃可以一當十。四、分工合作，各盡其能。五、組織與耐力，相忍為國之精神。六、正義真理必獲勝利。七、只怨自己政府，而不怪共匪叛亂之反常心理，應澈底袪除。

朝課後記事，審閱戰報，始知延安我軍今晨已全部向洛川撤退。在此國大期間，宗南擅撤政略要點，可謂無知已極，但令其縮回延安已不可能，故只有聽之，將領無能最為痛苦。召見視察員七十餘人，訓勉之。召見張岳軍，見其辭意堅決似難挽留，以繼任無人為苦。批閱公文未完，召開新聞會報。下午指示膠濟與漢白路戰局，最為關切。與巴大衛談話，時覺自恥，堪歎。會客五人後，為監理會講話灌片。晚課後，宴會河北等省代表。本日憂患最多，內部糾紛最為苦痛。

四月二十二日　星期四　氣候：晴

雪恥：昨日困苦憂患，為近來最甚之一日。一、傅宜生與桂李[1]勾結之跡已著，且肆無忌憚，此為對北方將領最有希望之人，而今已失望，實為國家之不幸，軍閥之終成為軍閥也。二、岳軍見難求退，不能負重責當大任。三、王方舟回川，全為政客官僚包圍，對川希望甚微矣。至於副總統競選各人之醜態百出，無德無恥，黨紀掃地，更不忍言矣。

朝課後召見王叔銘，研究東北戰局，審閱戰報。西蘭公路以北之匪已有一部南下踰渭河南竄，策定作戰計畫，甚為陝南安康附近股匪憂也，決調駐渝兩

1　桂李即李宗仁。

團移駐漢中。十時到國務會議解決國大與立法簽署代表糾紛辦法，此實為不得已之舉也。下午會客四人畢，與妻車遊湯山，彼甚為哲生競選協助努〔力〕也。晡檢討戰局後，晚課。晚宴兩廣等地代表後，召集幹部，研討副總統人選與選舉辦法，十二時前方睡。

四月二十三日　星期五（望）（月偏食）　氣候：陰

雪恥：一、東北作戰計畫之督導。二、關中平原作戰之指導。三、陝南匪情防務之研究。

注意：一、豫西之劉匪四個縱隊有西竄陝鄂邊區之企圖。二、豫西陳毅殘股二縱隊及陳賡股則流竄於平漢路東西地區，以掩護劉匪之西竄，應加研究。

六時前起床，朝課，記事，審閱戰報，遊覽庭園，指導選舉事宜。上午到國大，已開會舉行副總統之選舉矣，憩息半小時回寓。在收音機傍聽取國大唱票，對於孫、于、程、李各票之聲浪，無論憂樂，皆現急迫之情緒，心神忐忑，無以復加，迄至十四時方畢。檢票結果李居第一，其票數為七百五五票，而孫、程各只五百餘票，于且為第四位落選，殊為遺憾，於是心神更為不安。午眠未能合目，稍憩即起，約見豫、陝、寧、川各領袖代表後，與雪艇、岳軍談話，商議美援執行工作機構與人選。

四月二十四日　星期六　氣候：晴

雪恥：昨晡車遊市區，往訪于右任，以其落選擬加慰問，但不遇乃回寓。晚課畢，約宴兩湖等代表後，召集幹部研討明日選舉辦法。此次青年團票盡投程潛，以致于落選，最為失算，至今勸程讓孫，則以東北與西北代表對孫反感關係，多不願選孫，故程無讓意，殊為痛心。乃今〔令〕各幹部分頭接洽，

而青年團票領導者賀衷寒又與與〔程〕有鄉誼，故對選孫之令消極不負責任，更覺悲傷。廿三時就寢，服安眠藥亦不能酣眠也。

本日五時半起床，一面朝課，一面召見各幹部指示選舉與接洽事宜，尤其對青年團幹部之嚴令選孫也。直忙至九時後，審閱戰報，遊覽庭園解愁，記事。聽取選舉消息，李得一千一百餘票，仍為最大數，孫為九百餘票，程只六百餘票。黃昏接岳軍電話，知黃紹竑〔竑〕[1] 向其表明桂系對選舉不滿，以為有余從中助孫，語多恫愒，如其再助孫，則李將放棄競選云。

上星期反省錄

一、李宗仁之競選，其賄款之大，宣傳之廣，決非桂系所能為。審查結果，其背後乃為民主同盟，而實由俄國主持其間，故其能有此力量也，應再加偵察其內容。

二、本黨組織低落，紀律廢弛，既無統御黨員把握，又在此匪亂民困、人心動盪、社會不安之時，又〔尤〕其是本黨競選副總統之黨員不守黨的紀律早已明瞭，即不應召集如此三千人之國民大會也。

四月二十五日　星期日　氣候：晴

雪恥：昨晚幹部會商明日選舉至深夜，又得青年黨態度不明，藉詞拖延之報，黃紹竑〔竑〕又催問岳軍，余對其所要求者有否答覆，余不之理。桂系之反動雖明，但猶望能以法與理克服也。

1　黃紹竑，又名紹雄，字季寬，曾任湖北及浙江省政府主席、監察院副院長等職。

本晨五時起床，得李宗仁放棄競選副總統之報，彼以為今日選舉已無把握，故出此無賴下策，一面又阻礙大會選舉，使之不能開會，派其所屬代表到會而不簽名，專在會場鼓噪囂叫也。主席團乃決定休會一日。上午召集幹部，並約哲生來商辦法，結果囑其亦發表放棄競選聲明，使李平氣，以期挽回危機。下午召集常會，商討結果，對李、程、孫三人放棄競選作為無效，仍繼續選舉，並派常委六人為其三人從中協商，由其三人中互推一人為當選人。接洽結果李極驕橫，名為決不再競選，而實則故意刁難，一面使之不能選舉，亦不能開會，以拖倒政府，其實共匪已在其背景後幕矣，局勢嚴重已極。

四月二十六日　星期一　氣候：晴

雪恥：一、召集中央常會。二、競選副總統三人相持不下，仍由黨來決定人選，是提高黨權之道。三、如推李為副總統，則推孫為副總裁。

朝課後記事，召見蘭友等，研究副總統選舉事，遊覽庭園，審閱戰報。召見黨團幹部，指導選舉事宜。又約健生、岳軍先後來見，言德鄰已允取消其辭選之意，與昨晚其在黨部之驕橫態度已不相同。正午約亮疇先生等，詢商調解競選人經過情形。下午再約鐵城等來談，稱哲生已決心放棄競選，此心略慰。及至申刻，又稱其不肯放棄矣。各方消息複雜紛繁，誠所謂千變萬化，而且謠諑頻興，共匪必在京各競選團中各種活動挑撥離間，使我黨內互相仇怨猜忌，無法合作，此為其最大之陰謀，不能不迅謀解決，故決心推李為副總統，此乃逆來順受之道。

本日為舊曆三月十八日，經兒卅九歲生日。

四月二十七日　星期二　氣候：晴

雪恥：昨晚課後，為經兒設宴祝壽。九時與賀衷寒等談話後，乃約健生與德鄰先後來談，提出解決競選副總統糾紛四種辦法，徵詢其意見：一、此次不選副總統。二、由競選人中互推一人。三、由競選三人協商，另提一人為副總統候選人。四、自由競選。而側重在第二辦法，並擬以彼任之。彼聲淚俱下，表示絕對服從命令云。十一時後就寢。

本廿七日朝課後召集立夫、岳軍、布雷、亮疇等，會商昨晚與德鄰所提辦法，眾意以昨日因余支持頌雲，並移轉哲生選票於頌雲，以致哲生重大誤會，故不能與哲生再商推李之事，只有自由競選，聽其自然。情勢險惡，處境苦痛已極。審閱戰報，濰縣已陷，不勝憂慮，必增加國大山東代表之喧嚷矣。

四月二十八日　星期三　氣候：晴

雪恥：昨日下午會客後，與妻車遊湯山回，審閱戰報。晚課後，召見健生，明告其昨晚與德鄰所商辦法，以及今日接洽結果，孫、程皆多誤會，不能接受，故決仍自由競選，姑待第三次選舉結果如何，再定辦法。彼現懷疑態色，亦惟有聽之，總之心緒不安，謠諑頻興，比前更甚。自覺修養不足、信道不篤，以致朝夕傍皇，甚恐大會拖移，夜長夢多，而本黨內部自相疑忌，裂痕日深，因之民社與青年兩黨明白宣言，極盡其詆毀譏刺，若不積極自強，實無面目立世矣。

本廿八日課程如常，預料國大今日選副恐有波折，不意平穩異常，進行順利，選舉結果李得一一五六票，孫得一○四○票，已比前次增進矣。上午往祝于院長[1]七十誕辰後，與妻車遊湯山，直至開票將完時回寓，以不願在家聞數票

1　于院長即監察院院長于右任。

之廣播報導也。下午車遊郊外，謁譚墓[1] 消遣，以一週以來為桂李競選與要脅及侮辱所刺激，未得安眠，心神緊張異甚，為從來所未有耳。

四月二十九日　星期四　氣候：晴

雪恥：昨晡審閱戰報，邠州附近馬繼援[2] 軍獲得大勝，消滅匪一個縱隊，為最近第一之勝仗也，寶雞亦失而復得矣。晚間約會各地重要代表分別接洽，尤以湖南之同學關係重大，特分別叮囑其選事，可痛者賀衷寒之荒唐背謬，不料其糊塗至此也。直至十一時後，晚課完畢方睡。以孫之當選希望大增，故心神亦漸鬆矣。

本廿九日朝、晚課程如常。上午以國大最後決選副總統，對哲生能否當選，雖知其有六成把握，但總未能安心，除遊覽庭園與審閱戰報以外，幾乎心身傍惶已極，比之自身之得失實超越幾倍，以此次是否當選，不僅關係於公私，而且黨國成敗太大也。一時回家，得決選報告，哲生落選，乃為從來所未有之懊喪也，非只政治上受一重大打擊，而且近受桂系宣傳之侮辱譏刺，亦為從來所未有，刺激極矣。下午德鄰來訪，表示謝意也。上、下午皆與妻車遊郊外，晚課後仍召幹部會報。

1　譚延闓（1880-1930），曾任國民政府主席、行政院院長等職。逝世後國葬孫中山陵旁。
2　馬繼援，字少香，經名努日，原籍甘肅河州，生於青海湟中。馬步芳之子。曾任第八十二軍副軍長、軍長，時任整編第八十二師師長。

四月三十日　星期五　氣候：晴

雪恥：此次教訓，更知自身業務紛煩，思慮不周，貽誤要務，實已不能負此重任矣。惟在此內外交迫之環境，只有積極奮鬥，深思熟慮，方能打破此最大最後之難關，實非消極退避所能解決也。今後要務：一、澈底改革本黨，嚴申紀律。二、考核幹部重加組織。三、對舊幹部之態度與組織，應重加修正。四、各軍長、師長之掌握。

本日課程如常，而悲憤之氣仍未消除，明知政治、軍事與黨務大權在握並未動搖，無可畏懼，然而心神震驚，環境惡劣，又以黨政軍經之幹部無能，組織無方，未能建立重心，對於一般貪污無能之上級幹部，又拒之於門外毫不之理，故形成今日離心離德之現象，此亟應反省切究，以期重整旗鼓，挽回頹勢也。

上月反省錄

一、本月實為憂患最深之月，亦為個人歷史與本黨革命成敗最大之關鍵。余自認為不能堅辭總統候選人，又不能達成推舉候選者以自代之目的，實為政治上最大之失敗。而對於副總統競選人，事前又不能確定主張，以致本黨不能指定其人，在其競選過程中不能始終扶持一人到底，乃隨環境與空氣所籠罩而轉移不定，卒致失敗，此豈余年老氣弱，對於大事無決心、無主張之故歟？以此一最大之教訓，當增進我政治經驗不少也。政治行動一如軍事作戰，必須有一定目標與堅決主張，未動以前，必須有周到考慮與充分準備，不致以中途疏忽，為敵方乘隙幸勝也。余認為此次國大之失敗，乃在事前散漫大意，當事驕矜自大，以致各方人心為反宣傳者所眩惑動搖，甚至親信舊屬亦為敵方所引誘運動，此乃主張不堅、界限不明、魚目混珠、皂白不分所致也，應切戒之。

二、如當時決心堅辭，不應選總統時，則競選總統者之激烈與糾紛，必比競選副總統時更甚，或至無法收拾。以余當時在中央全會提議應由本黨提簽黨員或黨外賢達為候選人時，白崇禧即緊問如提簽黨內究屬何人，此一問題實令余驚懼不敢作答。可知若輩之計，如余不應選，則桂系必先競選總統毫不謙讓，則余之目的不僅不能達成，而且黨與國更亂，而人民之痛苦亦不知伊於胡底。故不得已而不敢再辭，願以一身忍受奇恥擔當大難，以代全體人民之苦痛，不使其更陷於水深火熱之中，然而其誰知此苦衷耶。

三、自國大開會以來，為競選副總統之各人浪費金錢，政治風氣與革命道德一落千丈不可救藥，尤其桂系之各種卑劣手段，哭笑謟脅無所不至，自副總統選出以後，固有之四維八德掃地以盡，不勝為國家民族前途憂焉。此皆余無深慮、無定力之咎，應如何切戒，以善其後也。

蔣中正日記
Chiang Kai-shek Diaries

五月

蔣中正日記
Chiang Kai-shek Diaries

蔣中正日記
Chiang Kai-shek Diaries

民國三十七年五月

五月一日　星期六（下弦）　氣候：雨

雪恥：一、五院院長人選之決定。二、對民、青兩黨之方鍼及其利害關係。
本日朝課後，國大主席團送總統當選證書來寓，謹敬接受。十時到國大舉行
閉幕典禮致詞，散會後往訪程頌雲未晤，即回寓，記事。約貝申生〔淞蓀〕
來見，聽取其對美援經過報告，與岳軍、公權協議接受美援機構與用度計畫。
下午接見國大代表二十餘人後，審閱戰報，指示豫中、魯東作戰方鍼。晚課
後，約胡適之先生來談，聚餐。晚對立夫痛加訓斥，此次國大代表中本黨黨
員之表現神態，完全對黨令之反抗與黨紀之蕩然，是組織部長應負其全責也。

本星期預定工作課目

1. 對黨政軍澈底改革之研究。
2. 組織研究改革會與自反會。
3. 人事組織與幹部政策。
4. 黨與團之調解合併與並立之方鍼。
5. 上海經濟改造研究會及準備。
6. 剿匪統帥部與參謀總長制。
7. 振作士氣方案。
8. 各省市黨政秘書長之準備。

9. 北平市軍政組織之加強。

10. 山東軍政人事之研究。

11. 恢復革命勢力與精神之方案。

12. 對無職之高級將領方鍼。

五月二日　星期日　氣候：陰

雪恥：近日心神不定，以內心有虧也，此皆處事意志不堅、修養不足之大病，應力加自反。

朝課後約見布雷、禮卿後，與岳軍商議行政院長事，勸其繼續擔任，彼堅決拒絕，而其語意神態漸現驕矜輕侮之心。最後約見蔚文，屬其轉商敬之[1]，徵求其行政院長可否擔任也。聞禮卿言，青年黨曾琦以立法院否決增加名額甚為恐慌，一面又以其退出政府，使本黨仍陷為一黨專政之惡名，余乃派其婉勸，使之不退出政府為上策。下午約見各省代表卅餘人，各人所言所求，皆為傷心悲痛之事，忍無可忍時，只有強制抑忍，毋暴其氣也。晚課後約辭修夫妻[2]聚餐，談論時局與今後軍政人事問題甚久，十時後睡。

1　何應欽，字敬之，貴州興義人。1946 年起，任聯合國安全理事會軍事參謀團中國代表團團長。1948 年 6 月 3 日至 1948 年 12 月 24 日，1949 年 5 月 1 日至 1949 年 6 月 13 日，兩度出任國防部部長。

2　辭修夫婦即陳誠、譚祥夫婦。譚祥，字曼意，湖南茶陵人，譚延闓之女。1932 年元旦與陳誠結婚。來臺後協助宋美齡管理婦聯會，致力於婦女運動與救濟事業。

五月三日　星期一　氣候：陰

雪恥：本日神弛心蕩，為從來所未有徵象。人心惡毒，內部隱患，甚感防不勝防也。

一、黨與團合併與分立之方鍼。二、馬鴻逵[1]之要求甘肅。三、江、浙、臺三省府之改組。四、青島警備司令李瀰〔彌〕。

朝課後，準備紀念週訓詞要旨，甚難措詞。九時在國民大會堂舉行總理紀念週，召集本黨國大代表，致詞約一小時，幸無大錯。回寓，審閱戰報，研究東北作戰時期，衛俊如滯遲不決，必誤大事。下午約見代表卅餘人，與哲生談話，勸其任立法院長。七時到常會，解決立法委員以黨讓黨辦法之變更，及決定立法院長本黨候選人，提孫科、陳立夫為正副院長。晚約宴德鄰夫妻[2]，長談一小時，情緒漸漸自然矣。晚課後，與妻檢討本日經過情形。

五月四日　星期二　氣候：陰晴

雪恥：人心莫測，敵意無常，今爾後乃知奸詐險惡之徒決不能以誠動也，此豈誠意未到之故乎。

朝課後心緒悒鬱紛煩，未能批閱公文，不斷召見雪艇等商討時局與政治問題。下午召見各省代表，並召集幹部商談對民、青兩黨繼續參加政府，不因為立法委員名額問題而致破裂也。晚課後，約宴梁化之[3]等畢，與妻車遊市區，十時後就寢。

1　馬鴻逵，字少雲，曾任第八戰區副司令長官兼第十七集團軍總司令等職。1930 至 1949 年擔任寧夏省政府主席，時兼西北行轅副主任（本年 9 月改為西北軍政長官公署副長官）。
2　德鄰夫妻即李宗仁、郭德潔夫妻。郭德潔，又名月仙，廣西桂平人。1925 年，與李宗仁「結婚」，因原配李秀文退讓，得以「李宗仁夫人」身份活動。1947 年當選第一屆國民大會代表。1948 年 4 月，李宗仁競選中華民國副總統，為其當選出力甚多。
3　梁敦厚，字化之，曾任太原綏靖公署機要秘書、山西犧牲救國同盟會總幹事等職。時為山西省政府委員、太原綏署特種警憲指揮處處長、第一屆國大代表。

本日心神仍鬱悒不解，甚以吳禮卿對青年黨表示選舉自由為大錯，以致哲生更不諒解，而桂系且因之為挑撥之口實，不僅毫不知感德，而且驕橫傲慢，輕侮跋扈，其氣餤高漲，無以復加，此為平生之一大錯誤也。

五月五日　星期三（立夏）（重五）　氣候：晴

雪恥：昨夜十二時以某事驚覺後，直至本晨五時未能熟睡，此為失眠第一次最久最重之一次，為從來所未有之症也。五時起床，朝課後再睡，仍難熟睡。上午見雪艇，商留岳軍仍任行政院事。召見戢翼翹[1]等，勸令青年黨與政府仍繼續合作後，會客。正午宣傳會報，並審定豫西作戰方案。下午研究東北作戰方略，決延期反攻，暫時固守三據點，補充整訓完成後再行反攻也。六時與蒲立德君[2]談話，對彼為中國努力協助表示敬佩之意。晚課後，約哲生夫婦[3]聚餐畢，十時就寢。今日辦事神志仍未減損，初以為昨夜失眠，將昏沉誤事，幸無隕越也。

五月六日　星期四　氣候：陰

雪恥：本日仍為政治憂慮所擾，認為政治上此次不能貫澈不作總統候選人之決心，以致今日陷於進退維谷之窘境，加之中外環境與空氣所籠罩，恥辱重

1　戢翼翹，曾任軍事委員會北平分會委員、制憲國大代表等職。1947 年起，獲選中國民主社會黨中央常務委員兼組織部部長。
2　蒲立德（William C. Bullitt Jr.），又譯蒲利德、蒲雷德、蒲雷塔、浦雷德，暱稱威靈，美國外交官，曾任駐蘇聯大使、駐法大使。
3　哲生夫婦即孫科、陳淑英夫婦。陳淑英，原籍廣東香山，旅居檀香山。十八歲加入同盟會，1912 年與孫科結婚，育有兩子兩女，分別為孫治平、孫治強、孫穗英、孫穗華。

重，難以自解，故悒鬱不堪，因之對於進退問題躊躕再三，實無善策。自知此種憂愁全出於神經刺激太甚，兼之夜屢失眠，以致精神上大受影響，對前途非失望即灰心也。其實全局形勢並非如此悲觀，只要忍辱負重，百折不回，置榮辱於度外，視毀譽為浮雲，專心一志，勇往邁進，惟此方是一條生路也。本日朝、晚課目如常實施，上午為立法與行政二院及黨務問題內部糾紛，意旨不一，本黨實有崩潰之虞。正午對廖耀湘等訓話，下午見司徒大使，態度不良。

五月七日　星期五　氣候：陰雨

雪恥：昨晡與妻車遊湯山後，晚課畢，與敬之談軍事，予以全權辦理軍務之責。晚與王叔銘談華北軍隊及將領之無統制為憂，寫陳武鳴〔民〕[1]與衛俊如各函，十一時寢。

預定：一、北平衛戍部參長人選。二、王雲沛與曾戞初[2]之近狀。三、上海經濟改造之計畫。

昨夜又失眠，今晨早起，朝課畢記事。召見蔚文、廖耀湘等，審閱戰報，已〔巳〕刻假眠一小時。自十二時至十六時半，召見中央常委之立法〔委〕員，商討行政院長及立法院副院長人選，反對立夫者十分之七以上，最後仍以岳軍為行政院，立夫為立法院之副。黨內糾紛已極，應積極改正領導辦法，以資恢復向心力也。晚課後，九時即就寢。

1　陳繼承，字武民，時專任北平警備總司令，負華北剿匪總司令部副總司令名義。本年10月底，調首都衛戍總司令。11月14日，改聘戰略顧問委員會委員。
2　曾戞初，抗戰期間曾任預備第五師師長等職，戰後任江西省政府保安處處長、國防部部員派陸軍總部服務等職。時任江西省保安司令部副司令。

五月八日　星期六

雪恥：近來常以當時未能堅決拒絕總統候選人，不能貫澈初衷為最大之失策，以致今日陷於進退維谷之窘境。今既已接受當選證書，不可再有辭退之念，只有勇往邁進，不顧其他，至於成敗利鈍非所逆料。到此地步，對國對黨更應殫精竭慮，鞠躬盡瘁，死而後已。

朝課後約見立夫等，與民、青兩黨商談立委交涉方鍼後，分別與兩黨代表協商，允其在三個月內補足預定名額之半數也。再與岳軍談改組行政院事，審閱戰報，清理積案。下午約見健生，彼對敬之負軍事全責表示不悅之色。與吳文官長[1]談就職日期，決定為本月二十日也。與妻車遊湯山，沉悶悒鬱，極為前途憂也。晚課如常。

本星期預定工作課目

1. 立法院院長與副院長之產生。
2. 就職宣言之準備。
3. 參謀總長人選之決定。
4. 國防部長之決定與各行轅撤消日期。
5. 九江指揮所之撤消。
6. 浙江省主席人選之決定。
7. 財政部長與中央銀行總裁之人選。
8. 美援接收會之主任秘書。
9. 陝豫邊區之部署。
10. 監察院長人選。

1　吳即吳鼎昌。

11. 考試與司法院長人選。

12. 改造本黨方式之研究。

五月九日　星期日（朔）（日環食）　氣候：雨風

雪恥：本日精神消沉已極，甚有萎靡不振之象，屢讀聖經與荒漠甘泉五月十日一課「我不能再忍受了……我連一分鐘都不能支持了」及「神給我消息，你要休息，要知道我是神」一節，雖得稍慰，但仍不能安定，此或由於連日服安眠藥之故歟。

朝課後審閱戰報，沉悶假眠未能熟睡，清理積案。正午子文由粵來京，暢談時局，精神為之振奮。下午閱文白意見書，考慮未完，約辭修來談時局，彼以極惡劣情況來臨作準備也。聞美政府考慮中國今後政策，有利用李[1]以對蔣之消，此乃其應有之研究，應加注重，然不必過慮。晚課後，約敬之來談軍事機構與人事問題，十時後就寢。

五月十日　星期一　氣候：上陰下晴

雪恥：一、覆文白電。二、豫、陝、鄂邊區之部署。三、武漢行營與九江指揮所存廢方鍼。四、劉安祺[2]調青島司令。五、北平、青島市人選。

昨夜仍失眠，未能熟睡。今晨朝課如常，召見經兒與布雷後，會客畢，以身倦入浴思眠，但又未能安眠也。下午會客，與黃埔學生代表談話，勗以澈底

1　李即李宗仁。
2　劉安祺，字壽如，山東嶧縣人。曾任青年軍第二〇五師師長等職，時任第七兵團司令兼第七十一軍軍長。本年稍後出任第十一綏靖區司令、青島警備司令等職。

革新，滌除腐化，方能重整旗鼓，恢復革命勢力也。晚課後，約蒲立德聚餐談話，至九時半辭去後，與子文談整軍計畫，十時半就寢。

深夜靜慮，此時只有前進方是生路，凡事不能必其成功，亦不可望其必成，若在準備其不成，明知其不可為而為之，則可不顧一切，破除情面，以快刀斬亂麻手段出之，惟不能越出法律範圍，只要不違法以實行其職權，則得矣。

五月十一日　星期二　氣候：陰晴

雪恥：感慨：一、青年團舊幹部對黨部二陳[1]之不滿，演成極端反對態度，表示立法院副院長之選舉仍不能服從常會之決議。若輩誠不惜毀滅本黨歷史，以洩其私憤，因之倍增痛苦。二、見青年黨領袖曾琦，其要求立法院該黨名額如不能由本黨退讓足額，從速解決，則其整個退出政府，使國際上仍視中國為一黨專政之政府也。三、桂系利用本黨內部矛盾與異黨離異之際，更使其挑撥離間手段，以造成其地位。在此期誠為政治上最大困難之時期，應持之以志，毋暴其氣，一面痛下決心作最後之準備也。

朝課後審閱戰報，上週陝甘邊境對匪四個縱隊之解決，是為最近惟一告慰之快息也。召見曾琦與湘代表等，下午批閱未完，召見陝西代表四十餘人後，遊覽庭園消遣。晚約墨三談話，決定以彼為參謀總長。晚課如常，入浴。

1　二陳即陳果夫、陳立夫兄弟。陳果夫，名祖燾，字果夫，以字行，浙江吳興人。曾任江蘇省政府主席、中央政治學校教育長、軍事委員會侍從室第三處主任。時任中國國民黨中央財務委員會主任委員（由副主任委員徐堪代理）。1948 年 12 月因病遷居臺中休養，並任中國國民黨中央評議委員。

五月十二日　星期三　氣候：晴

雪恥：本日氣浮心懸，時現畏懼不了之象，自參謀總長與國防部決定調換之令簽署與決心後，又接健生辭呈，心神與志氣為之頓安，此為安定中央之最重要事也。

朝課後約見健生，告以決准辭修辭職，並以墨三與握〔幄〕奇[1]分任參謀與陸軍二長之意，彼無異議也。會客六人後，審閱戰報，遊覽庭園。正午宣傳會報，對青年團少數幹部要脅與背叛本黨，決議反對立夫為立法副院長，不勝憤慨，並令經兒轉告辭修警告叛徒激悟，否則必開除其黨藉〔籍〕。下午召見巴大衛後，約英國海軍司令[2]茶會，再約見德鄰，彼以健生望仍兼國防部長，余婉拒之，僅令其任華中剿匪總司令專職也。晚課後，召見為章畢，散步於庭園。

五月十三日　星期四　氣候：晴

雪恥：一、上海地產之有效處置。二、上海難民之處理。三、警備旅之組織與征兵。四、衛戍區保甲，由政府考選，並組訓地方武裝。五、約蕭公權[3]談。
本日仍以國防部長與健生職務問題未能解決為慮，對於小事錯誤亦多憂慮，尤以青年團幹部陽奉陰違，道義與精神完全喪失，殊所不料也。處境之忤逆無以復加矣，加之物價繼漲不已，無法遏阻，經濟與黨務皆有崩潰之象。
朝課後召見墨三等畢，到綏靖研究會訓話一小時，審閱戰報。下午批閱公文

1　余漢謀，字幄奇，廣東高要人。1946 年 3 月，調任衢州綏靖公署主任。1948 年 5 月，出任陸軍總司令。
2　包毅德（Denis W. Boyd），英國海軍將領，1946 年至 1949 年擔任遠東艦隊總司令。
3　蕭公權，字恭甫，曾任南開、東北、燕京、清華、四川等大學教授，講授政治思想史等課程。本年當選中央研究院院士。

後，召見蔚文、敬之、龍雲[1]、鴻鈞[2]與席德懋[3]等。晚課後，宴客畢，到庭園散步後，飲酒就寢。

五月十四日　星期五　氣候：晴

雪恥：一、發青、濟難胞救濟款。二、熱河六十三師速裝備。三、令上海汽油之限制配給。四、南京工事之速修。五、二十廠子彈之不響，何故。

朝課後，約健生來談約一小時，其對辭去國防部長，僅指揮華中軍隊剿匪甚表不滿。此當然之事，惟應勸勉之，並使之能有充分權力實行職務也。復約蔚文與辭修來談後，批閱公文。下午清理積案後，先召見立法委員二十餘人，再召見山東藉〔籍〕立委卅餘人，心苦身勞極矣，又會客數人。晡與妻散步於靈谷寺將士公墓後，晚課畢，與敬之談健生事，彼堅不願就新職也。近日以立法委員中之黨員不僅反對立夫，而且對行政院人事亦要求過問干涉，加之桂系不能開誠合作，黨紀、法紀皆蕩然無存，內心憂傷，不知所止。

五月十五日　星期六　氣候：晴風

雪恥：本晨接健生堅辭華中區剿匪總司令及辭國防部長，似有負氣之意，應使之諒解苦心，仍勸其就剿匪職也。

1　龍雲，字志舟，雲南恩安人。曾任雲南省政府主席、軍事參議院院長，時任戰略顧問委員會委員。
2　俞鴻鈞，廣東新會人。時任財政部部長兼全國經濟委員會委員。1948 年 5 月，二度出任中央銀行總裁，8 月兼上海區經濟管制督導員。
3　席德懋，字建侯，曾任中國銀行董事、中央銀行業務局總經理及局長等職。1946、1947 年，均以國際貨幣基金代理理事身分，出席國際貨幣基金暨國際復興建設銀行理事會年會。時任中央銀行理事。本年 5 月，兼任中國銀行總經理。

朝課後，到陸大成立四十二年紀念會致詞，回寓審閱戰報，會客十餘人，約健生未來。下午批閱公文，召見黃紹竑。約見緬甸、印度、菲列濱、希臘、瑞典各國使節茶會後，與岳軍談政局與人事後，與妻到將士公墓散步回，晚課。約見王耀武，學生腐化不能自強，訓戒之。勸銘三[1]就徐州總司令，已允也。朝醒後，深慮總統應否就職，或如始願仍退任行政院長而讓位於德鄰，再三考慮，決定退讓。起床後，向天父禱告究竟應否就職，無論進退皆懇求天父明白指示，最後得默示進，不可辭總統，故決不辭。

五月十六日　　星期日（上弦）　　氣候：晴

雪恥：朝課後，九時與妻由京出發，經句容天王寺，至溧陽大覺寺舊址下車，甚想在此遊憩，以舊地重遊，昔日途經此地，聊可休息也。不料寺舍盡化灰塵，問之鄉人，言被日寇所燬也，乃即登車前行至徐舍乘舟，約行一小時半，到冊亭侯澄祖墓前登岸謁陵。其地坐東向西，正對冊山，約距墓二十華里，前有都山塘，其面積甚廣，浩蕩澎湃，形勢唐〔堂〕皇壯麗。都山在右約距墓五華里，蔣家村即在右後方半里許，約有四十餘戶皆蔣姓，問其輩行已一百十七世矣，想自伯齡公算起也。瀏覽半小時，與蔣耀祖[2]等族人百餘名在陵前攝影後告別，仍乘舟回徐舍，登車經宜興城轉至無錫，住節湖山別墅，即蠡園也。下午憂心漸消，不若在京時之把〔悒〕悶憂鬱矣。晚課後即晚餐畢，在月下遊覽湖濱一匝，十時即睡，能安眠如常，以未能熟睡者已一月餘矣。

1　蔣鼎文，字銘三，浙江諸暨人。曾任第一戰區司令長官等職。1948 年當選第一屆國民大會代表，並任總統府戰略顧問委員會顧問。
2　蔣耀祖，曾任江蘇省宜興縣官林區區長、溧水縣縣長。本年 5 月 16 日，迎接蔣中正至宜興祭祖。

五月十七日　星期一　氣候：晴

雪恥：本日終日在無錫，遊覽太湖，登雪浪山，訪蔣子閣，即蔣一梅[1] 讀書處古跡。下午遊犢山，艇遊黿頭嘴，未登山，巡遊湖濱一周而回。朝、晚課如常舉行，心神亦較日前略舒矣。

本日新立法院選舉正副院長，上午哲生當選院長，甚為順利，下午競選副院長甚烈，反對派之黨員以反對立夫，乃舉傅思義〔斯年〕[2] 相抗，結果仍為立夫當選，然而費力已甚。一般黨員因反對立夫平時之狹隘不平，而反抗黨之決議，黨紀黨德至此已蕩然無存。在此民主口號之下，立法院中之黨員已不復為黨之組織所控置〔制〕，其中不法黨員更放肆鴟張，明目張膽為叛徒矣。此惡例實由李宗仁要求自由競選副總統，而反對由黨提名為始作其俑也。余自恨當時不能嚴照黨權與黨紀以執行職權，以致敗壞至此也。

五月十八日　星期二　氣候：陰雨

雪恥：本日朝、晚課與默禱如常。上午由無錫乘火車，十四時到京後，與敬之商談國防部長問題，據稱健生態度堅決，不願任華中剿匪職云。十六時訪張岳軍院長，祝其六十誕辰也。審閱戰報後回寓，忽見岳軍堅不願任新政府行政院長，此種行態實非意料所及，且出人情之常。以彼始辭職時，我已屬敬之準備組閣，彼又願繼續組閣，故准敬之辭讓，而今日即將組織新政府之前夕，彼又突然堅辭，仍令人不堪設想也。晚課後，約敬之、墨三來談，告以健生不能再任國防部長之理由，以其招搖荒謬，挾天子以臨諸侯之惡習已深，其企圖甚明也。言念國事困阨至此，誠不知如何為懷矣。

1　蔣重珍（1183-1236），字良貴，學者稱一梅先生，南宋寧宗嘉定十六年殿試狀元。
2　傅斯年，字孟真，山東聊城人。1928 年 9 月起任中央研究院歷史語言研究所所長，本年當選中央研究院院士、第一屆立法委員。

五月十九日　星期三　氣候：陰雨

雪恥：昨日立法院正式開議，對於行政院長同意權之條，又在其議事規則上附加用人與政策先行報告質詢等條文，使行政院長無人敢允任此職，而立法〔委〕員中之黨員在平時受本黨組織部統制之苦悶，以今日民主憲政之口號下，揭露其極端反動而且反常、失卻理性、如辭〔痴〕若狂之行態，此為夢想所不及。黨員如此，更增灰心，而且頓萌厭世之念，心理悲慘，環境險惡，誠有不知所止之感。

本晨朝課記事後，到國務會議，此為國民政府最後一次之會議也。正午約哲生等來商立院黨員談話會之程序，交換同意權條文之意見，仍無結果。晚課後，約宴國府委員，修正就職演詞稿。晚應首都各界祝賀會，心緒沉悶，環境悲傷，幾乎自家至國無一快慰之事也。

五月二十日　星期四　氣候：陰雨

雪恥：今日為余就總統職之日，心緒愁鬱，精神沉悶，似乎到處都是黑暗，悲傷悽慘未有如今日之甚。每念國家前途，人民苦痛以及革命責任，惶惑不能自解，當選以來無時不作辭退之想，而今日就職則更切辭職之念矣。昨夜二時後即未熟睡，今晨起床，朝課默禱。約見立夫、墨三、道藩[1]，商討敬之行政院長問題，知彼堅不願擔任也。十時到國民大會堂舉行就職典禮畢，到國府舉行文武官員行覲見禮，召見蒙藏代表後攝影，回寓。正午召宴立法院全體委員，說明時局之危險，政治之嚴重，以及同意案中所擬議甲、乙兩案之違憲，余決不能作違憲之總統警告之。不料下午立法會議仍將乙案通過，其對余不信任之態度甚顯，余則忍耐，總想設法行政院長能使之早日通過也。

1　張道藩，原名道隆，字衛之，貴州盤縣人。曾任中國國民黨中央宣傳部、海外部部長、制憲國大代表等職。時任中國國民黨中央文化運動委員會主任委員、第一屆立法委員。

最後則覺此事之嚴重，黨員之跋扈鴟張，只顧爭權奪利，而不 [1]

五月二十一日　星期五（小滿）　氣候：晴

雪恥：[2] 能存有革命歷史與民族利益之存在也。黨紀掃地，黨性瀁〔蕩〕然，如何能維持現局，戰勝共匪，無奈只有決心辭職下野之一途而已。晚課後，十時半睡。

本廿一日朝課後即召立夫來見，聽其語意一反常態，並明言其幹部怪他太服從總裁過分，使其所部毫無出路，又疑余上次出遊無錫乃為不助其當選副院長之表示，因之他要求其所部贊成張羣為行政院長勢已不能云。余乃告其辭職下野之決心，余本為愛護前方剿共官兵與全體黨員，所以不忍堅辭總統候選人，今你中堅幹部既如此心理，我已無可依戀矣。立夫變態之快，殊為生平最大之教訓也。上午謁陵後，審閱戰報，召見子文、握〔崿〕奇、恩伯與辭修等。下午批閱公文後，召見彥棻等，聽取上午中央黨部立法委員之態度，與對行政院長人選假投票之經過，不勝憤悶。晚課後召見公俠[3]。

五月二十二日　星期六　氣候：晴

雪恥：昨晡約布雷來談立夫言行，自覺憤激過甚，神經幾失常態，彼對余亦弄手段，以假投票方式來壓迫脅制，使余不能不順從其意提何應欽為行政院

1　接次日雪恥項下。原日記格式如此。
2　續昨日記事。原日記格式如此。
3　陳儀，字公俠，後改字公洽，自號退素，浙江紹興人。曾任福建省政府主席、國防最高委員會中央設計局臺灣調查委員會主任委員、臺灣省行政長官公署行政長官等職。本年 6 月起，任浙江省政府主席。1949 年 2 月嘗試策動湯恩伯投共而被免職，1950 年 4 月押解來臺，6 月 18 日槍決。

長，並藉此以排除其政敵張羣，殊為可痛。妻與子皆勸余相忍為國，無論如何，此次必須再加以更大努力、忍辱負重也，否則前方官兵之心必動搖，後方經濟必崩潰，將予共匪以滅亡民國之機會矣。余至此仍認為有下野之必要，而且上帝亦示余以下野也。

昨夜睡眠始入常軌。今晨朝課後召見吳國楨畢，約亮疇先生來商下野辭職程序，彼以為下野後之困難必比現在更甚百倍，極不贊成也。會客後，正午宴蒲雷德，相談二小時，彼外人對中國現狀自更悲觀也。下午批閱後，召見蒙古代表五十人，再約司徒[1]談話，十七時復約亮疇、哲生等商談辭職與行政院長問題，未得結果。晚課。

五月二十三日　星期日（望）　　氣候：陰　溫度：七十

雪恥：立夫、道藩等借預測投票為名，以敬之為工具而驅除岳軍，其用心之惡劣，好弄手段，欺蒙黨魁，於公於私皆極不當，乃以實情明告敬之，故余決不強其所難，並另舉翁文灝為新行政院長，彼極贊成，乃決提翁，明日徵求立法院同意也。昨夜安眠極佳，今晨朝課後審閱戰報，豫西匪之主力被我軍緊追北潰，老河口收復，則共匪竄川之憂可以消除，此心為之一慰。約鄭道儒[2]等來談美援運用委員會[3]組織。下午會客，與墨三談敬之行政院長事。

1　美國駐華大使司徒雷登（John Leighton Stuart）。

2　鄭道儒，字達如，直隸天津人。曾任吉林省政府主席、行政院善後救濟總署副署長等職，時任行政院美援運用委員會秘書長，其後出任華北剿匪總司令部秘書長。

3　1948 年 4 月，美國國會通過「援華法案」，授權總統向中華民國提供定期限額的經濟援助與特種捐贈。基於該法案的規範及實務需要，中方遂在行政院下籌設「美援運用委員會」（簡稱美援會），並以鄭道儒為秘書長，負籌備之責。6 月 4 日，美援會正式成立，由行政院長翁文灝兼主任委員，秘書長鄭道儒（旋以沈熙瑞繼之）。7 月 3 日，中華民國政府代表王世杰與美方代表司徒雷登在南京簽訂《中美經濟援助協定》，旨在協助中國推行「有力之自助計劃」，俾得在中國境內創造較為穩定之經濟情況，並改善其與他國間之商務關係」。1963 年 9 月，美援會在臺灣改組為「國際經濟合作發展委員會」（簡稱經合會）。

與妻車遊湯山，回寓。晚課後，約哲生等商談行政院長事，決提翁也。

五月二十四日　星期一　氣候：晴

雪恥：昨夜安眠足有六時半之久，實為難得之現象。今晨朝課後即約本黨老者徵詢行政院長擬提翁文灝之意見，彼等皆甚贊成，乃到中央黨部紀念週後開臨時常會，提出翁為行政院長，討論一小時，表決通過。常會以立法院中之黨員對中央決議每持反抗態度，如常會決議後，恐不能在立法院通過為慮，故有主張不用決議方式，而先開立法院黨員大會，通過後，再由常會決議。余以為此乃不成體統，中央自廢紀綱不可也，仍由常會決議，一面召集立院黨員會議，要求其勢成也。下午二時召集立院黨員會議，余親自出席說明，全場一致接受後，乃開立法院會議審查會，結果甚順利通過，即交其大會付表決，以六分之五以上票數同意當選也。於是新政府第一之難關通過，此為一星期以來惟一之難事，幸得解決矣。

五月二十五日　星期二　氣候：晴

雪恥：昨晚課後，約詠霓、布雷來商談行政院各部會長人事問題甚久，作初步意見之交換也。昨夜睡眠稍差，但仍能睡足五小時以上也。

預定：一、各縣優待征屬實施與監察辦法。二、訓練與政工加強。三、孫渡[1]調職之處置。四、土地政策。五、財政制度。

朝課後約見亮疇、布雷等，與翁院長商談政院人選，彼提顧孟餘為副院長，

---

[1] 孫渡，字志舟，曾任第一集團軍副總司令、總司令等職，時任第六兵團司令官。本年 6 月，調熱河省政府主席。

余甚贊成。彼恐余不能以全權賦予組閣，余即告以全權賦彼，余有所見亦必開誠明告也。批閱公文，清理積案，下午沐浴後，召見立夫，彼毫不反省其重大錯誤，好弄小手段，仍一意怪人不是，可痛。晡修正族譜先系考序文完，與妻車遊湯山。晚與布雷及人鳳談話後，獨出庭園散步。十時半飲酒後就寢。

五月二十六日　星期三　氣候：晴

雪恥：本午在宣傳會報中，對黨務不滿，因之斥責立夫之過錯毫不留情，而其中有反對立夫之青年團員亦在其內，聞之必對立夫更加不利，黨內糾紛必日甚一日，裂痕無法彌縫，此實為余生平最大之過失。自覺近來煩悶燥急，修養無效，心力交瘁矣，不知何以善後，惟有慎言敏行，主敬窮理，以減愆尤，期免隕越耳。今後本黨方鍼不出二途，其一為澈底改組，將各級黨部一律停止活動，其二為任各派自動組黨，使之分道揚鑣〔鑣〕何如。
朝課後遊覽庭園，審閱戰報。十時三刻送夫人起飛赴滬，十一時召集墨三等，指示東北與華北作戰緊急處置要旨，以及全般戰略。正午宣傳會報，憤忿不慎，應記大過一次。下午批閱公文後，會客十餘人，另約德鄰與禮卿分別來見，皆為健生工作及國防部事，余堅持敬之任之。

五月二十七日　星期四　氣候：晴

雪恥：昨晡與經兒車遊靈谷寺，回寓晚課後，約沙文若與布雷來談修譜事。
自國民大會李德鄰競選副總統浪費金錢以來，迄今立法院委員之惡劣風氣，幾乎莫不以金錢是視，耗費公帑，吸盡人民脂膏不以為意，人欲橫流，道德淪亡，廉恥蕩然無存。此實亡國之劣性、滅種之惡風，不知如何挽救矣，必先重振道德，恢復禮教，而後乃能戡亂與建國也，應積極圖之。

朝課後審閱戰報，翁院長來談組閣進行情形，立法委員保薦部長與彼此互訐，幾乎不遑應接，民主風尚如此，誠為國家前途悲鬱之至。批閱公文。下午約墨三來談後，會客十餘人。立夫來見，彼自言必接受余之責備也，余復面訓之。晡與經兒遊覽紫霞洞，僅一片瓦礫，水源亦塞，不能覓取矣。晚課如常。今日極為民主制度危國憂也。

五月二十八日　星期五　氣候：晴

雪恥：自被選以來，共匪在我後方社會中對我誣蔑詆毀，以及各種手段諷刺嗤笑，無所不用其極，而以各大學中之職業學生鼓動煽惑學生群眾為更惡毒。左派共匪外圍之報章且常以袁世凱[1]與崇禎帝[2]之末運相比擬，而本黨黨員又自相衝突，毫不覺悟，演成一盤散沙，將為他人俎上之肉猶不警覺。此而不亡，其惟天佑之力，否則決不能挽救也，惟願天父之意旨成功而已。

朝課後審閱戰報，研究豫中作戰方鍼與部署甚久。共匪狡詐打圈，誠令人苦悶不堪，其惟以靜制動乎。奉化各鄉代表來京覲賀，親自接見後，批閱公文。下午與翁院長、俞財政部長[3]商討外匯變更，與平定物價方鍼後，審閱戰報。到紫金山正脈正氣亭，與經兒遊覽後，回寓。晚課畢，與敬之談軍政人事問題。

1　袁世凱（1859-1916），字慰廷、慰庭或慰亭，號容庵，河南項城人。北洋軍創始人兼領導者，曾任清朝軍機大臣、內閣總理大臣、中華民國第二任臨時大總統、首任大總統等。
2　朱由檢（1611-1644），字德約，明朝第十七任皇帝，亦是清朝入關前最後一任明朝皇帝，年號「崇禎」。
3　翁院長、俞財政部長即翁文灝、俞鴻鈞。

五月二十九日　星期六　氣候：晴風

雪恥：一、電令胡璉、邱清泉努力速進。二、對黨員之方鍼（合與分）。三、對軍事部署。

朝課後審閱戰報，批閱公文。約辭修來談黨團與人事問題，中央委員之爭奪自私，對於共匪當前之大敵毫不在意，革命至此，悲慘極矣。下午清理積案，兩月餘來重要案件為國大與立法委員改組政府事，所貽誤者甚多，乃覺自身對政治之不智與無能，所謂人無遠慮，必有近憂，是皆由自我造成今日之窘迫慘敗也。但深信上帝必不我棄，是其必有深意，特欲鍛鍊我玉成也。以我一生已往各種之慘敗絕望，以及經兒尚能回國團聚等自以為萬不可能者，而天父皆能使我父子重生復活，則今後天父必將玉我於成，是可斷言。晚課後，約翁院長、毛局長[1]來談。

上星期反省錄

一、自三月二十九日召開國民大會以來，一切工作除朝、晚二課不變外，其他皆不能如常進行，尤以副總統問題發生以後，五月份心神之打擊與處理之艱窘，復以立法院成立以後，一般黨員之立法委員皆如脫韁之馬，不守紀律，不知黨德，人欲橫流，廉恥道喪，幾乎不可收拾矣。惟本星期一日，行政院長在立法院同意順利通過以後，此心始得稍慰，故自本星二日以來，所有工作課目漸復常態，各種積案皆已逐漸清理矣。

二、民社、青年兩黨以立法委員名額未能達其要求之數，不允參加行政院，其實青年黨以經濟部為其掌握，決不肯放棄，而在形式上猶如此要脅，使政府不能有整個行政計畫，此皆美國民主之累也。嗚呼，美國之於我政府，其利未見而為害實已非淺矣，馬歇爾之禍華，誠伊於胡底矣。

1　國防部保密局局長毛人鳳。

本星期預定工作課目

1. 行政院各部會長人選之發表。
2. 立法委員之組織與接見計畫。
3. 美國援華運用委員會之人選。
4. 下半年預算案之督導。
5. 對熱河增援計畫之督導。
6. 監察院長人選之推定。
7. 司法與考試二院長人選之速定。
8. 俄大使到任後之研究。
9. 中央銀行進出口商匯率改進後之注意。
10. 第二線兵團之訓練與督導。
11. 冬季軍服預算與經費之速發。
12. 華中剿匪總司令部與健生工作之決定。

五月三十日　星期日　氣候：陰雨

雪恥：為健生職務調任華中剿匪總司令，而彼始終不願脫離國防部長，仍欲藉此為其號召張本，後見余決心堅定，不為其所移動，乃始允就剿匪之職。而其駐地必欲在武漢，則又與頌雲武漢之綏靖公署衝突，不易解決，頌雲亦不肯相讓。是高級將領皆以其個人權位是爭，而不以黨國為計，豈惟文人黨員在立法院所表現之劣態而已哉。文武如此，能不悲乎。

朝課後到中訓團舉行軍幹班畢業典禮，即剿匪被俘之中級官長，有八百餘人之多也。審閱戰報，敬之來談健生已願就剿匪之職。正午約集立委黨與團有

關者六十餘人，聚餐訓示。下午召見翁院長與王雲五 [1]，決定財政部長人選。晚課後，約頌雲來談，解決剿匪總部武漢綏署之職權與界線問題。

五月三十一日　星期一（下弦）　氣候：陰

雪恥：一、核實軍費，縮減後方機關人員為急務。二、剿匪官兵在團以下者應以同一藉〔籍〕貫為要旨。三、實行總體戰之督導。四、視察組長之人選及加強。五、智囊團之組織。

朝課後到中央黨部紀念週畢，開臨時中央政治會議，通過行政院本黨黨員參加部會人選之名單。回寓後，檢討豫中戰局，而津浦路泰安我軍已撤退，鐵路多處被匪截斷，彼匪完全立於主動地位矣。下午批閱要公，召見數人畢，與經兒車遊郊外，決派健生為華中剿匪總司令，並兼戰略顧問委員會主任委員。晚課後餐畢，觀國製錦繡山河影片，不甚精練也。

1　王雲五，字岫廬，籍貫廣東香山，生於上海。曾任上海商務印書館總經理、國民參政員、經濟部部長等職。1947 年 4 月任行政院副院長，1948 年 5 月 31 日獲任命為財政部部長。

上月反省錄

一、猶太復國名以色列國，美、俄皆已承認，但阿拉伯各國向之圍攻，而余因共匪內亂，不能力助其立國，無任慚愧。

二、四月份國大期間糾紛複雜，實嘗盡政治旨味之苦痛，然而此不過困難之起點，而本（五）月份乃困苦之中心點矣。各種不測之變化，以及世態炎涼，人心澆薄，殊令人心灰意冷，甚悔當時不絕對拒絕應選，以致有進退維谷之今日，但如果如此，則國與民之更不堪設想矣。

三、通貨膨脹，經濟危險至此程度，軍事劣勢着着失利，尤其共匪職業學生在我後方各大、中學如此宣傳煽動，以及其各種漫畫、演劇等侮蔑詆毀污辱，而大部分民眾與絕大多數學生皆未受其蠱惑動搖，未敢盲從，可知社會基礎尚穩，人心猶未去也。共匪五月擾亂之陰謀竟不能實現，殊為共匪最大之打擊，乃知國事正有可為，應如何奮鬥自強，應天順人以救國家也。

四、立法院成立伊始，對於同意權之爭執與行政院長人選之糾紛，一般黨員以民主口號對黨紀黨德之蕩然不存，加之桂系之從中挑撥離間，以其立法院副院長之競爭，對黨之決議與命令完全立於相反地位，事事必背道而馳，尤其立法院議事規則中，對行政院長得咨請其出席報告施政方鍼案之通過，實為對余莫大之打擊，故不得不下下野之決心，國脈民命誠不絕如絃矣。

五、五月間俄國發表美國駐俄大使史密司[1]與史大林秘密商談妥協方案，美國對西歐外交之信用乃受一打擊，但美、俄形勢之惡化更進一步，而第三次世界大戰之又增一重黑影矣。

1　史密司（Walter B. Smith），又譯史密斯，美國陸軍將領、外交官，二戰期間擔任歐洲盟軍最高統帥部參謀長，時任駐蘇聯大使。

六月

蔣中正日記
Chiang Kai-shek Diaries

蔣中正日記
Chiang Kai-shek Diaries

民國三十七年六月

本月大事預定表

1. 軍事總檢討會議。

2. 黨務坐〔座〕談會 [1] 之準備。

3. 智囊力行團之組織。

4. 對黨政軍重建之方案。

5. 立法委員之組織與聯系人選。

6. 監察院之成立。

7. 行政院各部會主官之決定。

8. 司法、考試兩院長之提出。

9. 美援運用委員會之督導。

10. 華中剿匪總司令部之方鍼。

11. 下半年預算方鍼之研究。

12. 各省市人選之研究。

---

1   1948 年，隨著國共戰事白熱化，國民黨黨機器的運轉反而處處顯露疲態。及至行憲第
     一屆立法院開議後，國民黨籍各派系立委聯合反對 CC，蔚為政潮，輿論有以國民黨
     應該承認現實、自行分立為兩黨而建言者，促使蔣中正開始考慮再次革新國民黨的可
     能性。1948 年 8 月 3 日起，國民黨中央召集在南京的中央執行、監察委員，具國民黨
     籍的立、監委及各部會首長凡四百餘人，舉行為期兩天的黨務座談會，討論改造國民
     黨的途徑，以及黨的政綱政策、組織、黨員之標準諸議題。該次座談會以參加者猛烈
     的即席批評而著稱，雖未獲得具體結論，仍為國民黨未來兩年繼續籌議的黨務改造工
     作，提供了價值理念和操作層次的參考功能。

13. 吳禮卿、陳儀、顧孟餘入智囊團。

14. 戡亂委員會與剿匪政治工作隊之計畫。

15. 根本解決上海經濟問題方案之督導。

16. 黨務整理委員會與顧問會之方案。

17. 思想運動與精神革新方案之研究。

18. 總體戰之督導，各縣政府及鄉鎮村幹之組訓。

19. 改革軍隊、整頓軍紀、振作軍心：甲、政工。乙、授田。丙、張幕。丁、娛樂。戊、禁止單獨入民家。己、鞋襪。

六月一日　星期二　氣候：陰晴

雪恥：一、美援運用委員會負責主持人之指定：俞鴻鈞。二、下半年預算會之成立。三、立法委員之聯絡與組織。四、智囊團之人選及組織。

朝課後，到總統府舉行俄使[1]呈提國書儀式，已將過去之頌詞、答詞與繁禮減除，改為簡單禮節。十一時研究戰況，核定煙台第八軍向錦州增防，惟國防部又改開秦皇島，增防關內矣。正午約布雷聚餐，談監察、司法、考試各院重要人事問題，批閱公文。下午召見立法委員十六人，另約鴻鈞與頌雲談話。自進出口匯單辦法改正後，物價下降，外匯收入可望增加也。審閱戰報，晚課後，與蒲雷德談話一小時後，聚餐畢，辭別，十時半後就寢。

1　羅申（Nikolai V. Roshchin）。

六月二日　星期三　氣候：晴

雪恥：一、核實軍費實施辦法之研究。二、美援運用負責人之決定。三、組織與情報及視察工作之有效辦法之研究。五[1]、考試院長人選之研究。六、教育方鍼之確立。

朝課後約翁院長，談美援與用人方鍼，審核戰況，研究部署。魯中與豫西及其對熱河之行動皆立於主動地位，尤其陳毅在濮陽以北地區所整補四個縱隊已回魯西，積極圖取滋陽、泰安與濟南，更堪顧慮也。第八軍決改調秦皇島，增援熱河方面也。正午宣傳會報，下午審閱美大使對我軍事政治改正之條陳後，召見巴大維，會客七人。晡與經兒到小紅山基督凱歌堂視察，修理工程已完矣。晚課後，宴俄大使，約談半小時，臨睡前校閱先系考源，沙秘書[2]甚能專攻考實也。

六月三日　星期四　氣候：晴

雪恥：考試院長人選傅思義〔斯年〕、賈景德[3]、張伯苓、蔣夢齡〔麟〕[4]、邵力子[5]。

注意：一、健生必欲武漢統治權，否則不甘其心。二、健生約袁守謙[6]為秘書

1　原文如此。
2　沙秘書即沙文若。
3　賈景德，字煜如，號韜園，山西沁水人。曾任太原綏靖公署秘書長、行政院顧問等職。時任考試院銓敘部長、第一屆國大代表，6月任考試院副院長。
4　蔣夢麟，原名夢熊，字兆賢，號孟鄰，浙江餘姚人。曾任北京大學校長、教育部部長、行政院秘書長、國民政府委員等職，時任中華民國紅十字會總會會長。本年8月，任行政院善後事業委員會主任委員、中國農村復興聯合委員會委員（10月為主任委員）。
5　邵力子，字仲輝，號鳳壽，浙江紹興人。曾任陝西省政府主席、駐蘇聯大使、國民參政會秘書長等職，本年7月獲聘總統府國策顧問委員會委員。
6　袁守謙，字企止，湖南長沙人。1948年起歷任華中剿總秘書長兼政務委員會委員，東南軍政長官公署政務委員會委員兼秘書長。1949年春，任中央軍校同學會非常委員會書記。

長之用意。三、各省團部幹事之考核，用之於各師政工主任或侍從參秘。四、地方財政與團隊制度之改革。五、電胡[1]令十七師長來見。六、王挽危[2]、紀毓智[3]可任蘇保安旅長。

朝課後審閱戰報，南陽以東地區已無戰鬥，惟聞五十八師長魯道源[4]已突圍，但尚未聯絡，甚念，而第十八軍孤懸鄆城，被匪牽制不能進退，更為焦灼。十時對戡亂班點名訓話，回寓，召見健生，其怏怏之態無已也。批閱公文未完，下午召見龍雲，以民主政治時代其態又驕矜之色又起矣。會客十餘人，晡修正先系考序畢。晚課後，約宴美國紅衣主教[5]。

六月四日　星期五　氣候：晴

雪恥：一、對黨務方鍼之決定：甲、暫時停止黨務與先成立整理委員會。乙、各級黨部副級制仍舊不撤消。丙、黨工人員為無級〔給〕職。丁、團務人員轉業於軍隊黨政工作。戊、八月間召集黨團坐〔座〕談會或檢討會，預定三星期。

朝課後審閱戰報，約敬之、墨三商談華中剿匪總部之地點，與武漢三鎮實行

1　胡即胡宗南。
2　王挽危，曾任第一九三師副師長、國防部部員等職。本月晉見蔣中正後，派任為江蘇省保安第一旅旅長。
3　紀毓智，曾任第三十三師副師長、江蘇省第八區行政督察專員兼區保安司令等職。本月晉見蔣中正後，派任為江蘇省保安第二旅旅長。
4　魯道源，字子泉，雲南昌寧人。1947 年 11 月在原籍當選為第一屆國民大會代表。徐蚌會戰後，轉任武漢守備區副司令。後升任守備區司令。1949 年 7 月，升任第十一兵團司令兼第五十八軍軍長。
5　史培爾曼（Francis J. Spellman），又譯史班爾孟，1939 年出任紐約總教區總主教，1946 年為樞機主教。

總體戰負責主管人之研究，程、白[1]二人皆甚難安置也。批閱公文，約曾擴情[2]等討論立法委員之組織與團方立委之形勢，決注重中立分子，使之組成一派也。下午召見各省市團部主任幹事卅人談話，此輩精神與能力皆比黨部主任委員優強，而立夫等組織部皆拒之於門外，可歎。晡審閱戰報後，與經兒車遊東郊，晚課如常，晚與雪艇談外交與豫算案。

六月五日　星期六　氣候：晴　下午風

雪恥：一、通貨膨脹已至第三期最危險之程度，僅恃外援與現金，實無挽救之道，惟凡事因公義正氣而遭危極時，則必能獲天父之眷顧而得救，對於實物與土地、貨幣乃應切實準備，以應急需也。二、健生以不能統制武漢三鎮，不肯就剿匪之職，吊〔刁〕難要脅，驕氣凌人，如何忍受以期有濟也。

朝課後審閱戰報，知魯師長道源尚未與南陽聯絡，恐遭不測，甚念。十時到監察院舉行召集典禮，回寓，批閱公文。召見甘乃光[3]，彼對美國援外之宗旨以及其將來轉變政策到「法式斯」[4]途中之觀測，殊不然也。下午召見司徒大使，彼對中國剿匪軍事甚悲觀，而又恐馬不願精誠援華也。五時約監察委員茶會。晚課後，與布雷、鐵城等商談黨費與監察院副院長人選與支持之。

1　程、白即程潛、白崇禧。
2　曾擴情，原名朝篤，又名慕沂，四川威遠人，曾任黃埔同學會秘書、第八戰區政治部主任、陸軍大學政治部主任、重慶行營秘書長等職，時任中國國民黨四川省黨部主任委員、第一屆立法委員。
3　甘乃光，字自明，廣西岑溪人。1947 年 4 月任行政院秘書長。1948 年 5 月 18 日，獲任命為駐澳大利亞首任大使，7 月 19 日到任，8 月 16 日呈遞到任國書，1951 年 5 月 2 日離任。
4　即「法西斯」（Fascism）。

附件

……有待於各地黨委和婦女工作幹部的繼續不自滿的努力。

匪方提出所謂戰犯名單

（據新華社陝北二十五日電）此間各界人士談論戰爭罪犯的名單問題，某權威人士稱，全部戰爭罪犯名單，有待於全國各界根據實際情形提出，但舉國聞名的頭等戰爭罪犯，例如：蔣介石、李宗仁、陳誠、白崇禧、何應欽、顧祝同、陳果夫、陳立夫、孔祥熙、宋子文、張羣、翁文灝、孫科、吳鐵城、王雲五、戴傳賢、吳鼎昌、熊式輝、張屬生、朱家驊、王世杰、顧維鈞、宋美齡、吳國楨、劉峙、程潛、薛岳、衛立煌、余漢謀、胡宗南、傅作義、閻錫山、周至柔、王叔銘、桂永清、杜聿明、湯恩伯、孫立人、馬鴻逵、馬步芳、陶希聖、曾琦、張君勱等人，則是罪大惡極，國人皆曰可殺者。應列入頭等戰犯名單的人，自然不止此數，這應……

本星期預定工作課目

1. 黨務與組織。
2. 軍事與訓練。
3. 教育與宣傳。
4. 政治與人事。
5. 經濟與外交及美援。
6. 立監委及各黨派之聯系。
7. 財政與地方制度。

六月六日　星期日（芒種）　氣候：晴　風

雪恥：一、黃伯韜、萬耀煌為徐州綏署主任。二、方天或鍾彬為第一綏區司令。朝課後審閱戰報，第十八軍已由鄢城集中駐馬店，此心略慰。十時與美國海軍司令白爵爾談話一小時，彼極誠懇協助中國，不若其陸軍人員之難處與多疑也。約墨三、敬之與蔚文談，健生赴滬表示消極，而一面又對美國及社會故作姿態，藉口無權不能作事，余以為不如准其辭去為當也，但敬之以為非彼不能剿除華中之匪也。下午校閱本宗世系考正完，至為欣慰，此乃對宗族一大事也。與經兒郊遊後，晚課畢，再車遊下關，中山北路兩側建設漸備，道路亦更清潔，私心竊慰，惟此聊慰愁鬱之苦心耳。

六月七日　星期一（朔）　氣候：晴

雪恥：一、白[1]如不就剿匪職，即以程[2]兼任。二、湖南省主席以張鎮[3]、黃杰[4]為宜。三、湯恩伯為徐州或武漢剿匪司令或綏署主任。四、孫渡為熱河省主席。五、周異斌[5]、王鳳喈[6]為湘廳長。
朝課後到中央黨部紀念週畢，召集本黨藉〔籍〕立委，聽取行政院長施政方鍼報告，議論紛紛，討論二小時始散會，指示翁院長修正各點。與王雪艇商

1　白即白崇禧。
2　程即程潛。
3　張鎮，字申甫，號真夫，湖南常德人。時任憲兵司令部司令，11 月一度兼任首都衛戍總司令。
4　黃杰，字達雲，湖南長沙人。時任中央訓練團教育長兼任軍官訓練團教育長。1948 年 8 月，任長沙綏靖公署副主任兼陸軍第三訓練處處長。1949 年 1 月，調任國防部次長兼第五編練司令部司令。8 月，調湖南省政府主席兼湖南綏靖總司令和第一兵團司令官。
5　周異斌，字清溢，曾任湖南省衡陽市市長等職。時任中央政治學校教授。
6　王鳳喈，湖南湘潭人。曾任國民參政員、中央大學教育系教授，時任湖南省教育廳廳長。

談民社黨參加政府事，彼黨要求徐傅霖[1]為考試院長，青年黨亦以限期解決立委問題相恫嚇，否則十五日後行政院兩部次長[2]退出，不再代理部務云，可鄙。審閱戰報，批閱公文，清理積案。下午覆健生函，會客五人。晚課後，與布雷談兩黨立委及監察院副院長競選者有十人之多也。

六月八日　星期二　氣候：晴悶

雪恥：每念中央軍隊高級將領之貪污富有，淫佚無度，以致忠勇之氣盪然，廉恥之心掃地，是以不能剿匪，不能整軍，而一般反動封建餘孽又因之幸災樂禍，造謠惑眾，幾乎與共匪互相呼應，對中央黨政軍財負責人員詆毀侮辱，無所不至，必使之根本傾覆，不能翻身重起，是以文武幹部喪失殆盡，幾無能用之人矣，悲痛極矣。天父乎，盍不迅速援手拯我、救我，使我不受羞恥至極也。

朝課後審閱戰報，召見鴻鈞，商談美援接收辦法與方鍼，與墨三、頌雲談健生工作問題，批閱公文。下午接見美援主持人賴普漢[3]等，其人甚誠實也。晡與經兒車遊湯山，彼稱俄國革命至最後艱難與天災人禍一段歷史，以及當時列寧[4]領導之精神與方法，不勝為之興奮。三個月來消沉之氣，至此方有一線生意與樂觀，恢復我奮鬥精神也。晚課。

1　徐傅霖，字夢巖，民社黨籍，曾任國民政府委員，第一屆副總統選舉候選人。時任民社黨中央常務委員兼宣傳部部長。本年7月，獲聘總統府資政。
2　指經濟部政務次長劉泗英、農林部政務次長謝澄平。
3　賴普漢（Roger D. Lapham），又譯拉普漢，美國政治家，曾任舊金山市市長，時任經濟合作總署中國分署署長。
4　列寧（Vladimir Lenin, 1870-1924），俄羅斯政治家，領導十月革命推翻俄羅斯帝國，蘇聯創始人。

六月九日　星期三　氣候：晴　夜雨　溫度：九十

雪恥：一、民眾自衛特捐。二、地方自衛武器之籌備與設計。三、部隊辦公費之增加。四、各綏靖區總體戰工作成績之檢查。五、改造本黨方案之研究。六、改造同志會應否成立。

朝課後追記四月反省錄，審閱戰報，批閱公文。與果夫商談中央財務委員會增加名額及處理黨費，與派定保管人員。十一時到新博物館參觀古物陳列品，安陽出土之商代大鼎以及毛公鼎亦陳列其間，此為抗戰勝利後，民間收藏者貢獻於余，祝六十之壽者，余皆轉獻於中央博物館也。正午宣傳會報，下午召見巴大衛及盛文[1]、彭善[2]等後，召見各省市黨部主任委員，只向中央要求經費，而不能自反自強，且長留京中不去，應訓斥之，使之覺悟也。晚課後，約翁院長談話。

六月十日　星期四　氣候：大雨　下午晴

雪恥：滬市物價以端午節近，兼之各方法幣皆向上海流入，因之百貨暴漲，白米每石已至七百萬元，美鈔聞已漲至一百五十萬圓，經濟危險至此，比軍事更足憂慮，此皆子文種其禍根與惡因，而余之疏忽過信，所用非人，實應負其重責也。上海經濟應速謀澈底改革之道，方能挽救此危局。天父乎，盍不速賜更大恩德，以解我中華民族之倒懸，勿使子民長受此恥辱也。

朝課後約墨三來談，健生續辭華中剿匪命令，余意以墨三兼任其職，准白辭

1　盛文，字國輝，湖南長沙人。1947 年 3 月，任西安綏靖公署參謀長，籌備執行延安攻略計畫。1947 年當選第一屆國民大會代表。
2　彭善，字楚珩，曾任第十集團軍副總司令、武漢警備司令等職。1948 年 7 月出任中央訓練團副教育長。

去亦可,惟敬之則不然也。召見宴〔晏〕陽初[1]等談農村教育與美援事,十一時召集立院中之學者中立派二十人,約談一時半,覺有益也。下午一時後,妻由上海冒險惡氣候回京,安全到達,轉憂為喜也。四時前召見敬之等商白事,四時召見立委王溥〔蒲〕寒[2]等二十人,談話畢,會畢範宇[3]君。

六月十一日　星期五　氣候:晴雨

雪恥:昨晡與妻車遊湯山回寓,審閱戰報後,晚課畢,手繕先系考序一頁,十時後沐浴。

注意:一、黨務、政治、軍事、經濟各項業務皆已百孔千瘡,憑〔瀕〕於崩潰之境,但不能百事並舉,必須先其所急、擇其最急最要,而且是根本問題,其惟改造黨務為第一,其次則為軍事與經濟亦應同時並舉。二、改造經濟應以上海為先也。三、第二〇二師師長調彭鍔,江蘇省府調李先良[4]。

朝課後審閱戰報,指導各區部署畢,召見岳軍,彼由川回京也。手繕先系考序,正午約宴德鄰等,以今為舊歷端午也。下午仍繕先系考序畢,應再繕一份也。召見英國東南亞專員麥唐納[5]後,車遊靈谷寺,晚課後用餐,十時後就寢。

1　晏陽初,四川巴中人,時任中華平民教育促進會總幹事,本年 10 月起任中國農村復興聯合委員會委員。
2　王普涵,號蒲寒,陝西渭南人。曾任國民參政員、制憲國大代表,時任第一屆立法委員。
3　畢範宇(Francis W. Price),美國傳教士,金陵神學院教授,蔣中正私人顧問,戰後主持中華全國基督教會全國總會的鄉村工作。
4　李先良,江蘇吳縣人。曾任山東省政府委員兼魯東行署主任、制憲國大代表。1945 年 8 月至 1948 年 7 月,任青島市市長。
5　麥唐納(Malcolm J. MacDonald),英國外交官、政治家,曾任殖民地事務部部長、駐加拿大高級專員,戰後出任駐東南亞事務專員。

六月十二日　星期六　氣候：陰雨

雪恥：朝課後審閱戰報，批閱公文，清理積案。正午哲生來見，乃悉立法院委員上午對翁院長施政方鍼報告多加責難，其質詢且越出範圍，失態不敬，令行政院各部會長氣憤難受，尤以組織部所屬一派賴璉[1]、蕭錚[2]之態度更為惡劣。聞之痛憤，乃召果夫嚴加斥責，以此輩皆為其一手所培植之幹部，而今竟出此反動言行，徒貽反對者所快，不僅為共匪造機會，使我黨自取滅亡而已。事後思之，似覺苛責太過也。下午批閱要公，召見劉健羣[3]等數人，指導作戰要領。近日中央及各地將領對部隊之調動與匪情之判斷，皆陷於輕妄與被動之弊，而不能沉着持重，立在主動地位，徒使部隊疲於奔命，殊為可慮。晚課後，約翁院長來談對立法院不規行態之辦法。

上星期反省錄

一、近日事多煩燥，輕忽出言，又易痛斥深責，而且過甚其詞，徒傷心神，不僅於事無補，甚至自失威信，其實只要我能沉默寡言，不輕發怒，自重自愛，則人人皆樂為我用，不僅從命而已，今後持身急務惟在持志慎言而已。

二、今日救國自救之道，在我惟有止定靜安、沉默寡言，以黨政軍學之形勢雖已頻〔瀕〕於破產崩潰之境，然而自信基礎尚在，人心未去，只要我能不急毋燥，持志自守，養氣戒怒，一切信仰天父，聽其處置，忍耐等

1　賴璉，字景瑚，曾任西北工學院院長、教育部常務次長等職，時任第一屆立法委員、國民黨中央海外部副部長。

2　蕭錚，字青萍，曾任中國地政學會理事長、中央政治學校地政學院主任、經濟部政務次長、制憲國大代表等職，時任第一屆立法委員、中國土地改革協會理事長等職。

3　劉健羣，原名懷珍，字席儒，貴州遵義人。曾任三民主義青年團副書記長。時任第一屆立法委員，12 月當選立法院副院長。

候，深信屆時必賜恩福，獲得拯救也。以自余革命以來，每逢大難奇禍，如憑個人能力，則萬無幸存於今日之理，尤以經兒留俄被扣，絕無回國團圞之理，然而卒邀天眷，果得生還，父子相見，豈非天佑乎。

本星期預定工作課目

1. 智囊團之人選與分組之實施。
2. 召見立法委員之次序。
3. 總預算之指導。
4. 整理黨務方案之研究。
5. 上海經濟改革之根本方鍼，以及地產房屋與外鈔黃金之歸公計畫，難民與工作。
6. 華中剿匪總部與武漢綏靖公署之界限與職權。
7. 高級將領霍揆章〔彰〕[1]、關麟徵[2]、杜光亭[3]之召見。
8. 監察委員之聯絡與召見。
9. 熱河與北平、湖南、浙江省市人選之決定。
10. 軍事總檢討會議之準備。
11. 總體戰之督導。

1　霍揆彰，字嵩山，湖南酃縣人。曾任青年軍編練總監部代總監、雲南省警備總司令等職。時任第十六綏靖區司令官，1949 年改編為第十一兵團，仍任司令官。
2　關麟徵，字雨東，陝西鄠縣人。1947 年 10 月，任中央陸軍軍官學校校長，11 月當選國民大會代表。1948 年 1 月，任陸軍副總司令，仍兼軍校校長。1949 年 8 月，升任陸軍總司令，11 月退隱，留居香港。
3　杜聿明，字光亭，陝西米脂人。1948 年 6 月，任徐州剿總副總司令兼第二兵團司令官，9 月轉任東北剿匪總司令部副總司令兼冀熱遼邊區司令官，11 月指揮東北國軍從葫蘆島撤退。再回任徐州剿匪總司令部副總司令兼前進指揮部主任，1949 年 1 月被俘。

六月十三日　星期日　氣候：雨

雪恥：今後對國際與中國共匪，皆應沿海岸線各省市口岸為主要地區，不應再以抗戰時代之西北與西南為根據地，故江、浙、閩、臺當為剿匪與對國際戰爭為核心堡壘，應有整個統盤之計畫，當有以急圖之。

朝課後與墨三談話畢，到中央訓練團兵役班及監察班，舉行開學與畢業典禮訓話，回寓。召見彥棻、擴情，指示立法院委員對行政院施政報告無禮無法之不規態勢，應加糾正與停止質詢之辦法。下午再繕先系考序，與召見道藩、布雷以及健羣等，皆為立法院問題也，翁院長[1]與王財政部長[2]皆表示辭職，以不堪立法委員之污辱也，奈何。晚課後，與健羣研究黨務，十時半就寢。

六月十四日　星期一（上弦）　氣候：晴

雪恥：一、發朱霽青[3]、錢公來[4]經費。二、地方制度與分權。三、川、滇保安團隊之增加。四、傷兵招待與娛樂應由政工負責指導。五、二〇三師獨立旅速調京。六、黨政軍學整頓綱領與重心之研究。七、對共宣傳。八、整黨：甲、財產登記。乙、黨員工作與生活之保障。丙、民生主義與消滅共匪為目標。丁、經濟：官兵、公教人員生活待遇合理化。戊、勤儉作風。己、改造社會。庚、精神與思想運動。辛、以實行主義來改造本黨。九、指定部隊專剿某一匪部。十、綏靖區之部隊之指定：甲、保安團。乙、自衛隊。

朝課後審閱戰報，批閱公文，約岳軍來談兩黨交涉與智囊團之組織，召見傅

1　翁院長即翁文灝。
2　王財政部長即王雲五。
3　朱霽青，自清末同盟會時期開始，即致力東北地區黨務。前改組派成員。曾任同盟會奉天支部長、正太鐵路局局長、國軍風紀巡查團委員、東北行轅政治委員會委員等職。
4　錢公來，原名惠生。自同盟會時期開始，即投入東北黨務、軍事工作。前改組派成員。曾任同盟會奉天支部文事部長、東北國民救國軍指揮總監、國民參政員、制憲國大代表等職。本年 5 月，以個人名義函陳蔣中正「對東北軍政之檢討與建議」一文。

涇波，密報馬歇爾反華之態度。下午繕正先系考序第二遍，仍不洽意也。本日立法院對翁院長施政報告之態度完全改善，翁亦心安，一場風波又算過去，而立法院之職權與態度總應設法根本解決也。晚課後會翁、陳[1]。

六月十五日　星期二　氣候：晴

雪恥：一、各醫院病傷兵痊癒者應編隊。二、新思想運動。三、科學的基礎。三[2]、改革方案。四、民主與道德。五、約見李應生[3]、端木傑[4]、陸福廷[5]、蕭公權。六、地方團隊用征兵制。七、改正官長生活。七[6]、五軍副熊笑三之父[7]為共匪。

朝課後審閱戰報，召見周至柔[8]談空軍增強方案。魯西匪部以全力包圍我第五軍之態勢已成，亟謀制勝之道，手令胡璉率十八軍由駐馬店向商邱急進，增援邱軍[9]也。批閱公文，下午重繕先系考序後，五時在總統府招待各使節茶會，此自就職以來一應酬之要務也。晚課後，約翁院長等商談下半年總預算方鍼，至十時半方畢。

1　翁、陳即翁文灝、陳立夫。

2　原文如此。

3　李應生，字運啟，曾任安徽省政府委員、阜豐公司董事長、制憲國大代表等職，時任第一屆立法委員（安徽省第一選區選出）。

4　端木傑，字文俠，曾任軍政部後方勤務總司令部副總司令、糧食部政務次長等職，時任第一屆立法委員（安徽省第二選區選出）。

5　陸福廷，號心互，曾任交通部隴海鐵路局局長、制憲國大代表，時任第一屆立法委員（安徽省第一選區選出）。

6　原文如此。

7　熊笑三，字肅三，號筱珊，時任整編第五師副師長。其父熊瑾玎，曾任新華日報總經理，抗戰勝利後歷任晉綏日報副經理、中國解放區救濟總會副秘書長。

8　周至柔，原名百福，字至柔，以字行，浙江臨海人。曾任航空委員會廳長、參事、主任。1946 年 6 月，調任空軍總司令。1950 年陞任參謀總長，仍兼任空軍總司令。

9　邱軍即邱清泉所部。

六月十六日　星期三　氣候：晴

雪恥：米價每石已漲至九百八十萬圓，以後將繼續飛騰，經濟情勢已至最險惡之境地。立法委員除在其院內對政府無端攻訐、不堪入耳之言以外，其如劉百閔[1]、黃宇人[2]皆對新聞記者公開詆毀余個人為反動、為專制，並誣辱本黨為反革命之黨。此輩身為黨員，而且皆為黃埔學生，由黨培植送其出洋留學者，今竟反噬背逆至此，不僅為共匪張目，而且為外國利用，使本黨自取滅亡之途，如不有對天父之信心與本身人格之自信，則早可自殺以了一生矣，痛苦極矣。

朝課後到常會主席，提出司法與考試二院長，無言通過，然而老者未被推舉，極見不願之色。批閱公文。正午宣傳會報，下午召見立法委員十餘人，另召見三人。晚課後，約美國海軍司令白傑夫婦等宴會。本日應接賓客時，自覺心身甚不安定也。青年黨又以退出政府相要脅，可痛。

六月十七日　星期四　氣候：晴陰

雪恥：約見朱仰高[3]醫生。一、電衛立煌，以錦州訓練與指揮歸范[4]統一全權辦理。二、調查京滬路各縣存糧及登記令。三、南京總體戰之實行。四、中美組織共同宣傳機構。五、劉璠[5]調劉誠之[6]。

1　劉百閔，原名學遜，字百閔，曾任國民參政員，時任第一屆立法委員。
2　黃宇人，貴州黔西人。曾任三民主義青年團貴州支團部籌備主任兼中國國民黨貴州省黨部主任委員、國民參政員、三民主義青年團貴州支團部幹事長等職。1948 年在貴州省第二選區當選第一屆立法委員，1949 年 6 月移居澳門。
3　朱仰高，名慶鏞，字仰高，浙江嘉善人。在滬行醫多年。抗戰時期赴重慶，曾任軍事委員會侍從室醫官。戰後接收上海公濟醫院，任院長。
4　范即范漢傑。
5　劉璠，字資航，歷任交通警察總隊副總隊長、南京憲兵司令部訓導處處長等職。
6　劉誠之，河北完縣人。1945 年 8 月派任北平市警察局局長。1947 年 11 月在原籍當選為第一屆國民大會代表。

朝課後審閱戰報，批閱公文，召見方覺慧[1]等後，清理積案。正午約鄧錫侯等聚餐。下午再繕先系考序，召見五人，審閱戰報，手覆邱清泉、胡璉二軍長電稿，將領驕矜與不睦最使人傷心也。馬歇爾必欲設法將其援華案全部推翻，使中國立即崩潰，而後方快其心，不料此人陰狠狹隘，不顧大體一至於此也。桂系以為只要余為其推倒下野，則其一切計畫即可順利成功，何其狂妄至此耶。

六月十八日　星期五　氣候：晴

雪恥：當此疑懼驚撼、存亡危急之秋，惟有堅忍持重，自強不息，而以止定靜安四字為處世立身之道，不慌不忙、勿忘勿助，以邀上帝之眷顧，而待駭浪之平定，則此時軍事、政治、黨務之大權仍操之在我，若我不自動搖，未有能搖動者。經濟、外交與匪情、政局雖極嚴重，實為二十年來所未有之難局，待自信天父既愛護我在前，穩度各種難關，賦予我以使命，決不中途遐棄，使我愧為上帝子民也。馬歇爾、史大林等之作惡，其能如余何耶。

朝課後審閱戰報，召見墨三、布雷等，伯苓辭考試院長，手覆慰留之電。青年黨曾琦以不得考試院長，宣言退出政府，可恥。批閱公文，下午繕正先系考序完，指導增援開封方略，各方共匪完全立於主動地位矣。召見五人，晚課後用餐。本日憂患甚切，黨政軍經皆甚危急，令人驚惶不置，但信心仍堅定如常。

1　方覺慧，字子樵，曾任中國國民黨廣東省黨部主任委員、湖北省黨部主任委員等職。時任第一屆國大代表。

六月十九日　星期六　氣候：晴

雪恥：一、電令衛[1]予范漢傑全權指揮錦州、榆關各軍及負責訓練。二、整黨之方式。

民族傳統精神之偉大，革命歷史基礎之雄厚，中華文化與先人德業之崇高，以及今日陸、海、空軍事實力之存在，以理以勢，決不為共匪狡詐兇惡之勢力所推翻，何況上帝恩澤獨眷顧於我耶。今日形勢之險惡，實乃由人事組織、訓練制度與力行不足有以致然，應在此深加研討而篤行之。

朝課後審閱戰報，研究增援開封計畫。據報已有一部突入城內東南角，不勝憂慮之至，批閱公文。正午與妻遊視紫霞洞原址，相度面積，擬重建也。在正氣亭野餐，心神為之舒展，眼界亦甚寬廣也。下午會客後，審閱戰報，甚為開封戰況懸念不置也。晚課後，在月下與妻敘談心事，聞樂消愁，十時後就寢。

上星期反省錄

一、軍事始因魯西第五軍在金鄉以北地區孤立無援，又恐在定陶之第七十五師被匪包圍阻絕，乃直令該師速移城武與第五軍靠近，以期集中兵力擊滅陳毅匪部，不料此舉反使匪由定陶空隙南竄，與其豫南之第三、八兩縱隊策應，襲擊開封，鑄成大錯，乃為部屬含怨，此真干涉太過之罪也。近來對軍事之指導，自覺滯鈍貽誤，不如暫不置理，一任各主管與前方將領之負責斷行為宜，自我只有止定靜安，多加修養，一如荒漠甘泉所言，站住等候，不喪膽、不絕望，絕對服從神的旨意而已。

二、經濟情況江河日下，米價每石已至一千十萬圓矣。

三、青年黨聲明不參加政府之事，不足輕重也。

1　衛即衛立煌。

本星期預定工作課目

1. 對匪作戰之要略：甲、對匪野戰軍之如何消滅。乙、對各地土共之如何肅清。
2. 管制物價，尤其糧食管制之籌辦勿緩。
3. 提出整黨方案與方式之研究。
4. 立法委員黨員之登記及組織着手之方式。
5. 準備召集經濟研究會議（改革幣制）。
6. 總預算案之提出。
7. 軍事會議之準備。
8. 提孫渡為熱河主席。
9. 對西北各省之政策，陝省主席之決定。
10. 外交政策研究會議。
11. 秘書長人選之決定。

六月二十日　星期日　氣候：晴

雪恥：一、開封城內只固守龍亭等少數據點，省政府被匪火攻已起大火，未知劉[1]主席等下落如何，不勝焦灼。而河南省來京請願代表盤繞不休，其情可憫，而其怯懦哀憐之狀殊為可痛。加之經濟情勢日劣，外債到期無法償還，所謂智識階級者又被共匪宣傳，以反對美國扶助日本相號召，乃以反美為反對政府之張本，人民之愚弱，學者之糊塗，政客之鼓盪，奸商之作惡，加之美國之侮華，兼此數者，更足以張共匪之勢燄，而陷國家於危殆也。憂心忡忡，不知所懷。

1　劉主席即河南省政府主席劉茂恩。

朝課後審閱戰報，知開封更危矣，接見河南代表等，心神焦急，惶惶如有所失。正午在譚墓[1]野餐，下午會客，決定湘、浙、熱、平各省市主管人事後，與妻野遊，甚悶。晚課如常。

六月二十一日　星期一（望）（夏至）　氣候：晴

雪恥：一、對西北諸馬之政策。一[2]、電石軍長[3]，對孫渡主熱應推重其領導，並團結奮鬥。三、電衛[4]錦榆段國軍指揮訓練皆授范漢傑全權辦理，使之能發揮長才，速收功效。

朝課後接報，河南在京之立、監各委等九十餘人，昨夜在官邸衛兵所請願，哭泣無狀，至深夜一時後方勸散，並稱今日仍欲來請願。此種人士無智無能，可憐可歎，余乃決心今日親飛鄭州，督導各軍增援開封，以從若輩之要求，並順飛西安視察，一換南京悲戚煩悶之環境，或可略事休養也。上午到政治會議主席，通過重要人事與聽取美援與俄國外交意見後已十二時，乃回寓。與健生談話，其要求與部署糾纏不休，並要求隨便簽准，余卻之。下午三時到鄭州，聽取孫震[5]主任等前方軍情報告，乃知開封城內各重要據點仍由我第六十六師固守中也。處理一切，四時後起飛。

1　即位於靈谷寺旁的譚延闓墓園。
2　原文如此。
3　石覺，字為開，廣西桂林人。時任第十三軍軍長、熱河省保安司令。本年11月，任第九兵團司令官，防衛北平。1949年1月，傅作義投共，與傅決裂，飛返南京。
4　衛即衛立煌。
5　孫震，字德操，號夢僧，曾任第二十九軍軍長、第二十二集團軍副司令、司令。時任徐州剿匪總司令部鄭州指揮部主任，旋調華中剿匪總司令部副總司令兼川鄂邊區綏靖公署主任。

六月二十二日　星期二　氣候：陰雨

雪恥：昨晡六時到西安，進駐王曲常寧宮舊址，以期略事休養也。晚課如常，十時半就寢。

感慨：環境險惡，情勢緊迫已甚，此時只有靜候神的旨意與拯救，停止一切自我的活動，一心專靠神的處置。但我欲靜止不動，而環境迫促更使我無法靜止與不動，此誠為有生以來所未有之遭遇，幾乎不知所止。國家之大、宇宙之廣，已無我安身立命之處，前途茫茫，惟深信上帝必不使我終受恥辱到底，不然何必賜予我過去如此之洪恩與深澤也。

朝課後令發各方要電，處理公務畢，與宗南談話，訓誡其過去之錯誤要點，以及指示今後改正要務，下午又與宗南討論匪情及陝局。晚課後，忽得開封各據點已於十五時淪陷之報，殊所不料，省府自劉[1]主席以下以及李仲辛[2]師長恐已被匪一網打盡，此實剿匪以來之奇恥也。

六月二十三日　星期三　氣候：雨

雪恥：昨晡以開封、龍亭等據點盡陷，憂惶不置，省城失陷，省府主席如被俘不能殉職，則以後於各省政治與人心之影響殊非淺鮮，甚歎上帝何以必欲使余受此試鍊耶。但余決不因此失望，更不因此喪膽。如余果作最後犧牲之準備，則一切處置與計畫無所用其憂懼，而況乎今日軍事之基本實力尚未動搖，而且大有所為，自信其必蒙天佑，且有轉敗為勝、轉危為安之一日也，何憂何懼。

本日朝課後，審閱戰報與指導部署畢，獨在「眼前生意滿亭」中消遣，甚欲

1　劉即劉茂恩。

2　李仲辛（1912-1948），曾任第六十六軍第一八五師師長、整編第七十五師副師長等職。時任整編第六十六師師長，於本日共軍攻陷河南開封時陣亡。

止定靜安,停止一切活動與思慮,聽候天父指示也。午傍循潨水溪傍,與妻攜手遊行,將常寧宮西北方山坡上下巡遊一匝,其宮前形勢不如宮後擴寬也。下午在亭中研讀聖經,閱報。晚傍巡遊宮頂上坡一匝,晚課如常。

六月二十四日　星期四　氣候:陰晴

雪恥:一、經濟以改革幣制為本,如以已有現款與美援物資為基金,而將原有通貨存儲收兌,發行新幣何如。二、軍事應從小範圍與一個單位做起,此乃根本之圖,其次為戰略則應先肅清淮漢以南地區殘匪而鞏固之,再圖清除黃河以南地區之主匪何如。三、政治以黨務為本,召集黨中元老提案由總裁全權整頓與改革黨務。

朝課後研究聖經,批閱積案。正午文白由蘭州來見,相談西北情形約一小時,聚餐。下午翻閱力行哲學及三民主義之體系與實施程序小冊,不勝愧悔,今日行憲所以陷於重圍與自討苦悶者,即不能依照余自所言者力行之罪也,應知無論如何環境之壓迫,如能依照預定之程序而不違反主義之精神,則最後必獲成功,否則雖敗亦榮,且得安心也。召見馬鴻賓[1]與馬步芳[2],散步後晚課。

1　馬鴻賓,字子寅,曾任寧夏省政府主席、第八戰區副司令長官兼第十七集團軍總司令等職。時任西北行轅副主任。本年9月起,改委為西北軍政長官公署副長官。

2　馬步芳,字子香,1937年起,任青海省政府主席迄今。本年9月起,原兼西北行轅副主任一職,改為西北軍政長官公署副長官。

六月二十五日　星期五　氣候：晴

雪恥：昨夜以立法院要求檢討河南軍事失利之原因與追究責任所在，此乃橫加干涉，無理處〔取〕鬧之行動，不勝憤悶，乃擬電稿責備河南立法委員之不法與黨員不負責任、不知失職，而徒責軍隊與政府，實為本黨黨員無道德、無紀律、無責任、無廉恥之可悲，令其覺悟自反之。又接德鄰以余不在京中，其擅令空軍備機飛平，而不先得余同意，未知其究何作用，故更覺煩惱，因之午夜以後未能安眠也。

今晨朝課後處理要務，九時到渭北軍事檢討會議，直至下午一時半方畢，聚餐。四時召見高級將領十八員畢，記事。得劉主席茂恩已脫險到達第五軍部，數日夜夜懸慮為之一慰，但究不知此消果確否耳。申刻在眼前生意滿亭，獨坐靜思，澈悟消滅共匪之道，惟有提倡基督教會，以天主教之制度組織與精神，方能澈底消滅共匪也。晚課後，禱告天父，指示國家前[1]

六月二十六日　星期六　氣候：晴

雪恥：[2] 途之究竟如何，乃得民數記第十六章，無任感動。此與我十一年半以前在西安蒙難時所得之指示，即耶利米記：上帝欲創造一件新事，使女人護衛男子之意，與今日所得亦上帝欲創一件新事，使遏拉一黨完全覆滅之兆相同。甚望天父能早日賜我中華洪恩，迅速覆滅共匪為禱。

朝課後與文白同車到翠華山麓，公祭劉戡、嚴明、徐保[3]三將軍之墓後，對高級將領六十餘人訓示約一小時餘，對共匪宗教式之鬥爭，我國軍亦必須以宗

1　接次日雪恥項下。原日記格式如此。
2　續昨日記事。原日記格式如此。
3　徐保（1909-1948），字養安，曾任新編第三十七師師長、第二十八師師長、整編第二十八旅旅長等職。1947 年 11 月起，任整編第七十六師師長。本年 4 月，於寶雞戰役陣亡。

教精神為基點，更須官兵信仰宗教，以宗教為精神所寄托，方能克服此一奸匪也。正午與張、胡、祝[1]等登翠華山遊覽，風景蕭條，而龍頭槐樹仍對立如故，聖母廟前之古松亦高插雲霄，可慶也。野餐後，即下山回寓。據報我軍已收復開封，但此心並不為快也，召見馬繼援等六員。

上星期反省錄

一、本週開封失而復得，河南在京之立、監委與國大代表無志節、無廉恥、自私自利、偷生怕死，以人民代表名義而不知負責盡職，無法無天，詆毀政府，侮辱軍隊，為共匪張目，為本黨敗類，在立法院中提案質審，形動狂犬噬人。民主政治至此，不勝為國家前途悲愴之至。

二、巡視汴、鄭，來陝察訪，俾得暫離南京鬱悶苦楚之環境，以期變換空氣，清新腦筋。

三、自國民代表大會以來，政治失敗，軍事棘手，經濟崩潰，美馬敵視益深，外交陷於孤立，此雖為共匪內亂所造成，而使我國今日陷於如此絕境者，實皆由馬歇爾一人陰狠殘忍有以致之，此乃由余遷就環境，不知自主，違反主義之過。今爾後惟有上帝旨意與主義原理是從，及今悔改猶未為晚。

四、本週五、六兩日，上海物價飛漲，石米至二千三百萬元，美鈔至四百三十萬元，經濟已呈崩潰之象，危極矣。

---

1 張、胡、祝即張治中、胡宗南、祝紹周。祝紹周，字芾南，時任陝西省政府主席，7月卸職。後任京滬杭警備總司令部副總司令兼政務委員會秘書長。

本星期預定工作課目

1. 侍衛守則與信條之製訂。
2. 政工人員負部隊經理考核與公布之責。
3. 本藉〔籍〕新兵就地補充，必須由政工與部隊長根究其原藉〔籍〕與姓名，俾嚴訂緝逃法規。
4. 總體戰實行以前之準備與研究。
5. 黨政軍經必須一元化，由一人兼任。
6. 整黨方案之手續與方案。
7. 經濟政策之研究。
8. 剿匪新戰略與部署（定區域定匪部目標）。
9. 調宋希濂[1]回來。
10. 總預算案之審定。
11. 秘書長人選之發表。

六月二十七日　星期日　氣候：大雨　地點：西安

雪恥：昨晡批閱公文，晚課如常。得京電稱以余不在京，謠諑頻興，黃金與美鈔狂漲，物價亦隨之飛騰，不勝沉悶。共匪之宣傳造謠，使我軍隊、政治、經濟、社會與人心動盪已極，對此共匪之毒燄與四億之阿斗無知無恥，不知天父如何拯救矣。惟有靜待默禱，以聽天命而已。

朝課後與文白談話三小時，彼主張只有聯俄，然後可以解決共匪內戰問題，在此險惡之局勢，應速斷速決，萬不可拖延再誤。彼以為只有在政治上取新行動，而後方能挽回軍勢，並主張美、俄並重，取得中立與舉足輕重地位，

1　宋希濂，字蔭國，湖南湘鄉人。曾任第七十一軍軍長、第十一集團軍總司令等職。時任新疆警備總司令，9 月調任華中剿匪總司令部副總司令兼第十四兵團司令。

其實皆不切實際之談也。下午批答文電，召見要員，約耆紳與黨政軍各主管茶會，講演。晚課後，約郭懺與宗南聽取補充軍品報告，十時後就寢。

六月二十八日　星期一　氣候：上陰雨　下陰晴

雪恥：朝課後清理積案，批閱要公後，召見高級將領，指示整軍訓練與實行總體戰之要旨。午餐後由常寧宮出發，下午十二時半起飛，二時到鄭州，召見劉茂恩，加以勗勉，撥發開封善後救濟費三千億圓慰之。五時起飛，七時回京，召見經兒，乃知米價每石已漲至二千餘萬億[1]，美鈔為三百萬餘圓，殊駭聽聞，此乃奸商與共匪互相利用，完全由人為所造成，而決非物價本身之事也。故對於上海經濟與物價，非痛下決心澈底解決，不能生存矣。晚課如常，與俞鴻鈞及翁院長通電話後，藉知上海金價與市價比昨日降低一、二成，但非根本之計。閱經兒對經濟條陳，甚為扼要，彼極以軍事與經濟崩潰不能避免為慮，余反泰然自得，惟以盡我人事，聽其天命處之。

六月二十九日　星期二（下弦）　氣候：晴陰　夜雨

雪恥：一、令陳繼承送孫渡就熱河主席。二、青年黨二部長問題應速解決。三、上海經濟物價問題之解決方案與組織。四、陝西省主席人選之提出。五、軍醫署派消毒組到開封協助。六、第六十六師師長之人選。
朝課後，對鴻鈞指示其對幣制改革與平抑物價之要旨與方法畢，指導中原作戰部署後，訓練會報。下午批閱公文，會客，召見翁院長、王財長[2]，商議改

1　原文如此。依六月時價，應為「二千餘萬圓」。
2　行政院院長翁文灝、財政部部長王雲五。

革幣制及平定物價之根本辦法，彼等提議經兒主持其事，余以為經參加其事則可，主持則不宜也。與王外長[1]談外交情勢及美援協定後，郊遊即回，晚課。晚報載北平大學教授周炳琳[2]等通電反對轟炸剿匪，完全受匪之宣傳，幾乎百犬吠聲之勢，可痛極矣。

六月三十日　星期三　氣候：陰晴

雪恥：一、召集監察委員，說明大法官與考試委員人選與同意。二、約見預算有關之立法委員。三、電約張伯苓院長來京。

朝課後審閱戰報，批閱公文，約墨三與聿明各別談話，聿明尚明大體也。令薛參軍長[3]赴開封，辦理李仲辛師長喪事及慰問軍民，彼以家中小孩有病卻之，此人實太不知其本分，我高級將領避重捨責、無知無恥至此，令人悲痛之至。正午宣傳會報，對經濟、對學潮、對開封之役、共匪謠諑與教授反對轟炸，及南斯拉夫與柏林美俄情勢，皆有討論與決定對策。下午得報，以區壽年[4]兵團在杞睢之間龍王店一帶被匪包圍，情勢至險，而第五軍在杞縣坐視不救，憂憤無以復加，乃速下手令空投邱[5]軍長督其馳援，直至六時後方見其出動也。

1　外交部部長王世杰。
2　周炳琳，字枚蓀，1931 年起，長期擔任北京大學經濟系教授兼法學院院長。
3　薛岳，原名仰岳，字伯陵，廣東樂昌人。曾任湖南省政府主席、徐州綏靖公署主任等職，時任總統府參軍長。12 月調任廣東省政府主席。
4　區壽年，曾任第二十六集團軍副總司令、第六綏靖區副司令等職。本年 6 月任第七兵團司令官，在豫東戰役期間被俘。
5　邱即邱清泉。

上月反省錄

一、柏林美俄交惡之加劇。

二、西德幣制之實行及歐東共產國際之會議。

三、南斯拉夫狄托[1]反俄之態勢。

四、美國公開宣布扶助日本經濟復興，共產國際從中發動反美扶日運動，因之中國大部智識分子皆為其煽動，於是反美高潮澎湃，幾有不可遏止之勢。其實俄國以此誘引國人仇日反美，以掩沒其扶助中共侵略中國之萬惡，兼以反蔣，希圖推倒我政府也。

五、大局之危險困阨，至開封淪陷為其極點，乃知歷代亡國之原因並不在於敵寇外患之強大，而實在於內部之分崩離析所致。尤以親近左右之幹部不知自強自立，而一意推諉塞責以求自全，其心理完全為共匪宣傳所麻醉，只怪他人，互忌抱疑，而不肯為國家、為其職責，減損絲毫之權益與名利。凡一切失敗責任，皆推至元首一身，甚至受共匪與內奸反動之宣傳作用，幾乎領袖之一舉一動、一言一令皆認為錯誤，皆以為越權，皆指為誤國。然而彼等不肯用一點心力以盡職責，所以立法委員與一般軍民皆因若輩之表現，更對國家與元首失其信心，於是共匪盜寇乃可不費力而冀僥倖佔勝。然而有余得蒙上帝護佑，未為若輩之侮辱與內外之逼迫所自戕，故共匪終未能售其奸計，否則共匪真可垂手而得天下矣。

六、五院院長選提已定，新政府大體已組織完成。

七、在憂患困窮中巡視西安，對西北局勢與軍事仍多顧慮，高級將領未能澈悟自強為最堪憂耳。

八、李宗仁月杪赴平，白崇禧赴武漢就華中剿匪總司令職。

1　狄托（Josip Broz Tito），南斯拉夫共產黨總書記、總理、國防部部長。二戰後倡導與蘇聯不同路線的共產主義，被稱為狄托主義。

蔣中正日記

Chiang Kai-shek Diaries

七月

蔣中正日記
Chiang Kai-shek Diaries

民國三十七年七月

本月大事預定表

1. 中原戰局之決定。

2. 上海經濟與物價之解決。

3. 幣制改革之實行。

4. 黨務整理之方鍼與方案。

5. 下半年總預算案之通過。

6. 司法、考試二院之成立。

7. 審計部長之提出。

8. 東北出擊準備之督導。

9. 美援協定之成立。

10. 華中戰略部署及各兵團司令官人選之決定。

11. 陝西軍隊之充實與特別組訓。

12. 陝省政府之改組。

13. 部隊長以查清新兵真實姓名、居住原址及其家庭實況為惟一要務，檢閱考
    績亦以此為要目。

14. 輸卒不足之部隊寧可減少單位，充實輸力。

15. 燃料、馬乾、鞋子輸力解決之辦法。

16. 甲種師無擔架之編制應改正。

17. 審問俘虜應規定負責專人，不准無責者審問。

18. 空運交換各地區原地之新兵。

19. 各師不足之兵額應抽空單位為補兵之部隊。

20. 防守重於進攻，以情報不行之故。

21. 情報與捕俘。

22. 聯坐法之重提。

23. 激勵將領廉恥心，提高互信互助之精神。

24. 總體戰之實行與埋糧遷丁之督行。

25. 踐履篤實之風氣。

七月一日　星期四　氣候：晴

雪恥：昨晡以第五軍邱清泉與七十五師長沈澄年交惡之故坐視不援，又加以薛岳之無知無禮，更令人悲激萬分，極歎自身之不知組織與往昔之一意姑息，以致今日效命報國者幾乎無幾人也。與妻車遊湯山，晚課後，召見翁、王、俞[1]協商幣制與平價方鍼及辦法甚切也。

預定：一、匪的兵力與火力之集中及其近戰之對策。二、滬經濟管制手續之準備：甲、戒嚴。乙、非法賣買金鈔者罰則之頒布及其機構。丙、交易所與投機黑名單之調查與準備。

本日朝課後指導戰局，區壽年兵團猶在龍王店一帶原有陣地作戰，此心略慰，以昨夜能安全渡過則危險已過大半為快。批閱公文，清理積案。下午召見姚從吾[2]、王徵〔之〕等十餘人，對於中原戰局，以第五軍進展甚緩，而且匪部防守陣地堅強為慮，以昔日匪不敢守，今則幾乎其防地不易攻克矣。晡與妻郊遊，晚課後入浴，會客。

1　翁、王、俞即翁文灝、王雲五、俞鴻鈞。

2　姚從吾，原名士鰲，字占卿，一字從吾，河南襄城人。曾任北京大學、西南聯合大學教授。時任河南大學校長。

七月二日　星期五　氣候：晴

雪恥：朝課後，與經兒談上海經濟管制[1]方鍼，彼甚以上海金融投機機關無不與黨政軍要人有密切關係且作後盾，故將來阻力必大，非有破除情面，快刀斬亂麻之精神貫澈到底不可也。審閱戰報，驚悉龍王店陣地已於今晨四時斷絕電信，由空軍偵察回報該處已無聯絡符號，是已失陷矣，區、沈[2]二將領必已殉職或被俘，寸中昏悶已極，此乃全由邱清泉違令不進之罪惡，中原戰局因此嚴重萬分。將領自私自保，不能團結互助，而又怕匪避戰，毫無出擊精神，至此不能不歎軍事前途之悲慘黯澹矣。乃決心親飛杞縣，督促邱軍全力急進增援，以挽頹勢也。上午與布雷及司徒談話後即準備出發，下午二時起飛，四時到杞縣上空，以清泉不在，乃與其參謀長[3]通話後，先到徐州致函邱氏。本日以龍王店失陷，區、沈無下落，對軍事前途頓生悲觀，心神沉悶之至。茫茫前途，蒼蒼上帝，究不知如何作為矣。

七月三日　星期六　氣候：大雨

雪恥：昨晡在徐州機場寫信，令空投於邱清泉後乃回京，已七時半矣。在機上已晚課畢，故回寓祈禱後入浴。晚召見沙孟海秘書，審定宗譜總目錄，大

1　中國自抗戰中後期開始，出現惡性通貨膨脹的發展趨勢，及至戰後更加失控，中央政府祭出各式作為仍難奏效。邁入 1948 年後，蔣中正開始針對幣制改革問題進行布局，又考慮推行嚴屬的經濟管制措施。8 月 19 日，總統蔣中正發布《財政經濟緊急處分令》，宣布以金圓券取代法幣，限時收兌人民所有金銀外幣，並由行政院制定公布各項緊急處分辦法，嚴格管制物價，嚴懲囤積居奇者。其後，行政院又成立「經濟管制委員會」，規定在各重要地區設置「經濟管制督導員」一職，其中以上海最受各方注目，由俞鴻鈞擔任督導員，經濟管制委員蔣經國協助，實負全責。惟蔣經國在上海「打老虎」的行動雖然雷屬風行，但管制政策失之片面，環境亦多障礙，民間搶購風潮愈加不可收束，限價政策等於失敗。11 月，行政院長翁文灝請辭。
2　區、沈即區壽年、沈澄年。
3　李漢萍，號懷瑞，曾任傘兵第一團團長、突擊總隊司令、東北保安司令長官部副參謀長等職。時為邱清泉部第二兵團參謀長。

體甚妥也。

朝課後審閱戰報，中原戰局仍無進展，甚以匪力加強及其戰術更為進步為慮，邱清泉且言最近匪部對我反覆爭奪陣地，其火力與戰術已與當年之倭寇相等，又以我第五軍已相形見拙〔絀〕，似有竭蹶不勝之象，更增憂惶。上午到陸大正則廿一期畢業典禮後，批閱公文，正午召見畢範宇與顧孟餘聚餐，下午召集監察院委員茶會。接邱電稱劉匪[1]率三個縱隊已到杞縣西方，正待其對東方之匪消耗疲乏無力時再向其行包圍進攻，此乃匪必然之陰謀，第五軍實已陷於孤危自滅之境矣。天乎，何竟使余悲慘至此耶。

上星期反省錄

一、戰局已至最嚴重之階段，應作最後萬一之準備：甲、津浦南段之部署。
　　乙、京、滬、蕪之守備。丙、長春撤守之計畫。丁、瀋陽戰略之方鍼。

二、龍王店失陷，區、沈二將領不知下落，其非陣亡即又被俘。各軍師之間
　　只圖自保而毫無合作之精神。其次為將領只知防守而不敢進攻，可說毫
　　無鬥志，不知廉恥，此為失敗最大之原因。何以處之，惟有選將重訓，
　　使之明廉知恥為急務也。

三、對於改革幣制與管制物價已有大體之辦法，惟在實行與準備如何耳。

四、美援協定已經簽訂，惟美政府仍不令其商人售我最急用之空軍汽油，馬
　　歇爾褊狹冷酷，誠小人之尤者也。

1　劉即劉伯承。

本星期預定工作課目

1. 健全軍的組織，應從政工局與第一廳及監察局的人事業務與技術改進開始。
2. 各省黨務以省府主席兼任為原則，其主任秘書必須由中央派定，並對主委負責。
3. 改革幣制與統制物價之次第問題。
4. 編組野戰兵團人事與主軍之研究。
5. 第六十六師師長人選與補充地點。
6. 令宋希濂、杜聿明、關麟徵、陳明仁[1]帶兵。
7. 對匪戰術、戰略之檢討與具體對策之研究。連坐法之重申。
8. 立法與監察院提案權之解決。
9. 審計、考選、銓敘各部長人選之決定。

七月四日　星期日　氣候：晴

雪恥：昨晡接閱邱[2]電，憂慮異甚，如果第五軍被匪消滅，則國軍主力云亡。大河以南，華中匪勢無法遏制，是誠危極矣。晚課後，連夜召集參謀人員研究指導方鍼，又報第廿五師在董庄附近亦被匪壓迫，撤至帝邱店取守勢，而第七十二師復回鐵佛寺，不敢東進與廿五師靠近，又陷於孤立矣。十一時寢。今晨朝課後默禱，得上帝指示為「勝利」，以人事已盡，幾乎絕望，惟天父必有創作新事以吞沒匪部有以報之，今日惟有此一片至誠與信心仰邀天佑而已。

上午審閱戰報，榆廂鋪第七十五師之十六旅已被消滅矣，悲乎。記上週反省

1　陳明仁，號子良，湖南醴陵人。時任總統府參軍。本年 10 月，經白崇禧力保出任華中剿匪總司令部副總司令兼第二十九軍軍長兼武漢警備司令，後改任第一兵團司令長官。
2　邱即邱清泉。

錄，督導空軍協助陸軍作戰，校閱宗譜贈言志等卷。下午清理積案，召見程頌雲、李漢元[1]後，與妻車遊湯山。晚課後，召集參謀總長[2]等研究作戰方略，指導明日轟炸目標，十一時就寢。

七月五日　星期一　氣候：晴

雪恥：時至今日，更應論是非而不問利害矣。如余所敵者為黑暗、為暴亂，則無論其如何狡橫強暴，余惟盡心盡力以赴之，至於成敗利鈍則聽之於天父而已，但願天父旨意成功。

朝課後審閱戰報，到中央政治會議主席討論時局，猶覺憤激太過矣。記事。正午約吳國楨來談上海物價與經濟及幣制問題，下午清理積案，督促空軍助戰至力，召見新疆、西藏各代表四、五十人畢，與妻車遊郊外，以嚴責邱清泉之電未妥，故止而未發。此次中原作戰全由邱自私自衛，揚〔陽〕奉陰違，坐視不援，以致危急至此，但寸心雖憂愁萬分，而對天父應允余以中原勝利之信心甚堅也。晚課後，研究作戰計畫，劉為章以邱軍屢違嚴令，一面責備痛斥，一面且對統帥漸起輕侮之心，邱罪莫大也。

七月六日　星期二　氣候：陰　下午大風雨

雪恥：一、匪部戰術進步，動作悉照操典實施，而且對民眾方法變更，專示小惠與懷柔為主，其基本組織與掌握益見確實，此為最足憂慮之事，應切實研究對策，即戰術訓練、幹部組織如何能使之掌握確實也。二、李德鄰滯平

1　李漢元，1945 年 8 月起至 1949 年間任天津警察局局長。
2　參謀總長即顧祝同。

不回。三、對傅[1]接濟與美械之說明。

朝課前,電令杜聿明由徐飛汴赴第五軍指揮,予其全權,或能使戰局有轉機也。朝課後審閱戰報,第廿五師在帝邱店情勢危急,又被匪重重包圍,官兵怯餒無氣,最為統帥之恥辱也。上午記事,召見各訓練處政工組長,聽取報告與指導,心力甚疲。下午批閱公文,召見十餘人,審閱戰報,第十八軍已到周家口,北進增援中原戰場,惟在商水西南方仍有大部劉匪在其側背困擾,幸張軫[2]率後續部隊跟進,為之掩護無礙也。

近日來憂悒異常,而以今日為最甚。軍事緊急之外,經濟、黨務、政治、教育無一不令人悲傷與寒心也,惟有以志帥氣,聽之天命而已。

七月七日　星期三（朔）（小暑）　氣候：晴

雪恥:昨晡與妻冒雨車遊郊外,以期消愁解悶也。晚課如常,張伯苓院長今日來京到任,特約其晚餐,此老誠篤可敬也。

預定:一、接兵與訓練一致。二、沈成章[3]、王東原皆應任為顧問。三、譚炳勳〔訓〕[4]、湯永咸[5]調青島任職。

注意:一、發行新弊〔幣〕與管制倉庫、封存保險箱及銀行停業各計畫是否同時並舉,應分別先後乎。二、匪部戰術進步與對策,應通令各部隊警覺。

1　傅即傅作義。
2　張軫,字翼三,河南羅山人。1947年5月,任武漢行轅副主任。1948年7月,任華中剿匪總司令部副總司令,8月任河南省政府主席。1949年1月,任華中軍政長官公署副長官,後兼第十九兵團司令官第一二八軍軍長,5月率部在武昌投共。
3　沈鴻烈,字成章,曾任東北海軍總司令、山東省政府主席、農林部部長等職。原任浙江省政府主席,本年7月接任考試院銓敘部部長。
4　譚炳訓,山東濟南人。歷任北平市工務局局長、廬山管理局局長、江西公路處處長、交通部驛運管理處處長。1945年10月,再任北平市工務局局長。1947年參與創建北平市都市計劃委員會。1948年11月,與傅作義理念不合,辭職前往上海。
5　湯永咸,字熙臣,山東兗州人。曾任憲兵團團長,憲兵司令部參謀長,1947年5月任北平市警察局局長,1948年7月辭職。

朝課後審閱戰報，得悉 25D 與 72D 當面之匪已於昨夜退竄，料匪必以我昨日空軍重轟炸受傷，慘重不支，且必向魯西逃竄，乃指導追擊方鍼與今後部署甚詳。此一段落雖尚未得完全勝利，但大局已因此轉危為安，實關乎國家存亡非淺。上帝既允我以勝利，今又得一次應驗矣，贊美耶穌。批閱公文，正午宣傳會報。

七月八日　星期四　氣候：晴　申雨

雪恥：昨日下午與翁院長、王財政部長等商討改革幣制與管制物價方鍼甚詳，決定從速實施，如能乘中原戰局穩定之機進行，自可格外順利也。今日時局，雖政治、經濟、軍事與教育、社會皆處於極端危險之際，尤以共匪與投機奸商以及反動分子惡意宣傳，已使人民與軍政各階層心理十分動盪之時，只要軍事穩定與勝利，則其他一切頹勢皆可因此轉變也。軍事實為一切之基礎，應特加注重。晚課如常。

朝課後記上月反省錄，審閱戰報，研究上海經濟措施辦法與批示。十一時妻赴滬休養後，翁院長來談俞鴻鈞不贊成經濟與幣制改革計畫，人事為難，余慰勉之，批閱公文。下午批閱整黨條陳，指示經兒研究方鍼，約鴻鈞來談經濟方針，晚課如常。

七月九日　星期五　氣候：晴

雪恥：整黨幹部人選之標準：一、不分派系。二、以剿共為惟一目標，絕不對內再生意見之誓約。三、承認民主集權制，嚴守黨紀，貫澈決議案精神。

朝課後遊覽庭園，審閱戰報，督促邱軍迅佔東明，追剿陳匪，予以在黃河南岸之殲滅實有可能，只要陳毅股能被我軍殲滅，則黃河以南之匪當易解決矣。

上午督導空軍努力搜剿,與席德懋談中國銀行外匯存數,再三研究,發行新幣此非其時也。批閱公文,下午審閱經濟條陳,清理積案,召見四人後,審閱戰報,遊園觀魚。晚課後,約翁院長[1]等商外匯與美國海軍接濟華北傅、丁[2]等軍械處理事宜。

七月十日　星期六　氣候:晴

雪恥:一、對將領如何使之革除已往畏匪與腐化惡習。二、對黨政幹部如何使之化除過去成見與敵對仇視心理,恢復革命朝氣,提高其奮鬥精神,團結一致,同心一德,反共剿匪為惟一目標,以民主集權制為共同信條,合則留,不合則去,勿再因循泄沓,拖泥帶水,以敗壞我黨革命紀律也。

朝課後審閱戰報,召見墨三、介民等,商議美國海軍自動接濟傅作義部武器之手續辦法,十一時到府召開〔集〕立、司、監三院長,商討監察院對立法院提案權問題,決交大法官解釋也。正午約宴五院院長,下午研究經濟與外交條陳,會客四人。晚課後,約次辰〔宸〕[3]來談,屬其赴太原視察與慰問也。

上星期反省錄

一、週初軍事在杞、睢間最為危險,幸至週中仰賴天父之佑華,使我空軍發生絕大威力,董店一帶陳毅股匪之主力幾乎遭受殲滅之打擊,一場惡戰之結果竟得轉危為安,惟祈從此以往剿匪戰事真能轉敗為勝。

1　翁即翁文灝。
2　傅、丁即傅作義、丁治磐。
3　徐永昌,字次宸,山西崞縣人。曾任山西省政府主席、軍事委員會辦公廳主任、軍令部部長等職,時任陸軍大學校長。本年 12 月,任國防部長。

二、上海物價又起漲風，石米幾至二千五百萬以上之價，其他物品亦隨之暴漲，對於革改幣制與經濟緊急措施尚未能統一意見，故尚未能實施也。

三、北平以東北學生為北平市參議員對管理學生之提案不滿，乃受共匪與職業學生之煽惑，搗毀參議會，以至開槍射死警察，演至雙方對射，皆有死傷，共匪藉此以擴大風潮，其他昆明與各地學潮亦方興未艾也。

本星期預定工作課目

1. 召集特種兵器訓練班計畫。

2. 督促特種兵器分配與數量表呈報。

3. 軍隊人事與賞罰，及監察與信任培植將領。

4. 提高士氣：甲、改良食衣與衛生醫藥。乙、改善部隊官長待遇。丙、保證士兵家屬之優待，切勿使之無人照料其眷屬（建立制度）。士兵自尊心。

5. 改良部隊供應及人事管理制度近代化。

6. 補充兵員遣送至訓練營之時間，由各部隊本身決定。

6.[1] 軍法制度之改革。

7. 訓練與裝備地方武力保衛交通線。

8. 聘任美國行政、技術、組織顧問至行政院部。

9. 重訂政府各部門各階層之職權與責任。

1　原文如此。

七月十一日　星期日　氣候：晴

雪恥：一、軍隊政治教育之要旨：甲、作戰之原因。乙、作戰之目的。丙、政府之計畫。丁、共匪如果幸勝，對於國家民族與個人家庭之後果與悲慘。二、軍隊組織裝備與訓練之標準表。三、補充兵員接兵與訓練，實施適合現實之個別補充訓練方案。

朝課後審閱戰報，定陶與考城尚未佔領，可知匪尚有抵抗力量，一面乃知我軍仍滯遲畏縮，不敢分路緊追也，不勝系慮。十時到中訓團校閱特種武器甚良，但無人注意尚未分發各部隊為憾。批閱公文。下午審閱整軍條陳及美援復興農村方案後，召見為章，聽取其軍政時局之意見報告，手擬各將領覆電稿及督導追剿工作後，晚課。入浴後，與經兒郊遊回，晚餐。

七月十二日　星期一　氣候：晴

雪恥：一、聯勤部在滬翻修卡車五千輛之工作如何，令查報。二、上海投機奸商黑名單之準備。三、貸款必須以定貨交貨為原則。

朝課後擬復各電稿，處理要務，十時到政治會議及指示外交與預算方鍼。對日和會如速開成，則美國不能單獨管制，使俄國共管，乃非我國之利，反使日本共黨發展也，故此時以我之環境與利害，應勿急開為宜也。記上週反省錄。下午審閱經濟條陳尚未畢事，召見龔學遂[1]與林崇墉[2]，聽取上海經濟措施之意見。五時到府，接受瑞典與多明尼國勳章後，約集監察委員茶會畢，晚課後與翁院長商談改革幣制與管制經濟之具體辦法，十一時就寢。本日襄陽危急，樊城已於前日自動撤退，誠一波未平一波又起矣。

1　龔學遂，曾任交通部政務次長等職。原為大連市市長，本月 21 日經行政院院會任命為青島市市長。

2　林崇墉，字孟工，1945 年至 1949 年任中央銀行業務局局長。

七月十三日　星期二（上弦）　氣候：晴

雪恥：一、整軍以組訓第一：甲、陸空聯絡。乙、各式新武器必先召集訓練而後發給。丙、步、砲、工聯合等訓練。二、傘兵隊應即調回南京。三、戰略預備隊應指定孫立人負專責訓練。四、招收青年軍之統一辦法。

朝課後手擬康澤固守襄陽長電稿畢，處理要公，審閱戰報，兗州城昨夜已被匪一部突入，正在巷戰，憂甚，未知能抵抗二日，待八十四師增援到達也。批閱公文，訓練會報。下午研究改革幣制與經濟緊急措施方案，似可實行，但時期須加研究，以此事體大，不能不慎重其事。山西楊愛源主任[1]忽到京報告太原以南地區軍事危急，形勢殊出意外，如太原失陷，則大局更為艱難，而共匪之勢無可撲滅矣，乃命陸、空軍全力赴援。晚課後，得兗州十二師突圍之報，可歎。

七月十四日　星期三　氣候：大雨

雪恥：一、令各部隊主管對匪節節截斷、點點包圍解決之戰術研究詳報。二、對匪鑽隙隔絕，使我陣地內各部各個隔離，分別被其解決之對策。三、匪最近反覆爭奪陣地之戰術。四、匪近迫作業與臨時構築工作之快速及其式樣，應特別調查與研究對策及訓練。

朝課後審閱戰報，批閱公文，手覆伯川信，召見楊愛源慰勉之。正午宣傳會報，對出版法及學潮之處理辦法已有決定。下午研究經濟政策與財政問題，與俞鴻鈞討論發行新幣問題，彼已不堅持反對主張，惟能延遲時間則儘量延遲，以待九、十月間之發行，則先得我心也。召見巴大衛。晚課前，手書宗

1　楊愛源，字星如，曾任第二戰區副司令長官兼第六集團軍總司令等職。時任太原綏靖公署副主任，年底派駐南京為閻錫山之代表。

譜之本身牒文完。孝文[1] 昨日來京,其體力已有進步,今晚同車遊市區。

七月十五日　星期四（中元）　氣候:上雨下晴

雪恥:近日兗州失陷,晉中戰況危急萬分,襄陽被圍,匪之攻勢未衰,其魯西殘匪又分股向蘭封、杞縣與單縣、碭山南竄,蘇北泗陽、宿遷撤守,吳化文[2] 八十四師援兗之師向北撤退,又被匪各個包圍截擊。如此戰局,未能因中原之勝而挽回頹勢,情形仍極嚴重,然心神反覺較前安適,蓋信心益堅,上帝必有拯救之道,決不使我與中國久陷困阨而長受恥辱也。

朝課後研究戰局,指導部署後批閱情報,審閱俞鴻鈞對金融與美援運用辦法,平凡已極。下午審閱陳漢平[3] 對改革幣制及財政計畫完,頗有見地也。召見頌雲、柏園[4] 等六人後,與經兒、文孫車遊湯山,回寓,晚課畢,餐後又與子及孫進入下關新建之車站,此為第一次之視察也。

七月十六日　星期五　氣候:晴

雪恥:華盛頓星期星報[5] 評論家布朗稱馬歇爾來華調停國共,主張組織混合政府之失敗,其阻止中國軍隊在其有實力能擊敗微弱共軍時,而採取其妨礙之

1　蔣孝文,字愛倫,為蔣中正長孫,蔣經國和蔣方良長子,生於蘇聯,1937 年隨父母回國。
2　吳化文,曾任濟南警備司令等職,抗戰後期投靠汪偽政權,戰後收編任第五路軍總司令,1947 年 3 月任整編第八十四師師長。1948 年 8 月,升為整編第九十六軍軍長。9 月在濟南率部投共。
3　陳漢平,字建之,曾任侍從室第二處秘書、糧食部參事、國民政府文官處政務局秘書、行政院秘書兼第六組主任等職,時任中央銀行經濟研究處副處長。
4　徐柏園,曾任國民參政員、四行聯合辦事總處副秘書長等職。時任財政部政務次長、四行聯合辦事總處秘書長。
5　指《華盛頓星報》的周日版,即 *Sunday Star*。

行動，無意中幫助史大林組成有力之東亞蘇聯集團，以控制世界之野心，而將中國送入虎口云，此可謂美國最精明之言論，但其只知中國軍事為馬氏所害，而中國經濟、政治、黨務、教育，乃至社會人民今日陷此苦境者，皆受馬氏一人影響之害也，痛甚。

朝課後審閱戰報，襄陽城內已巷戰，不勝系念，此豈余指導無方之過乎。批閱公文後，見司徒大使與陳漢平等，與翁院長談經濟問題與實施時期，主張延展至九、十月之間，期與明年美國新政府援華新案配接也。下午研究經濟條陳，會客五人後，帶兒孫巡視基督堂。

七月十七日　星期六　氣候：晴　晡大雷雨

雪恥：昨晚課後，與布雷商談對共匪所謂新政治協商會議主張之對策與實施步驟，共匪響應莫斯科對狄托處分之宣言，且認莫斯科為其領袖，一惟莫斯科命令是從，是其已公開賣國，而以俄國奴才自居矣，應明討其罪。

朝課後研究戰局，陳毅股匪主力已由單縣、城武之間向南偷越隴海路南竄，此乃預料之事，惜我軍不能積極追剿，捕捉戰機為憾。襄陽靜寂，已無希望，惟念康澤下落不明，余信其若不陣亡亦必自戕，當不被匪所污辱也。指示今後作戰應變根〔更〕方鍼，召集軍事會議應準備之事。下午審閱黨政條陳後，指示首都治安及民眾組訓要旨。本日以襄陽失陷，康澤不知下落最為憂慮，自覺今後作戰再不可預聞前方部署之指示，否則更失統帥之威信矣。晚課後，與兒孫遊紫霞洞內避大雨。

上星期反省錄

一、星期日辰刻匪廣播康澤被俘，此消余仍不敢信以為真，如康果被俘受辱而不能自戕，則我國軍將領與黨員真無志氣、忘廉恥，而其個人之利害與榮辱更不待言，故余決不信以為真也。

二、兗州失陷，吳化文部損失慘重，今後戰略與戰術必須澈底檢討，應以先能獨立作戰而不待人援，亦不被動赴援為主也。

三、晉中太谷附近兩軍被匪圍殲之後，太原更形吃緊，憂心忡忡，太原萬不容其失陷也，天父乎。

四、瀋陽國軍主動出擊，攻克遼陽，繼續前進，此乃差強人意，因之感覺國軍暫取守勢與整頓補充訓練之重要也。此時成敗皆在於本身而不在匪之強弱耳。

五、柏林局勢日漸嚴重，俄對美、英覆文強硬不屈，第三次世界大戰日近一日矣。

六、本週末石米已漲至四千三百萬元，而美金黑市且漲至六百五十萬元以上矣。

本星期預定工作課目

1. 青年師存廢問題之研究。
2. 美國海軍接濟我武器之交涉。
3. 對共匪新政協主張之對策。
4. 整頓黨務之提案。
5. 檢討戰略及從新部署。
6. 濟南與太原防務與兵力之增強。
7. 上海經濟管制局之人選與工作之進行。
8. 四川與陝南防務之加強。

9. 速增製活動堡壘。

10. 華中各兵團之編成與部署人選之決定。

11. 現階段對匪戰略之研究與決定。

12. 對香港交通與港匯之限制。

七月十八日　星期日　氣候：晴

雪恥：本日十一時在小紅山基督凱歌堂舉行開幕預備典禮，十一年來之誓願竟得實行以償，不負所誓，上對天父，下對內心，略以自慰。參加者經兒、文孫以及親友數人，因待妻病痊癒來京再正式開幕也。

朝課後審閱戰報，康澤被俘殊出意外，尚不敢信以為真也，惟憂憤異甚，愧怍之至，何我國軍將領之怯弱無勇，不知廉恥，不守志節一至於此也，又念四川防務更吃緊矣。十時半到基督凱歌堂與黃仁霖[1]談後勤工作後，正十一時兒孫始到，乃即舉行典禮畢，並親自證道。下午先訪季陶，見其病態言動，不勝暗悲傷心。再訪張伯苓院長，以此老正氣扶危可佩也。又與兒孫同到北極閣宋寓[2]視察南京形勢約一小時，回寓晚課後，再領兒孫登富貴山，指示形勢與古跡也。晚聽取鄭介民報告。

七月十九日　星期一　氣候：上晴哺雨

雪恥：荒漠甘泉七月十八日章「神正在尋找一個人——一個全心傾向他的人，肯完全順服他的人，神切望在這個人身上發動一件重要工程，他要重用祝福

1　黃仁霖，江西安義人。時任勵志社總幹事、新生活運動促進總會總幹事。1948 年 2 月，任聯合勤務總司令部副總司令。
2　指北極閣一號宋子文公館。

這個人，比以前靈界上一切的偉人更甚，因為這世代的鐘已經瞄準在十一點上了。」讀此甚感神之預示之奇妙，正在基督凱歌堂舉行開幕典禮預備會之時刻也，但願上帝旨意成全。

朝課後研究戰局，決令第五軍由鄆城南下兜剿陳匪主力之三、八兩縱隊，暫時放棄兗州也。批閱要公。下午審核經兒對整黨條陳後，再審核對毛匪所謂中國革命戰略問題之評論未完，召見衛俊如，聽取其東北軍事報告與作戰方鍼，藉悉東北我軍戰力與精神已經恢復，瀋陽獨立守備計畫之宗旨已經達成，所慮者長春國軍之糧煤不繼耳。

七月二十日　星期二　氣候：陰　夜大雨

雪恥：一、不重視已往之教訓與錯誤，對血的經驗毫不寶貴，對狡橫兇狠之匪仍不知時時警覺，此為我將領最無心肝、最不自愛之表現，可恥可憂。故今後軍官教育應以研究檢討深入為要務。二、剿匪作戰無論進退攻守皆以主動為第一。三、射擊競賽旗之通行。四、工事與近迫作業及對策。

朝課後召見徐次辰〔宸〕，聽取太原作戰報告，伯川對軍事不能採納有效之意見，固執個人之成見，最為可慮。審閱戰報後，批閱公文、訓練會報，立法院之紛亂與行政院之推諉不負責任，殊為可痛。下午會客，召見英大使[1]，明告其香港政府對已簽字之緝私與金融協定延遲不能履行，與徐繼莊[2]貪污證據充足而不引渡，殊為英國不榮譽之事，且為從來所罕有也。晚課後，與兒孫車遊東郊，晚約衛俊如來談，大有進步，最為可慰。

1　史蒂文生（Ralph Stevenson），又譯施諦文，英國駐華大使，1946 年 8 月 1 日到任，8
　　月 7 日呈遞國書，1950 年 1 月離任。
2　徐繼莊，曾任中國農民銀行總經理、交通部郵政總局局長、郵政儲金匯業局局長。因
　　貪污案逃匿香港，後被拘押，引渡未果。

七月二十一日　星期三（望）　氣候：晴

雪恥：一、浦鎮應與浦口歸併同區。二、憲警對反動學生鎮服演習。三、禁止工廠南遷。四、派王之為青島警備副司令，呂紀化[1]為騎兵第一旅旅長。五、電范漢傑調第九軍。六、電邱清泉為其副軍長熊某之父[2]是否共黨。

朝課後檢討戰局，聞太原砲兵團在前線叛變之報，不勝憂慮，本定今日飛太原，以氣候不佳，故未果行，批閱公文。正午宣傳會報，對立法院之橫行與國大代表為要求俸給之無理處〔取〕鬧，行憲如此程度，不惟害國，而且使國民與民族變質，幾乎不知廉恥矣，痛心盍極。下午研究剿匪戰略後，召見巴大衛，彼言美政府已無空軍汽油分配額，不能售給中國，此為馬歇爾對華最毒辣〔辣〕之一劇，其殘忍卑劣甚於史大林矣。天父乎，何以報之。研究華中兵團與部署後晚課。

七月二十二日　星期四　氣候：乍晴乍雨

雪恥：十九日[3]晚課後，召集何、顧、衛[4]等對東北戰略攻守方鍼之研究，余以為只要瀋陽糧煤可以自給無虞，則不如准其固守待時，而不必急令其出擊打通錦瀋路也。只要瀋陽能固守不失，整補戰力，則東北主匪決不敢進擾華北，故決令堅守，而且世界大勢必將變化，不如沉機待時也。研究至深夜十一時半方畢，就寢。

六時起床朝課後，處理要務，九時乘機飛太原，十一時半到達，入城與伯川主任商談國際與剿匪等事，太原附近之匪雖漸逼近，但並不如過去所傳之險

1　呂紀化，浙江溫州人。原任新編騎兵第六師師長、整編騎兵第十一旅旅長，後調國防部部員派華北剿匪總司令部服務。
2　熊笑三之父熊瑾玎。
3　原文如此，應為「廿一日」之誤。
4　何、顧、衛即何應欽、顧祝同、衛立煌。

惡也。研究當地戰況，決派重機集中轟炸其汾河以西鑽入之匪也。下午四時啟飛回京，心竊安之，晚課如常，與兒孫等巡視市內後，十時就寢。

七月二十三日　星期五（大暑）　氣候：晴

雪恥：不有今日遭受史大林陰狠險惡之毒手，馬歇爾冷酷殘忍之鬼臉，與共匪狡橫狂妄之魔術，就不知革命建國之艱難。近日環境險惡已極，但心神更覺安順，以一切成敗存亡皆信賴上帝，必有其預定之意旨耳，自覺信心又有進步矣。

預定：一、匪之宣傳麻醉以及其軍運、民運與俘運等技術應特別研究。二、如何加強政工與民運。三、如何宣傳對匪土地與兵役之殘忍非人之毒計。

朝課後手擬要電數通，審閱戰報，徐、宿間殘匪猶未擊退也。批閱公文後，審核為共匪響應共產國際責罰南斯拉夫狄托之決議案告國民書，未能決定也。下午校閱對毛匪中國革命戰略問題之研究對案完，但未能深入澈究，自覺事煩思散，不能專精如昔為苦。晚課，入浴，餐後與彥棻討論黨務整理問題後，帶兩兒孫夜遊靈谷寺。

七月二十四日　星期六

雪恥：一、自反今日險惡之環境，實由自我傲惰粗妄四字所造成，今後如能以敬勤精實改正之，則尚有可為也。二、對共匪陰謀正告國民之方式應加研究。三、軍事會議日期之決定。四、整黨方案與研討會應否召開之研究。

朝課後處理要務畢，審閱戰報，研究戰局，決暫停追剿，編組兵團從新部署，召集高級將領會議，檢討今後戰略戰術與政工及總體戰等各項問題之決定，批閱公文。正午召見宣傳人員等，商討為共匪擁護共產國際譴責南共狄托之

決議案擬告國民書，揭穿共匪欺騙民眾、偽裝愛國之陰謀，最後決議不由我親自署名，而由其他人名義為宜也。下午召見三人，與莫元萱〔萱元〕[1] 詳談湘黨務，六時後妻回京，晚課。

上星期反省錄

一、北平與上海皆有對共和談之謠諑而且甚盛，此乃李德鄰久駐北平不回以及美國人之惡意猜測而起，並非完全由共匪所發動也。

二、十八日南京小紅山基督凱歌堂預行開幕典禮，得償十一年來對上帝恩德之宿願也。

三、美國援華之態度至最近而益加惡劣，極其侮蔑污辱之言行，甚願我國今後經濟、軍事不再依賴外國借款，與購械能自力更生、自立自強，免再受此無窮之恥也。

四、太原戰況極危，惟祈天父佑華，能保守不失。

五、立法院對總預算案最後卒能如期通過，其間經過雖多波折，但大體言之，多數委員仍能顧全其對黨之立場，惟無法使之組織能受黨的領導耳。

本星期預定工作課目

1. 濟南防務之增加兵力。

2. 畢書文部[2] 之改編。

1　莫萱元，曾任湖南省黨部委員兼書記長，時為第一屆立法委員，徵得蔣中正同意後以中訓團高級班委員為基礎組織中社。

2　畢書文，字幼齋，曾任第四十二集團軍副總司令等職，時任暫編第二十三師師長，後改稱第一〇六軍軍長。本年 11 月調首都衛戍總司令部副總司令，12 月任總統府參軍。

3. 第五軍缺額之補充計畫。

4. 經濟管制實施之日期。

5. 上海警備副司令。

6. 改革幣制之日期。

7. 整黨方案之研究。

8. 軍事會議之準備（理論、戰術、思想、制度）。

9. 對匪服從國際情報局決議之宣傳方鍼。

10. 取締各大學共匪分子之具體計畫。

11. 立法院黨團組織之準備。

七月二十五日　星期日　氣候：晴

雪恥：一、協同一致為軍人成功之惟一要訣，互助合作為軍隊勝利之主要條件，冒險赴援為指揮人格之具體表現。二、後方部隊政工之特重。三、約見衛戍部張知行[1]。四、剿匪高級指揮官特殊任務：甲、下級幹部教育。乙、政工人員組訓與信任。丙、組訓民眾，扶助地方武力。

朝課後記反省錄，召見山東請願代表立、監委員六人訓戒之。十一時到基督凱歌堂舉行家庭禮拜，正午召見軍官六人聚餐。下午審校匪部慣法後，約見立、監委數人，五時半約立、監二院全體委員茶會，訓示一小時後，與妻車遊郊外回。晚課後，與妻及文孫同車巡遊靈谷寺一匝即回，兒孫今晚回杭。

1　張知行，原名駿，曾任聯合勤務總司令部第八補給區司令等職。時任首都衛戍總司令部副總司令，11月調總統府參軍，12月調聯合勤務總司令部副總司令兼重慶指揮所主任。

七月二十六日　星期一

雪恥：近日以美馬之刻薄殘忍，更覺自我往昔對友對敵皆無警覺性之錯誤之拙魯，粗疏淺陋毫無防範，以致為人所輕侮所不齒，卒使以友為敵，此乃夢想所不及。今爾後乃知異族外人無論其民族性如何良好，友愛如我，稍有一點請求或依賴，則必為為[1]外國之奴役，決不能有所謂平等自由與公理正義可言也。惟有獨立自強，不求不倚，方能生存於世界，尤其對美國人不能稍存謙讓示弱也，余不能不對俄史同情其對美反抗之態度也，馬歇爾誠鄙陋之賤丈夫也。

朝課後處理要務，研究戰局，指導軍事會議方鍼後，手錄軍會要目，白健生自漢口來見，報告其剿匪意見。正午約黨政軍首長來談黨務、軍事、經濟與取締各大學共匪分子等要務畢，整裝召見墨三後，四時由京起飛，五時到杭。直登莫干山，清涼靜淨，與南京冷熱清濁，不啻有仙凡之別矣。

七月二十七日　星期二　氣候：晴

雪恥：昨晚登莫干山武陵村（550 號）已八時卅分，遊覽庭園，經兒迎陪上山後即回杭，余以甚饑，乃先晚餐而後晚課也，與妻在園中望星納涼，至十時半睡。本日心神愉懌，甚覺天父已接受我懇求，以自覺問心無虧，時時以上帝之命是從，故神明泰然，無憂無懼耳。

預定：一、查報楊彬行動。二、各空旅補訓計畫人事、地點速定。三、研究對將領精神團結、思想統一之道。

朝課後步行遊覽劍池，相傳為莫干夫婦鍊劍之處也，其水自蘆花塘而下成為小瀑布，分上下兩池，並非名勝也。回寓後記事，甚覺閒散疲倦，此乃心神

1　原文如此。

放鬆之象，不似在京時刻之緊張也。下午校閱廿二年八月事略後，接見陳公俠主席等，指示其治鄉從嚴也。晚課後，與妻在街上散步，約行五、六里，回寓晚餐，其味津津，在山風味可樂也。

七月二十八日　星期三　氣候：晴

雪恥：一、前方官兵與後方青年之心理建設：宣傳部擴大宣傳，青年部接近青年，教育部管制學校，實行總體戰。

朝課後遊覽蘆花蕩水源後，到黃鷹白[1]寓址休息，室在人亡，不勝感歎，其老傭人尚在也。乃登塔山巔遊覽片刻，眺望四顧，萬山爭朝。據言氣候清明時，太湖、錢塘皆歷歷可見，然今只能領會其大略耳。自覺近日健步勝常，無異二十年前之體力，一般民眾見之亦甚以為奇，因之對於國事亦甚有信心與樂觀矣，毛匪之剿除必無疑問也。正午經兒全家來山團聚，武孫[2]體力較弱，肺部有病未痊也。下午審閱改革幣制具體辦法，並示經兒，商談經濟管制之組織與人事後辭出，乃晚課，晡校閱事略，晚餐後，閒談納涼。

七月二十九日　星期四（下弦）　氣候：晴

雪恥：近日軍事、黨務與經濟皆瀕於危急崩潰緣際，其重要各務之整頓改革問題皆湊在一身，誠有不知從何處下手之感，而經濟管制與幣制之改革實行方法與時期之遲早更為難決。最好能延展至舊歷中秋節後實施，乃可減少中

1　黃郭（1880-1936），原名紹麟，字鷹白，號昭甫，浙江紹興人。辛亥革命期間與陳其美、蔣中正結為盟兄弟。歷任北京政府外交、教育總長與代總理、國民政府外交部部長、行政院駐平政務整理委員會委員長等職。
2　蔣孝武，字愛理，為蔣經國和蔣方良次子，1945年生於重慶。

秋節一次風險，如此只要度過舊歷年關一次之險，或能接續至明春四、五月之間世界形勢發展時，而免於崩潰乎。

本日對於剿匪方略之改正與幣制改革、經濟管制之措置，皆能有一大體之想定，此乃半年來未能處理核定大問題，乃能在莫干山休養二日整理就緒，是靜處休養之效也。上午批閱要務後，整理軍事方案與新剿匪手本原稿，召見宣鐵吾[1]，此人驕惰已不可用矣。下午擬訂剿匪方略與要旨後，俞鴻鈞來見，面商改革幣制方案，晚課後，翁、王、王、俞[2]等來商幣制問題。

七月三十日　星期五　氣候：晴

雪恥：對軍會訓話要目：一、目前軍事挫折之因果及戰略之缺點。二、國軍將領目前無窮之恥辱：大多數被俘，而殉節成仁者無幾，此為最大之危機。無節操、無志氣，生活與精神頹落與喪失，廉恥蕩然，禮義掃地。三、本人之自責傲惰粗浮，不能建立制度，領導無方。四、戰術思想與現階段戰略主守之原則。五、匪我兩方強弱各點之比較：甲、政治與國際。乙、軍力與人心。丙、持久與決戰。丁、組織與訓練。戊、政工與宣傳。己、根據地與流竄性。庚、全面與都市。辛、紀律與賞罰。壬、犧牲與立功。癸、生活與精神。六、剿匪原則之指示。七、民眾組訓與後方基地。八、軍民與官兵之關係。九、土地政策與民生主義。十、協同一致與同舟一命。十一、研究與實施。十二、調查與考核。十三、領導與學習。十四、思想與行動，主義與政策。十五、實踐力行。十六、互助與嫉忌。十七、秘密與封鎖習慣之養成。十八、防奸與根絕潛匪。

1　宣鐵吾，字惕我，曾任財政部緝私署署長等職。抗戰勝利後，出任上海市警察局局長。時任淞滬警備司令部司令，年底調衢州綏靖公署副主任。
2　翁、王、王、俞即翁文灝、王世杰、王雲五、俞鴻鈞。

七月三十一日　星期六　氣候：晴

雪恥：昨日朝、晚課如常，上午記事及手擬對軍官會議訓話要旨甚切，惟恐言之無效也。十一時後約翁院長等商定幣制與經濟辦法及開始日期，俞鴻鈞亦皆同意，只要準備充足，當可如期實施。下午研究軍會訓示要旨，六時由莫干山起程，在途中繼續考慮剿務及訓示要旨，下山展謁膺白之墓，乃乘車赴杭，入空軍學校訓話後，九時起飛，在上海愛廬宿也。夜遊新園，即介圍建成，布置甚妥為快。

本卅一日八時前起床，與妻即遊覽庭園，經兒適來，在亭中坐談片刻，盤桓久之，乃至三樓祈禱室讀經、唱詩、默禱，完成朝課各目後，朝餐畢，召見吳市長[1]、潘議長[2]，討論富戶特捐及經濟管制事，記事。下午在家休息，祈禱、靜默，晚課如常，召見張公權、俞鴻鈞等。本日米價每石已至四千三百萬元，殊堪憂慮。晚召見滬黨政軍各主管後飛京。

1　吳市長即吳國楨。
2　潘公展，號淦清、幹卿，浙江吳興人。1945 年 12 月回上海，任《申報》社長兼中國國民黨上海市黨部常務委員。1946 年 8 月，當選第一屆上海市參議會議長。

上月反省錄

一、共匪猖狂鴟張至此，我軍到處挫折，名城多處被陷，而匪雖假借革命名義[1]，仍不敢揭樹其革命政府旗幟成立假政府，並且假托孫宋慶齡[2]名義推為其主席，尤藉本黨叛徒馮玉祥及其毛澤東並列為副主席，且以李濟深為海軍總司令，朱德為陸軍總司令為號召，此誠圖窮匕見，更知匪黨之無能為敵矣。

二、俄使羅申來華後，進行其國共和平策劃甚急，彼豈仍欲以聯合政府名義過渡，期達其最後赤化之目的乎，誠不知其用意之所在也。

三、中原戰局實為國家存亡、革命成敗惟一之關鍵，幸賴上帝佑華，卒能轉危為安，益信存亡成敗，大事冥冥中自有主宰者為之機運。但人事不臧，延長戰禍，徒遭恥辱，使人民受災，苦痛不堪，此為何人之罪孽，能不愧悔自勉乎。

四、兗州失陷，濟南益陷孤危，襄樊失守，康澤以重傷不省人事被俘，此為公私關係最大之打擊，復因余令康固守襄陽之城，不料其部隊無力，士氣渙散至此，因之謠諑蜚語蜂起，對余個人之攻訐益劇，不僅共匪，而黨內反動派亦藉此希圖毀滅領袖地位，喪失統帥威信，盡其各種技倆以快其幸災樂禍報復之私意，此誠革命以來未有之苦痛也。加之山西晉中大敗，太原危急，幾乎岌岌不可終日，乃飛太原處理要務，民心士氣得以安定，太原卒能屹立無恙，豈非天父有以主之。

五、柏林俄、美之爭日烈，世界局勢益形動盪，想念國勢凌弱之痛，更感風雨如晦之切矣。

---

1 此指本年元旦正式成立之中國國民黨革命委員會。
2 宋慶齡，原籍廣東文昌，生於上海。孫中山遺孀。曾任中國國民黨中央執行委員，國共分裂後一度旅居國外。本年 1 月，經中共主導下之「中國國民黨革命委員會」推舉為名譽主席。1949 年 10 月中華人民共和國成立後，曾任中央人民政府副主席。

八月

蔣中正日記
Chiang Kai-shek Diaries

蔣中正日記
Chiang Kai-shek Diaries

民國三十七年八月

本月大事預定表

一、對軍事會議訓示要旨：甲、將領之最大恥辱，國軍之莫大污點是什麼，就是本身被俘罹難而無法自援，所部被編驅戰而為匪作倀，此皆不知及時自強奮勉，一經陷入匪手，雖欲自戕盡節亦不可得，後悔莫及矣。乙、生活之優裕，處境之順利，以致精神頹落，志節消沉。丙、喚醒民族靈魂，恢復革命精神，加重歷史責任，提高主義信心，明禮知義（注重五德），重廉尚恥，復仇雪恥，立志養氣，砥節屬行，保國救民，仗義赴難，負責盡職，完成使命，方無愧為總理之信徒。丁、傲惰粗忽，不知警覺，散漫浪費，不重組織，不研究不檢察，不競賽不上進，無節制無考核，以致賞罰不當，功過不明，紀律蕩然，士氣掃地，誰復為主義犧牲，為革命奮鬥，所謂成仁取義，盡職效忠者百不一二也，能不愧憤，其將何以立世耶。

二、決定剿匪戰略戰術之要旨。

三、改革幣制與管制經濟實施方案之決定。

四、黨務改造方鍼之決定。

五、頒布肅清後方共匪辦法之命令。

六、肅清各大學之潛匪及職業反動學生。

七、俄使所提和談運動方鍼之研究。

八、立法委員黨團組織之計畫。

九、美援運用之督導。

十、美海軍武器協助問題之促成。

十一、戰略預備隊補訓之督導。

十二、傘兵訓練與補充之督導。

十三、總體戰實施之督導。

十四、江蘇省府之改組。

上星期反省錄

一、登臨莫干山避暑休養，風景如故而世態日非，不勝今昔之感。然而心泰體安，康健勝常，殊堪自慰。

二、下月軍事會議之準備以及幣制改革與經濟管制，皆已有大體之決定。

三、對黨務十分悲觀，再無十全之辦法，只有分為兩黨，並將財產亦予以平分，使之無所爭、無所戀，早日分離，期其分道揚驃〔鑣〕有補於國事，而余則可以早脫此濁衣，能早分一日即可早除此無謂之羞恥耳。

五[1]、上海物價飛漲，石米竟至四千三百萬以上，認為國家與政府無上之恥辱也，可痛。

本星期預定工作課目

1. 上海難民與傷兵之處理，由社會部與市府籌款速辦。宣傳組織（化無用為有用）。

2. 軍事會議：甲、精神士氣、思想志節、德性互信、生活行動習慣、體力學

---

1   原文如此。

術。乙、制度、編制、裝備、組織訓練、宣傳教育、紀律權職責任。丙、
戰略戰術、戰鬥技術研究、團結秘密、互助合作、協同一致、犧牲主義目的、
力行檢討批評、功過賞罰、生活經理、衛生民訓等。丁、匪我各項比較之
研究、科學實踐、積極急進攻擊、嚴密封鎖、防護信心、負責自動。

3. 改革黨務方鍼之決定。
4. 改革幣制人事之決定。
5. 上海警備司令與主計長人事之決定。

八月一日　星期日　氣候：晴

雪恥：本日南京小紅山第一基督凱歌堂正式舉行開幕典禮，以此堂永遠奉獻
於我慈悲天父，以償我十一年來之宿願，使我抗戰勝利之光榮得歸於我慈悲
之天父，寸衷自慰之程度實為平生所未有，深信天父必已鑒察我心，使我革
命剿匪定能轉敗為勝，中華民國必可由此轉危為安也。

朝課後審閱戰報，考慮軍會講稿，如何能使一般高級將領澈底覺悟與奮鬥犧
牲，達成其國民革命之使命也。十一時舉行基督凱歌堂開幕典禮，親自講演
證道並跪受聖餐禮，回寓，入浴，詠聖歌（堅固保障）。下午審閱剿匪意見書，
召見三員後，晚課畢，約俞[1]、邵[2]二牧師聚餐後，準備軍會議程，與妻車遊陵
園即回，睡。

1　俞止齋，浙江奉化人，先後擔任上海慕爾堂主任牧師、景林堂主任牧師。
2　邵鏡三，時任中華基督會總幹事（駐南京）。1948 年 8 月 1 日，主領小紅山基督凱歌
　　堂落成禮拜。

八月二日　星期一　氣候：晴　午末大雨

雪恥：敬之又在政治會議中特提指揮軍隊未經過其國防部轉行手續，並稱人事團長以上皆由總統決定，不經過評判會手續，以軍事失敗責任彼全推諉而歸總統一人負之，並有鼓動委員提議軍事指揮與人事職權重新決定，移轉於國防部長執掌之議，此誠可痛可歎之事。彼不知負責，不知立信，而反乘此時局嚴重，人心徬皇之時竟有此意，是誠萬料所不及也。朝課、晚課如常，終日擬訂軍會講稿目錄，未遑寧席。正午召見經扶[1]、光亭、捧〔奉〕璋[2]、伯韜等將領聚餐，研討中原作戰得失功過，晚與妻車遊下關。

八月三日　星期二　氣候：晴　夜雨

雪恥：一、研究澈底，如問題不解決不停息。二、行事切實。三、黨報宣揚下級幹部立功表彰。四、連長以下各級官兵立功競賽運動之發表。五、各省府墾荒工作與容納難民傷兵之具體計畫及經費預算。六、自強不息，有恆務實。

朝課後到軍事檢討會議致開會詞，以敬之愚拙可痛，故語帶憤激，自覺失言有愧。回寓記事，整理講稿條目（五時起床）甚忙也。正午約宴高級將領卅人，訓示剿匪戰爭即思想戰爭，強調將領研究哲學之重要，比之各種戰略戰術更為迫切，勉以知難行易即知行合一之道，約講一小時。下午手擬剿匪問答十條，批閱公文甚忙，晚約為章談話，與經兒談黨務改造方鍼。

1　劉峙，字經扶，江西吉安人。曾任河南省政府主席、第二集團軍總司令、第五戰區司令長官、鄭州綏靖公署主任等職。本年 6 月由戰略顧問特派任徐州剿匪總司令部總司令兼政務委員會主任委員。

2　周嵒，字奉璋，浙江嵊縣人。曾任第六師師長、第七十五軍軍長、第六綏靖區司令官等職。本年 9 月底派任第一綏靖區司令官。

八月四日　星期三　氣候：晴　午末大雨

雪恥：□□[1]推過爭功之技能機巧無雙，而其宣傳之方法完全學習共匪之一套，所謂投機取巧盡其能事，惜乎其無補於事耳。培養二十餘年，總不能成材自立，始終被人利用而毫不自覺，無骨氣無人格，誠枉費我一生心血，此亦為余平生最大失敗之一也。

朝課後到軍事會議，聽取報告後訓示，強調高級將領研究哲學與思想戰爭之重要，並示共匪哲學之出發點及其之效果，十六字以明之。正午宴將領三十餘人，下午修正剿匪問答十二條，頗費心力，五時後往祝翁院長六秩誕辰，回寓檢討襄陽失陷作戰之經過，證明健生歸咎於余電令康澤固守城垣所以失敗之原因，完全為其有意詆毀也。晚課後，與雪艇談外交。

八月五日　星期四（朔）　氣候：晴

雪恥：一、覆馬少雲電。二、約徐可亭[2]談話及調職。三、幣制改革與經濟管制日期。

朝課後整理訓示稿及校閱講評總稿，九時到軍事會議聽取中原與襄樊作戰經過之報告，加以訓示，對於經理與衛生之弊端，特別指出事實使之警覺。正午召宴官長卅餘人，一一垂詢後散會，下午修正開幕訓詞與剿匪問答稿，晚課，批閱。晡與妻郊遊，回寓閱各西文報，見美聯社對我黨務檢討會議中，楊某[3]所提廢除總裁制一語大事渲染，以為毀滅我威信之資料，而一方面特提李宗仁未參加其會，引以為怪，以提高其地位，觀此可以測知美馬利用宗仁，

1　此處經作者塗去二字。
2　徐堪，原名代堪，字可亭，四川三台人。曾任財政部常務及政務次長、糧食部部長、國民政府主計長等職。本年5月起，任行政院主計部主計長。11月接任財政部部長。
3　楊玉清，曾任三民主義青年團中央宣傳處副處長兼《三民主義半月刊》社長及總編輯，時任第一屆立法委員。

以李代蔣之消息，更足證明此美馬之狡橫，不惟害華，而且自害其美也，但不能動我毫末耳。

八月六日　星期五　氣候：晴

雪恥：一、新兵團司令發表。二、十二師及訓練處長名義發表。三、各新編旅長及地點決定。四、美械裝備師現有單位之查報。

朝課後整理講稿，自九時至十三時十五分在軍事會議訓話講評，除第三廳長[1]報告中原作戰檢討結果卅分時以外，皆為訓評之時，足有四小時之久，尚不覺疲乏也，可知身心較二十年前一樣健全，不勝感謝天父保佑之恩，使余能有此身心繼續革命事業，與共匪及世上惡魔決鬥也，惟其中對第五與第十八軍最親愛之部隊指摘太嚴耳。下午記事，批閱，據鐵城報告最近謠諑詆毀我本身，必欲喪失我威信，拆散我內部之陰謀畢露，桂系之愚拙殊為可笑。晡約軍會全體聚餐，又訓示一小時十五分畢，尚覺有未盡之處，然已竭其心力矣。晚課如常。

八月七日　星期六（立秋）　氣候：晴

雪恥：近日以何、桂[2]等態度言行無形中損喪統帥威信，一切軍事失敗罪惡均歸於余統帥對部隊直接指揮，而問其直接指揮何一部隊，是否為命令，抑為

1　郭汝瑰，四川銅梁人。歷任國防部第五廳副廳長及廳長、第三廳廳長等職。1948 年原任陸軍總司令部徐州司令部參謀長，7 月回任國防部第三廳廳長。

2　何、桂即國防部長何應欽、華中剿匪總司令部總司令白崇禧。兩人在最近幾天召開的軍事檢討會議中，均不苟同蔣中正直接指揮前線作戰部隊，並歸咎為軍事失利的原因之一。

將領直來請示，以及該區總司令請求余直接手令督促該屬之軍師長者，則余不能不批覆其來請示與不能不直接督導，而並非余越級指揮之過，而乃白、何[1]等不特其推諉個人責任，而且予統帥喪失威信，如責以為領袖分憂分謗之道，更無論矣，因之對於軍會將領急欲有所表示，而又不忍自白，恐更失威信，故心緒抑鬱，比有冤莫訴更為難堪。

朝課後接比大使[2]國書，召見綏靖總隊各大隊長及軍會高級將領十餘人，子文來談。下午又對軍會訓示一小時餘，自覺言多重複，與言之不能貫澈，反令聽者失望失信為慮，此乃求之太切之故，應靜默無言，不急表白為上也。晚課如常。

上星期反省錄

一、軍事檢討會議連開五日，每日親自出席訓示，在此百孔千瘡，誹謗叢集，侮辱重重，憂憤頻乘，又目見高級將領何、白[3]等不惜毀損統帥以求自全，而並無一人出其至誠表示擁護，以糾正目前自私自保之頹風，思之可痛，但亦有不少信徒為此忿悶憂憤，力圖挽回頹勢以雪恥圖強也。

二、對軍會自覺已盡其心力，期其有效，甚恐聽者藐藐，未能感動於中，只有但問耕種，不問收獲之喻，藉以自慰耳。

三、黨務坐〔座〕談會並無結果，只有增加恥辱，此乃事前並無指導方鍼所致，高級幹部之無能無方，尚有何望。

1　白、何即白崇禧、何應欽。
2　賴愷（Édouard Le Ghait），曾任比利時駐蘇聯大使。1948 年 7 月 28 日抵華出任比利時駐華大使，8 月 7 日呈遞到任國書，1949 年離任。
3　何、白即何應欽、白崇禧。

本星期預定工作課目

1. 對政治會議荒唐謬說應予以嚴斥糾正。
2. 取締共匪各大學潛匪之命令速發。
3. 改革幣制之日期決定。
4. 改革黨務方鍼之研究。
5. 後調旅之調補計畫與實施。
6. 駐廬日程之決定。
7. 蘇北綏靖司令人選之決定。
8. 江蘇主席從速調換。
9. 後方墾荒工作與計畫，令各省設計呈報。
10. 後方各省實行總體戰及程序之研究。
11. 戰略預備隊十個師之督行。
11.[1] 傘兵訓練及研究與實施之準備。

八月八日　星期日　氣候：晴

雪恥：一、據龍韜[2]等報告，蘇北各部隊紀律之壞，與司令部組織之空虛以及空額之多，不堪問聞，此其所以不能清匪，而且其匪愈剿愈多也，應切實糾正，其惟在人乎。二、汴、鄭軍政之腐劣而尚不為匪所侵佔與消滅，可知匪之無力，抑或其方鍼不在此等腐劣所在，乃有所待乎。想念及此，不勝惶愧。朝課後召見十餘人，十一時後在基督凱歌堂禮拜，聽道至中國人心澆薄，社會墮落，國勢凌亂已至極度，其變態竟以子殺父，以夫刺妻滅跡，乃至共匪窮兇極惡，人民無以為生之程度，此乃舊世紀沒落，新民族重生必有之象徵，

1　原文如此。
2　龍韜，時新任總統特派戰地視察組第四組組長。

信以為然也。約子文、胡璉午餐，對胡加以訓斥，子文以欲求救亡非集權專斷不可也。下午召見十餘人，晚課後，約翁[1]談經濟、幣制事。

八月九日　星期一　氣候：晴
溫度：京九十度　廬山七十八度

雪恥：昨夜決定改革幣制與管制經濟日期，余注重於輔幣之兌現，以增加新幣之信用，或可延長新幣之命運也。以現有各種硬輔幣，其價值五千萬元以上，而由日本收回之銅質尚不在內也。

朝課後便訪健生之病，約談半小時，余告以德鄰在北平與美副領事談話，言蔣某今後結果當不出三途：一、自殺，二、亡命，三、憤死云，余以為此必非德之所言，而必受翻譯者之惡作劇也，屬其注意舌人之德行為要。健[2]言德[3]專信小人甘介侯[4]之流，並迷信命相之言，今後余（白）與李雖有歷史關係，然政治必自有主張，即桂、皖二省當局亦決不附和於李。其言可深長思之。

到政治會議，對馬、李等在上週政會以余未出席之時，責難余越級指揮軍隊，以致軍事失敗之濫言，月來以白等推責（襄陽告陷），浮言四起，幾乎以余為敗軍之罪魁，余特加以嚴斥指責以糾正之。

1　翁即翁文灝。
2　健即白崇禧。
3　德即李宗仁。
4　甘介侯，江蘇寶山人。曾任外交部常務次長、國民參政員、北平行轅顧問等職，時仍為李宗仁幕僚。

八月十日　星期二　氣候：晴

雪恥：昨午政會後，召見杜、宋[1]、黃（維）等高級將領十五人，分別訓誡，期其爭氣努力，發揚光榮歷史也。正午召集宣傳會報，決定取締各大學共匪日期及下令準備也。下午召見司徒大使等六人，美國購械，馬歇爾仍堅持其頑固之成見，表面上其杜總統下令協助中國購運，其實國務院仍堅持高價為名盡力阻止也。五時起飛，六時半到潯，八時半到美廬，涼爽幽美，與南京有天淵之別矣。晚課如常，十時就寢，一睡六小時，為近來罕有之佳象。

本（十）晨八時前始起床，朝課畢，遊覽庭園，手植花木皆挺秀異常也。上午與妻遊覽庭園新闢陂背山徑，妻則適心布置，以此為其樂事也。記上週反省錄。在園中殺蟲，去冬手植之楓樹幾皆害毛蟲，乃殺之以護楓苗也。下午研究本週課程表，召見胡家鳳主席[2]後，晚課，晡與妻遊覽圖書館。

八月十一日　星期三　氣候：晴

雪恥：昨晚餐後在樓廊上吟月假眠，「明月松間照，清泉石上流」之雅句不足當美廬之風光也。妻伴閒談，漸入夢鄉，醒時已十時許，乃禱告後就寢。

預定：一、招考退伍軍官受訓：甲、各大學集訓教官。乙、總體戰實施動員幹部。丙、各省墾荒與督導傷兵新村與管制難民。二、各軍、師軍官隊之組訓。朝課後，到土壩嶺之杆欄山土名棺材石巡視，空軍通信所整潔可慰，惟空軍人員與組訓有現代化組織之初基也。來回約十里行程，徒步上下，未乘肩輿，沿途民眾歡聲雷動，私心慰藉無已，一生辛勞之報酬惟以此為最足珍愛也。

---

1 杜、宋即杜聿明、宋希濂。
2 胡家鳳，字秀松，曾任江西省政府委員兼秘書長、東北行營秘書長等職，當選第一屆立法委員。本年 4 月起，任江西省政府主席。

下午以陝西胡[1]軍卅六師又被匪擊破，抑鬱之至，考慮在山日程及本月要務後，晚課畢，遊覽庭園。晚與妻步遊松林路回寓，月下假眠，深入夢鄉，十時始醒，乃默禱就寢。

八月十二日　星期四（上弦）　氣候：晴

雪恥：今後督導惟務其大者：一、軍事以物與人之補充與組訓方鍼。二、政治以大政方鍼之研究與考核其程序（黨部、立院、行院）。三、經濟以幣制數量與物資管制之督察。四、外交以政策及運用而已。五、培植教養幹部。
午後忽覺悒鬱苦悶異甚，不自知其究為何因，惟時局益艱，馮[2]、李（濟深）與共匪勾結，將以新政治協議名義號召各方反動派，願為共匪驅使利用，希圖推倒政府，而不惜國亡種滅之禍。馮前週聞已由美國潛入香港，則其陰謀益顯矣，德麟〔鄰〕遲遲不回南京，並以白之言意測之，則德與馮、李本為一邱〔丘〕之貉，其為共匪煽惑合流不無可能，但此其絕路，徒苦吾民，而於政府根基無損也。
朝課後遊覽庭園，獨在背陂新臺上朝餐，記事，批閱公文。近午在園蔭中草地上假眠，閒觀石刊美廬紀念也。下午考慮時局，與布雷談話，晚課如常。

八月十三日　星期五　氣候：陰　微雨

雪恥：一、幣制改革決於下旬實施。二、河南、江蘇主席應即發表。三、電文白來京。四、電邱清泉來見。五、研究黨務改革方鍼。六、銀錢業停業期

1　胡即胡宗南。
2　馮即馮玉祥。

間之工作應先有具體決定。七、對北平「七五」事件[1]東北學生無理取鬧，應嚴加懲處，勿再放縱。八、公私立銀行外匯登記之具體辦法。

朝課後遊覽庭園，隨時指示石刊「美廬」，甚感興趣。記事，批閱公文。下午審閱改革幣制案令稿畢，考慮取締後方共匪潛伏分子與全國總體戰之計畫，以及黃埔學生重新組織方案之研究，認為此時更有必要也。晚課後，司徒與白齊爾海軍司令來山作客，晚餐後，與妻步行至吼虎嶺上折回，默禱後入浴，十時半就寢。

八月十四日　星期六　氣候：晴　晡雨

雪恥：今晚與司徒討論中國局勢如此艱危，共匪猖獗鴟張，其宣傳煽動深入社會，誠所謂無孔不入，無微不至，而且經濟困窮，軍民交困，食米竟至五千萬元之貴，然而民心並不因生活痛苦而猶〔有〕所動搖，其間投機分子與共匪工具雖到處煽動反對政府，破壞威信，但一般人心仍安定如常，毫無附匪叛亂之徵候，何哉。司徒稱人民不願共產之故，余謂此非主因，須知中華民族精神、國家意識，尤其是革命歷史與領導者道德與人格所感召之故，否則如果是另一政府，或如往日之北京政府，則復將如何變化耶，彼言明日再加討論。可知司徒住我國雖久，而毫未察知我民族與國家之基礎所在也，其他者更無論矣。

朝、晚課如常，批閱公文，重修剿匪問答，對北平之東北學生主嚴處也。

1　見七月十日後「上星期反省錄」。

上星期反省錄

一、前在莫干,今登匡廬,沿途鄉民扶老攜幼,不論男女皆以一睹余為快,到處觀眾塞途,其喜色歡聲親愛之狀,無異家庭骨肉天倫之樂,余對此惟有慚樂交感。今日米價已至每石四千餘萬元之高,誠所謂米珠薪桂,人民受匪亂經濟之壓迫苦痛,乃有史以來所未有之窮境,而人民對余猶如此愛戴歡欣,不惟毫無怨聲悲容,此何故歟,豈非民族植基深厚,革命精神猶存,故人心不去,雖苦猶樂所致乎,因之信心益堅。共匪雖狡橫異常,美馬雖百計陷害,其如余順天應人何也。

二、本週住廬,對於經濟與政治、外交考慮頗切且皆有決定,尤其修正剿匪問答,用心更苦也。

本星期預定工作課目

1. 河南、江蘇省府之改組。
2. 青島司令之調換。
3. 各大學潛匪之取締。
4. 新幣之發行與緊急令之頒發。
5. 總體戰案之研究與實施之準備。
6. 召集各銀行負責人,令其登記外匯。
7. 黃埔學生組織之具體方案。
8. 北平警備司令人選之準備。
9. 北平「七五」事件應嚴加處治。
10. 韓國政府之承認手續及方式。
11. 軍會督導團之成立。
12. 戰略經過之檢討。

八月十五日　星期日　氣候：晴　未申雷雨

雪恥：一、武器先補充預備兵團。二、中訓團移至廬山。三、不法學生應送至匪區。

注意：一、美國大使對我國民族精神與領袖人格毫不注重，此與俄國對我研究深入，特別重視這兩點，所以其急求國共再事妥洽，並不惜邀美國參加者，而美國只知自大，以為俄畏美，所以不敢使中共統一中國。其實俄史始終認定以為非余不能統一中國，非聯余不能得民眾之信任，亦不能增強中俄之關係，而美馬夢〔蒙〕昧無知，任俄離間，自傷其中國之友義與助力，可痛。

朝課後遊覽庭園，處理要務，到聯合禮拜堂聽道。正午順訪白吉爾與司徒，切告司徒美國不認識中國之真相與內容，未能如俄之深入，故一任俄之玩弄，殊為可惜也。下午研究黨務條陳及剿匪問答，晡與美友步行至含鄱口野餐，途中與傅涇波談美國事。

本日韓國民選政府成立，我政府即宣布臨時承認，此乃余平生願望之一也。

八月十六日　星期一　氣候：晴　乍雨

雪恥：昨晡在含鄱口野餐，深得心廣〔曠〕神怡之樂，與白吉爾夫妻[1] 隨地閒談，信步暢敘，不覺其倦而饑也。八時後回途乘輿靜默，晚課如常，入浴後寢。朝課後遊覽庭園，與張軫談河南省府組織與人選畢，批閱公文，清理積案，審定華中剿匪作戰計畫。正午與張君勱談憲法與立法院事，宴客。下午再修正剿匪問答，頗費心力，此等小事非自我用心動筆不可，但此事實關剿匪成敗最大，不得不自動筆也。晡與司徒談話後，約其與白吉爾同往大天池遊覽野餐，始則雲霧罩山，最後則豁然開朗，夕陽爭照，益顯天池寺風景之優勝

1　白爵（Oscar C. Badger II）及其妻子伊莎貝爾・白爵（Isabelle Badger）。

以及其地位適中，實為廬山山上之第一名勝也。回途靜默，晚課，回寓已九時半矣，送客後，入浴，就寢。

八月十七日　星期二　氣候：乍晴乍雨

雪恥：余對司徒明告以今日之中國即等於歐洲之全洲，而且暹邏、緬甸、印度、越南、朝鮮皆須以中國為樞紐，以東方人民智識之淺，政治之弱，組織與制度皆未入軌，俄國運用各國共黨，其勢力浩大甚於歐洲，而美國以全力援歐，對華之艱危則熟視無睹，無論以情以理皆非美國富於公理感之民族所能出此，而乃馬歇爾竟明援暗阻，以欺騙其議會與人民，是誠何心哉。彼不知共匪之所以反蔣者即為反美也，更不知余蔣之百折不回、誓死奮鬥者，不惟掩護我民族與亞洲，實亦所以掩護美國，此乃美馬所不知，反以以友為仇，而為其敵所快也。

朝課後約石鳳翔君 [1] 來談約一小時畢，批閱公文，記事，手擬長春各師長等覆電至下午四時方完，以此電對守長官兵之精神關係非尠，而於余之內心與職責亦應有以自慰也。往訪哲生未晤，即在萬松林前照影後回寓，晚課後餐畢，與妻散步松林路。

八月十八日　星期三　氣候：晴

雪恥：昨晚在松林路與妻攜手階〔偕〕行，往返於原路回寓，月明氣清，不啻夢遊仙境也。

1　石鳳翔，名志學，字鳳翔，湖北孝感人。西北近代紡織業的奠基者。先後擔任大興紗廠、西安大華紗廠、廣元大華紗廠經理，裕大華公司總經理。在臺灣創辦大秦紡織廠、中國人造纖維公司。其女石靜宜與蔣中正次子蔣緯國聯姻。

預定：一、戰地巡迴訓練班之組訓及參謀考核團。二、人事評判會、經理委員會、紀律監察會、撫恤會之督促與電催。三、軍會決議實施督導團之促成。四、龍韜可任視察或訓練組長。五、黃埔同學之組織。五[1]、綏靖與戡亂大隊等之統一組織直屬中央與歸各區主官之指揮。六、離鄉之地主與產權充公分配。

朝課後記事，批閱，遊覽庭園，修正剿匪問答至正午未完，約哲生聚餐。下午休息後，召見公權、家鳳等，四時半與哲生下山赴潯，七時半到京住北極閣宋寓[2]，途中靜默，晚課如常。晚約翁院長商談明日對政治會議改革幣制、管制經濟方案之提案，至十一時後方畢。

八月十九日　星期四　氣候：晴

雪恥：一、約各將領談話。一[3]、取締港匯與禁載經濟不法之消息。

朝課後記事，處理要務，召見墨三，聽取軍事準備報告，再修剿匪問答，增補為十二條，約見鐵城等談取締各大學不法學生實施情形。正午約德鄰、詠霓午餐，下午三時到政治會議，提出改革幣制與管制經濟之臨時命令，討論至六時乃作最後決定，修正幾點通過，此為三年來一貫之政策與惟一之主張，因子文、岳軍、公權、鴻鈞等皆畏縮不決，未敢執行，而今日雖以事急勢迫，不得不有此一舉，然詠霓與雲五能毅然實施，亦可謂奮勇難得矣。回寓入浴，靜默晚課後，經兒聚餐，在月下陪伴閒談，至十時後就寢。經赴滬執行此一大政策之實施。

1　原文如此。
2　宋即宋子文。
3　原文如此。

八月二十日　星期五（望）　氣候：晴　乍雨

雪恥：一、電宋[1]問取締港鈔辦法。二、嚴懲上海港鈔黑市之奸商，為懲處黑市着手之點。三、上海利率之標準速定，匯率亦須速定。

朝課後召見翁院長，知谷正綱[2]在政務會議反對基金監察會人選，其幼稚胡鬧，訓斥之。十時到中訓團訓話二次，對被俘釋回之軍官七百餘人痛切訓誡，苦不堪言。正午約集宣傳與黨務幹部會談，余對時局、經濟與學潮之處理、發表談話之方式及內容，與立法院展期復會之辦法。下午記事，約集國立各銀行局主要人談話，要求其所有外匯移存中央銀行，再約京滬銀錢業主要人談話，訓勉其擁護政策，執行命令後，召見宋希濂、范漢傑等，回宋寓入浴。晚課後，約見子良與吳開先[3]談話後，在月下與緯兒閒談，十時半就寢。

八月二十一日　星期六　氣候：陰雨　悶潮濕

雪恥：近來時局艱危益甚，事煩責重，但每次禱告必反省有否愧怍於心者，特成二句曰「不愧不怍，何憂何懼」，作為終身銘箴。

預定：一、黃埔組織之研究。二、香港政治與經濟之交涉。三、美國汽油之督促。四、約見美海軍顧問團長[4]。五，召見拉普翰與巴大衛。

朝課後批閱公文，清理積案，處理要務。正午約見王樹翰、孫震、楊愛源等

1　宋即宋子文。
2　谷正綱，字叔常，貴州安順人。1947 年 4 月，任行政院政務委員兼社會部部長。1950 年 1 月，出任內政部部長。
3　吳開先，字啟人，曾任中國國民黨上海市黨部主任委員、上海敵後工作統一委員會執行常務委員兼書記長等職。時任上海市社會局局長。
4　薩伯（Harry R. Thurber），美國海軍將領，1948 年 6 月至 8 月任駐華軍事顧問團海軍組組長。

聚餐，下午修正對新聞記者談話稿，召見邱清泉、桂永清[1]等後，晚課畢，召見毛人鳳、王雪艇、陶希聖等完，十時半入浴，就寢。本日見將領精神不振，軍務散漫為慮，然而幣制改革與學潮取締皆能順利實施，而且各大學共匪學生亦多能依法投案，大多數學生不為其所煽惑，可知政府威信尚在，法令仍有效力，只問政府執行有否決心與能否澈底耳。

上星期反省錄

一、韓國南韓民選政府已於十五日成立，是為余畢生志願之一，惟北韓為暴俄所強制霸佔，故韓未能有一統一政府，殊為遺憾耳。

二、美、英、法與俄交涉柏林問題，本週尚無結果，延宕遷移，完全為俄所玩弄，可笑。

三、美國外交之幼稚極矣，其對我國之認識不清更甚，難怪其輕侮譏刺百出也。

四、改革幣制與取締各大學共匪分子前後實施，此為國家轉危為安之機樞乎。

五、剿匪問答之修正幾乎十易其稿，本週末始得完成此一重要之工作也。

六、總體戰與第二線兵團之補訓工作應特加督導，對長春撤守方鍼應速決定。

本星期預定工作課目

1. 黃埔同學組織行易社之研究。

2. 中訓團分遣一部在廬成立分團。

---

1 桂永清，字率真，江西貴谿人。曾任第二十七軍軍長、駐德、駐英大使館武官等職。原任海軍副總司令、代總司令，8月起升任總司令。

3. 招考退伍軍官受訓（八月十一日記事）。

4. 後方各省總體戰實施之步驟。

5. 轟炸石家莊及其附近匪巢。

6. 增加鹽稅令。

7. 武功記與歷代剿匪成敗史實之研究。

8. 劃定各兵團地區範圍內先施總體戰。

9. 新武器製造及組訓之督導。

10. 土地債券之速行。

11. 視察官考核其所屬部隊每月餉糧收支實情。

12. 令各大銀行登記外匯移存中行。

八月二十二日　星期日　氣候：大風雨　晡晴

雪恥：一、鹽稅增加之督行。二、傘兵總隊之復員。三、轟炸石家莊之準備。朝課後記事，批閱公文，手擬對記者談話稿重要一段，即人民與政府、國家為整體不可分之一段，使國民對其利害更有認識也。十一時到基督凱歌堂禮拜聽道，冒雨前往不敢或懈也。正午約翁院長與李彌來談聚餐，下午假眠後，忽覺戒除浪費崇尚節約之意義應與管制經濟並重，故再將最後一段增補修正，但對於增加生產之意未提，不無缺憾耳。清理積稿後，與傅孟真談美國情形約一小時，彼為一天真之學者，其身心已醫養復元甚慰。晡晚課後，與緯兒車遊東郊，視察修改舊寓工程後，回北極閣宋寓，晚設計紫霞洞新屋圖樣，十時就寢。

八月二十三日　星期一（處暑）　氣候：狂風暴雨

雪恥：一、自力更生之道：甲、鞏固後方基地。乙、健全基本實力。丙、建立軍政幹部政策。丁、加強政工教育與領導人才。戊、籌擬知行學社，改革現在幹部思想行動與作風，恢復革命與鬥爭冒險精神。己、整頓黃埔組織。癸〔庚〕、保持現有據點，充實現有兵力。辛、重起爐灶，另定戰略政略及總兵額與組訓方案。

朝課後到中央紀念週，回寓研究俄探情報文件，敬之、雪艇認以為真，而余一望而知其為對我恫嚇誘惑，使我妥協就範，但其助共辦法應認以為真也，俄國反間情報技術之高妙，殊堪欽佩。批閱公文，正午與傅孟真談歷代流寇始末史實，屬其搜求研究以供參考。下午重修剿匪問答及總體戰案，晚課，召見丁治磐等，晚再修剿匪問答。

八月二十四日　星期二　氣候：風雨時作　甚為年收憂也

雪恥：知行學社之組織大綱及規章之擬訂，以知行合一與知難行易為哲學思想基礎，以革命革心與立人立己為行動之標的，以自反自制、自立自強為自力更生之要旨，以負責盡職、雪恥圖強為重建革命、復興民族之急務，明禮義、知廉恥，崇節操重實行，服從紀律，嚴守秘密，為社員共同之守則。

朝課後召見翁院長、王財長，聽取昨日幣制改革第一日，各地市況平定，而且人民以金銀外幣來國家銀行兌換新金圓券者極為踴躍，僅上海一地收入約共美金有三百萬圓之多，可知人民對政府之信任與擁護之精誠，寸衷無限欣慰。批閱公文，下午手批總體戰實施辦法甚詳，對戰士授田與限制田額兩點甚費心力也。晡參觀敦煌畫像展覽會，晚課後，約談鹽稅與學潮事。

八月二十五日　星期三　氣候：猛風時作　惟雨已不大

雪恥：一、瓦斯炸彈之研究。二、武器先充實第二線兵團。三、傘兵之擴充與加強。四、陸總訓練與校閱各組業務之加強。五、增加各省征兵名額。六、電少雲增練騎兵。

朝課後，與叔銘研討對石家莊與平山匪巢之轟炸辦法，以及長春冬季空運與撤守問題，頗費精力，決先飛東北與華北視察後再定。美國刻〔尅〕扣我空軍汽油最為苦痛，美馬誠一不知大體，專挾私仇之小人，害人極矣。批示要務，正午研究東北與蘇北戰略甚久，乃作決定。下午召見巴大衛後，批閱公文，妻由盧山回京，晚課後，巡視舊寓修理情形，晚宴賴普漢畢，十一時後睡。心狹量小，自取煩惱，無謂也。

八月二十六日　星期四　氣候：晴

雪恥：一、約主要立委談話。二、召見國立與商辦銀行主持人，令外匯移存中央銀行。

本日為富戶救濟特捐事首都投票，有妻亦在富戶之中，敬之愚拙，間接轉達勸募之意而不直告，因之又動氣憤怒，乃召見沈怡市長[1]責其幼稚，惟彼並無惡意，故告其募捐之法，並由余家捐三百億圓，其實折合新幣金圓不過一萬圓而已。

朝課後約見為章，研討中原作戰方略，批閱軍事會議，檢討對匪戰法要目五則，予以修正詳示之。批閱情報後，到地圖室研究方略，決調第八十三師加強濟南防務，並使匪進攻濟南予以制〔致〕命打擊也。下午批閱情報，召見

1　沈怡，原名景清，字君怡，曾任上海市政府工務局局長、資源委員會主任秘書兼工業處處長、交通部政務次長等職。時任南京市市長。

將領五人，授美國海軍薩顧問[1]勳章，指示聯勤郭司令[2]製造武器及分配方鍼。
晚課後車遊下關，晚召見叔銘與柏園，記事。

八月二十七日　星期五　氣候：晴

雪恥：一、發起勤儉報國會：甲、宗旨：子、遵奉國家法規。丑、貫澈經濟
改革命令。寅、實行自力更生。卯、提倡節約儲蓄。辰、協助農工生產。巳、
宣布貪污實據。午、打破黑暗不平惡風。未、勵行新生活信條。乙、組織。
朝課後到府主祭孔子誕辰外，修正剿匪問答與剿匪要訣歌。正午宣傳會報，
研討各大學共匪學生傳審命令，經過波折已完全達成任務，此乃樹立政府命
令之威信，與經濟管制之效用同一重要也。提議勤儉報國運動要旨，屬擬具
體方案。下午召見王陵基等三人後，續修剿匪要訣歌至夜深脫稿，晚課畢，
入浴就寢。

八月二十八日　星期六（下弦）　氣候：晴

雪恥：今後組織應分三種：一、黃埔系軍事組織，即以知行學社為名。二、
政治與經濟性之組織，或以自力更生會，或以勤儉報國會為名。三、黨團之
組織，以復興民族，恢復革命精神，遵守紀律，執行決議為宗旨，其名稱是
否以中華革命黨或行易學社為名再定。
朝課後記事，批閱公文，對於勤儉報國會之組織尚未能有具體之研究，誠以
此舉關於本黨成敗之關係甚大，故不能不加以慎重耳。下午審閱軍官組織方

1　薩伯（Harry R. Thurber）。
2　郭司令即郭懺。

案初稿，未盡妥善，應從詳研究。四時重審剿匪問答，為最後之核定，令即頒行。晚課後，約宴德鄰等畢，心緒抑鬱，事多心煩，如無國家存亡關係，則早遁世隱避矣。車遊陵園後，回宋寓就寢。

上星期反省錄

一、幣制改革與經濟管制自本週一日起實施以來，除粵、川等省以新金圓比值與當地物價差額過高，略有漲落以外，其他皆甚穩定，而且金銀美鈔來兌新幣者皆擁擠異常，一星期中共收總數以美金計，約有一千八百萬元以上，人民擁護政策如此熱情以及如此成績，實出意料之外，因之人心為之一振，政府威信亦突然增強。以如此行將崩潰之經濟，在財政經濟專家以為絕望決難挽救者，而竟得轉危為安，可知人心未去，只要政府能自振作實幹，人民莫不遵令守法，愛國自愛也，感謝天父恩澤無量。

二、剿匪問答、總體戰綱要與俄國反情報，以及新武器分配製造計畫與軍事檢討會議結論等要案，皆已如期批示審定完成。

三、對各大學共匪潛伏分子之逮捕，初時各大校長皆猶疑不定，其中反動教授更為反對執行，卒以準備周密，並依據法理再三交涉，忍耐說服，最後警察入校檢查執行命令，達成任務。此一行動之完成，實在政治上增強無限之力量也。

本星期預定工作課目

1. 黃埔組織之研究。
2. 勤儉報國會之組織與幹部。
3. 黨務方鍼之研究。

4. 召見立法委員。

5. 東北行期。

6. 新剿匪手本之重審。

7. 軍政幹部訓練計畫。

8. 對俄、對共方略之研究。

9. 國家行局外匯之移存中央令。

八月二十九日　星期日　氣候：晴間陰雨

雪恥：晨起朝課後，手擬令稿三通，督促翁[1]速籌發行國營事業股票，與何、顧[2]辦公速實辦法，皆極重要之業務，國防部太無精神矣。上午記事，十一時在基凱堂禮拜，聽誠怡質〔質怡〕牧師[3]講道甚好，回途在舊寓視察修建情形後，回北極閣宋寓召見公俠主席，令嚴屬執行取締浙大共匪學生，並約關麟徵聚餐，彼乃一忠義之士也。下午再補剿匪問答第九條淺說後，約黃、鄭[4]各幹部商討勤儉報國會組織與宗旨，指示太切，反生弊竇也。記反省錄。晡車遊東郊後，晚課畢，約印度大使[5]聚餐，說明王部長代表余赴法，順道訪印，協商兩國更進一步之關係也。

1　翁即翁文灝。
2　何、顧即何應欽、顧祝同。
3　誠質怡，時任金陵神學院新約兼希伯來文教授。
4　黃、鄭即黃少谷、鄭彥棻。黃少谷，湖南南縣人。歷任國防最高委員會秘書廳處長、軍事委員會政治部第三廳廳長、政治部副部長、《掃蕩報》社長等職。本年 7 月起，代理中國國民黨中央宣傳部部長。9 月 1 日，受命起草《勤儉建國運動辦法》。1949年 2 月真除，4 月辭職。8 月，任總裁辦公室秘書室主任。
5　潘尼迦（Kavalam M. Panikkar），印度外交官，1948 年至 1949 年任駐華大使。

八月三十日　星期一　氣候：晴

雪恥：一、覃異之[1]、姚炳〔秉〕勳[2]之工作速派。二、國防部嚴禁偷竊水電與
浪費汽油。三、軍隊核實實施辦法。四、減省汽車與汽油。五、汽車牌照稅
加重。六、十人團監督浪費打不平。七、商業銀行增股款。八、喬家才[3]與白
蓮成〔丞〕[4]之追究。

朝課後手擬令稿數通，令總統府、國防部減少汽油、車輛及裁汰人員為節約
之倡導，到政治會聽取外交報告，召見周至柔、郭悔吾研究窒息性及新武器
之製造辦法，批閱公文，妻飛滬休養。下午增修剿匪問答，會客數人後修稿，
直至八時方畢。晚課後，與王財長[5]、王外長[6]談物價與監督軍費等問題，以公
教人員薪金太少，與公用事業尤其郵電費太低，不能維持現狀為慮。在中秋
節未過以前，只有由政府津貼，一併勸導公教人員忍痛報國而已。

八月三十一日　星期二　氣候：晴

雪恥：一、廣東訓練分團之人選梁華盛[7]。二、山西空運部隊。三、現階段
匪情與應取之戰略。四、課程表之修正。五、組織與訓練之重來。六、糧食

1　覃異之，廣西宜山人。1947 年 10 月，出任第八兵團副司令官兼第五十二軍軍長（1948
　　年 5 月免兼），當選為第一屆國民大會代表。1948 年 8 月調國防部部員。9 月，出任
　　總統特派戰地視察組第十一組組長，11 月任首都衛戍副總司令兼江北（設於安徽滁縣）
　　指揮所主任。
2　姚秉勳，時任青年軍第二〇二師師長。
3　喬家才，時任國防部保密局北平站站長，本年 7 月間因馬漢三案遭拘押。
4　白蓮丞，山西太原人。時為保密局天津站站辦企業三有公司華北辦事處主任，本年 7
　　月間因馬漢三案遭拘押。
5　王財長即財政部部長王雲五。
6　王外長即外交部部長王世杰。
7　梁華盛，原名文琰，曾任第五集團軍副司令官、吉林省政府主席等職。時任東北保安
　　副司令，本年相繼出任東北剿匪總司令部副總司令兼第一兵團司令官、長春綏靖公署
　　主任、瀋陽防守司令。

登記。

朝課後記事，手擬令稿，指示河南購糧撥款與軍費監理委會之組織，批閱公文。正午訓練會報，指示今後訓練方鍼與檢討此次對各大學共匪分子取締之成績，實為本黨對敵鬥爭技術之一大進步也。下午研究立法委員召見名單，審閱條陳與意見書後，召見宋希濂、鄭彥棻、鄭介民等畢，再作剿匪問答最後之修正，至七時半方畢。晚課後，約見倪文亞[1]等，再檢讀剿匪要訣歌，作最後之修正付印，十時半入浴。

---

1 倪文亞，浙江樂清人。曾任三民主義青年團中央訓練處處長、組織處處長等職。1948年當選第一屆立法委員。

上月反省錄

一、最後一週報復仇恨之念突起，而且間有邪思，實為不正之妄念，可知修養功夫並無進益，而反見退步也。

二、共匪晉南孔從周、陳賡諸股偷渡黃河南犯豫西，至八月下旬已一年矣，其勢焱日張未已也。

三、基督凱歌堂已於一日正式開幕，抗戰以來十餘年之宿願至此始償，於心竊慰，然覺太遲耳。

四、取締各地大學之共匪分子準備數月之久，始於十七日下令依法實施，其間惟北京大學略有波折，但卒能平安進行，達成任務，此於政府對整頓教育之計畫第一步已見成效矣。

五、改革幣制，凡自稱財政與經濟專家者皆持反對，不惟懷疑，而且預料必立見失敗，但實施以後十日之間，收兌現金有美鈔二千七百萬元之多，此為任何人所想像不到者，豈非天父佑華與人民擁護有以致之，更可知民心猶在，無論共匪如何狡詐，不知動搖其對余之信心，因之自信益堅，但不知對我國民如何圖報耳。

六、軍事檢討會議以敬之洩氣怨尤，對上不忠，對下無信，以致將領意志散漫，效果甚尠也。

七、官兵剿匪問答十易其稿，朝夕用力未敢或懈，甚望其效果能不亞於往日之剿匪手本也。

八、本月核定重要文件，如總體戰及軍會檢討、剿匪戰術要則，尤其俄國反間文件之研究，皆甚有益也。

九、本月份軍事穩定，各戰區無甚變化，惟陝北卅六師損失半數，殊為遺憾，其他經濟、教育、政治較有進步，其乃國家轉危為安之一月乎。甚願在基督凱歌堂開幕禮成以後，一切困難危險皆賴天父保佑，順利解決，不使基督信徒長受羞恥，無愧為上帝之子民則幸矣。

蔣中正日記
Chiang Kai-shek Diaries

九月

蔣中正日記
Chiang Kai-shek Diaries

民國三十七年九月

本月大事預定表

1. 土地債券案之提出與督導。

2. 京滬區、蕪湖、無錫各地糧食之登記。

3. 京滬區總體戰實施之準備計畫。

4. 總體戰後方各省實施會議。

5. 黃埔組織之幹部人選。

6. 新剿匪手本之重審。

7. 軍政幹部之訓練計畫。

8. 巡視華北與東北之日程。

9. 黨務改革之研討。

10. 銀行收歸國有之利弊如何及時機之研究。

11. 政府國營事業與日用品歸政府統購辦法。

12. 政府掌握物資計畫。

13. 整風運動之對案，革心與改造之研究。

14. 軍額核實辦法與補給制度之督導。

15. 尊重士兵人格與逃兵自白以及火線逃兵嚴處。

16. 官兵（各級）戰地攜帶行李重量之規定。

17. 各級官兵勤務兵人數之限定。

18. 提高將志與士氣之要點（官長論戰績，士兵升官長）。補習教育。

19. 學習和執行黨的各項政策之重要。

20. 重興本黨必須從新訓練幹部開始。

21. 剿匪戰略之研討與審定。

22. 組織與訓練之重來（黨政軍）。

九月一日　星期三　氣候：晴　悶熱

雪恥：一、上海警備旅速成立。二、國防部對剩餘物資及敵產速交政府出售。三、令上海地政局與信託局敵產處[1]主任來見。四、揚中縣潛匪肅清，派戡建隊進剿。五、總體戰京滬速行。

朝課後記事，批閱公文。正午宣傳會報，對管制經濟與勤儉建國運動之發起與組織，以及立法院今後注意之點加以檢討，皆以公務人員薪水折合太少，多有異辭，余將以「束緊肚帶」之意勸之。下午召見立法委員八人，詢問其對黨務意見，一人一說，八人八說，並無共同意見，余以為只有暫就現狀不予改變，待軍事勝利後自可解決之說較適宜也。晚課後，重讀剿匪問答及要訣歌，再加以修正，至十時後方畢。

九月二日　星期四　氣候：晴

雪恥：敬之之愚拙不自知，其對主持軍政部二十年來因循苟且，不肯負責努力建立軍隊之人事與經理制度，以致今日國破民困，而彼猶厚顏自稱其為已可以對得起國家，並反對設立軍費監理會，以辭職相脅，既不肯自強，而又不許人與問，一意把持，必使軍敗國亡，將任外國來監督國防軍費而後已。

1　全名「中央信託局蘇浙皖區敵偽產業清理處」。

此其卑劣之性情與思想，誤軍者必此人也。如其果辭，則應照准，不可再留也。

朝課後召見敬之，彼之思想言行之錯誤卑劣，實犯不可救藥之死症，為之奈何。談後不甚悒悶，批閱公文，記上月反省錄。下午召見王陵基主席及立法委員八人，頗有益也。晚課後，獨在院中散步，晚約翁院長、顧總長、郭總司令[1]談國防費監理會事，應照常如計組織，勿為何[2]阻也。

九月三日　星期五（朔）　　氣候：陰　乍雨

雪恥：軍事、經濟、黨務皆已敗壞，實有不可收拾之勢，因之政治、外交與教育亦紊亂失敗，亦呈崩潰之象。再三思維，如能先挽救軍事，則其他黨務經政皆不難逐漸補救，否則軍事不能急求成效，則不如先在後方着手。如能穩定經濟，則後方人心乃可安定，前方士氣亦可振作，然後再謀軍事之發展。只要軍事能轉敗為勝，則黨中叛徒與政治反動者皆必俯首就範，不成問題矣。故對黨務決暫維現狀，緩圖改革，一俟經濟改革有效，立即全力從事於軍事，以期有濟於黨國也。

朝課後記事，到靈谷寺正氣堂致祭陣亡將士畢，巡視西墓與雨農[3]之墓後，遊覽紫霞洞勘察屋基，再至舊寓視察修屋，指示改正各點，回宋寓。下午批閱公文後，召見十餘人。晚課，循誦吳稚老撰書先慈王太夫人傳，其最後一段更有力也。晚約翁院長談軍費監理會事，與沙秘書談修譜事。

1　翁院長、顧總長、郭總司令即翁文灝、顧祝同、郭懺。
2　何即何應欽。
3　戴笠（1897-1946），原名春風，字雨農，浙江江山人。曾任軍事委員會調查統計局處長及副局長（負實際責任）、中美特種技術合作所主任。1946 年 3 月，於軍統局代局長任內，搭機失事身亡。

九月四日　星期六　氣候：陰雨　晨悶熱

雪恥：一、約鄭介民、郭悔吾來談。二、總體戰幹部之訓練計畫。三、軍事幹部之訓練計畫。四、整頓稅收及當日報解手續。五、張耀明[1] 繼楊彬任。

注意：一、整軍要領：甲、訓組政工幹部。乙、訓練剿匪戰術上中級將領。丙、傘兵之整練。丁、新武器之督造與編訓。戊、情報保密封鎖。跳傘技術人員之養成。己、監察員（人、財）、視察員（對監察）之待遇及業務之重訂。二、總體戰人員之養成：甲、登記糧食戶口。乙、訓練壯丁與自衛武力之管制。

朝課後記事，批閱公文。正午召見吳國楨市長，對於上海管制經濟問題彼過憂慮，余以為必可設法克服也。經兒將滬上最大紗商榮鴻元[2] 與杜月笙之子[3] 等拿辦交法庭，可謂雷厲風行，竭其全力以赴之，惟忌者亦必益甚。此為國為民之事，只有犧牲我父子，不能再有所顧忌，惟天父必能鑒察也。下午清理積案，會客，晚課。

上星期反省錄

一、國家各銀行外匯皆已集存於中央銀行，其總數共計約一億餘美金，較之改革幣制以前增加四千〔萬〕美金，又兩星期以來人民以現金外幣來兌金圓新幣者，約計共有五千〔萬〕美金，其數可觀，人民擁護政府之熱忱令人益感愧怍，但兩年來時時為通貨膨脹所威脅之恐怖心理，至此方得惴〔喘〕息一時，但前途殷憂甚多也，惟天父佑之。

1　張耀明，陝西臨潼人。曾任第五十二軍軍長、第九集團軍副總司令、第四集團軍副總司令兼第三十八軍軍長、整編第一軍副軍長兼整編第三十八師師長等職。時任整編第三十八師師長，11 月 30 日就任首都衛戍總司令。

2　榮鴻元，名溥仁，上海實業家榮宗敬（1873-1938）長子。時為申新紡織公司總經理，因「套購外匯」違反經濟管制為蔣經國扣押，後判緩刑，未久離滬赴港。

3　杜維屏，杜月笙之子，時為上海中匯銀行經理，被控以「囤貨炒股」、拋售永安紗廠股票，遭蔣經國扣押。

二、抗戰勝利至星期五日卻〔即〕為三週年，內心只有慚惶，以勝利以後，因余無決心、太疏驕，以致國破民困。如果不能澈底消滅共匪，則功敗垂成，何以自處，惟精神安樂異常，深信上帝必不負其忠誠之子民也。

三、黨務、軍事與經濟三者半年來傍徨無主之現象，本週因經濟之好轉，其他方鍼亦有所決定矣。

本星期預定工作課目

1. 商業銀行外匯強制其移轉於中行。
2. 軍事重整訓練主任人選之決定。
3. 總體戰幹部組訓之人選及計畫之擬議。
4. 糧食登記及購儲之督導。
5. 東北行期與黃埔組織之設計。
6. 整頓稅收及簡化手續。
7. 長春方略之決定。
8. 各兵團組織與補充之研討。
9. 剿匪整個計畫及方鍼之擬定。
10. 軍費監理會之督導。
11. 整軍着手要目與設計。
12. 勤儉建國會之發動。

九月五日　星期日　氣候：雨

雪恥：高級將領精神團結與思想統一之道。

預定：一、國防部減少汽車數量之報告。二、陳章[1]任 63 師師長。三、國防部辦事效能令實施否。

朝課後記事，記上週反省錄。十一時到基督凱歌堂禮拜，行聖餐禮畢，回北極閣召見俞鴻鈞，聽取兩星期來金圓券兌換情形，及國家行局外匯移入中央銀行數字，並指示其對商業銀行外匯強制其移存之方鍼。此種奸商李銘[2]等非嚴厲處置，決不能望其自動報國也。下午記預定表後，口授令稿約五十餘通，兩月來所耽誤之手札，至今方得清理完畢。晚課後，約翁、俞、王[3]等聚餐，指示對商業銀行之辦法，並慰留王雲五財長，以其為秘書陶某[4]洩漏秘密，被人攻訐，因而請辭，特慰之。

九月六日　星期一　氣候：風雨

雪恥：一、農民銀行收購農產款項之核準〔准〕。二、日本購馬交涉。三、新兵征訓與師管區制之改革。四、青年軍之改制案查報。

朝課後到中央紀念週訓話約一小時，指示立法、監察兩院委員今後政府政策與經濟管制辦法，對於省縣自治法不宜輕易制定或實施，必須慎重出之。對

1　陳章（1902-1948），字戎光，曾任第六十二軍第一五二師師長、第六十三軍副軍長等職。時任整編第六十三師副師長，10 月晉任第六十三軍軍長。本年 11 月 11 日徐蚌會戰期間，於窰灣鎮陣亡。

2　李銘，字馥蓀，江浙財團核心人物之一。曾任浙江實業銀行總經理及董事長、國民政府公債基金保管委員會主任委員等職。時以全國銀行公會理事長兼上海銀行公會理事長的身分，擔任金圓券發行準備監理委員會主任委員。上海經濟管制期間，遭當局猜疑私自留存外匯，一度遭到警告。

3　翁、俞、王即翁文灝、俞鴻鈞、王雲五。

4　陶啟明，時為國民政府財政部秘書，在金圓券幣制改革措施發布前，和徐百齊共謀拋售股票牟利，經以洩密罪嫌逮捕後，判處七年徒刑。

上海王林〔林王〕公司[1]私營外幣黑市案判決處死刑後上訴，聞有力者向司法院說情，警告王、謝[2]應照原判處死，不得變更，否則上海經濟管制將前功盡棄矣。正午召見健生，約談一小時後，召開勤儉運動籌備會議，討論至二時後方畢。下午修正講稿，直至八時後完稿，晚課如常，十時半就寢。

昨晚得馮玉祥在俄國敖得塞港外俄船上焚斃，俄國諱莫如深，其在上月卅一日斃命，至昨始發表，可知俄史之陰謀如何之深秘，俄共謀我之陰險與馮逆叛教之罪孽並發，此乃難逃天誅之明證也。

九月七日　星期二　氣候：風雨

雪恥：一、各大學管理應加強，校舍不得寄住校外之人。二、共俘或共犯與傷兵不移臺灣。三、中訓團訓練課目以總體戰為必修課。四、武漢警備旅長人選。五、戰車與裝甲車收回集中。

注意：一、現階段匪情及其企圖與我戰略之研究。二、大別山繳獲武器查解。三、羅廣文部武器速發。四、兵役改採升格制辦法呈閱。五、檢閱傘兵部隊。六、南京核心工事圖案及經費。七、李良榮[3]為閩主席。

朝課後記事，經兒由上海來報告經濟管制情形，往日所有黑市與囤積等弊，多有我黨政當局為首，言之痛心，但由此澈查，所有上海黑幕皆得發見，實堪欣幸。批閱公文，發覺第五軍與長春六十軍紀律廢弛一至於此，不禁為之寒心。如此軍紀焉得不敗，其國不亡者，非天父佑華之恩澤乎。正午召見邱清泉與魏道明等與訓練會報。

1　王春哲，時為林王公司總經理，因套購黃金外匯違反經濟管制遭到逮捕，經上海高等特種刑事法庭判處死刑。

2　王、謝即王寵惠、謝冠生。謝冠生，本名壽昌，字冠生，浙江嵊縣人。時任行政院司法行政部部長，12月調任司法院秘書長。

3　李良榮，號良安，福建同安人。曾任第九綏靖區司令官、整編第二十八師師長、陸軍第一（南京）訓練處處長。9月調任福建省政府主席。

九月八日　星期三（白露）　氣候：晴

雪恥：昨日下午研討蘇北、西北、華北與長春軍事方略，除長春以外，甚為太原與西安近情深憂也。晚課後，約宴五院院長、副院長畢，記事。

預定：一、召見劉茂恩、楊愛源。二、補充兵源與速募方法之研究。三、修鐵路必須與護路碉堡同時實施。三[1]、國防部汽車號數取消數目速報。四、令各軍必唱剿匪要訣歌及讀連坐法。五、檢閱傘兵。六、組訓軍幹主任人選。

朝課後記事，健生來談美國武器分配意見，總想擴充其本身軍隊為第一也。批閱公文，會見曾琦、徐戡〔堪〕。正午宣傳會報，有人甚恐立法院有取消臨時條款之主張者，余不以為意。下午會客後，審核令稿四十餘通，獨遊東郊，視察大風後農作物，尚未受災，此心頗慰。晚課如常，晚核定親友中秋節金，十時半就寢。

九月九日　星期四（重九）　氣候：晴

雪恥：馮逆焚斃之日期在上月卅一日，而共匪九月一日廣播成立華北人民政府，其所謂華北臨時人民代表大會，在石家莊西北之平山縣西焦村，自八月七日至十九日開會，其人民政府委員雖已選出董必武[2]等廿七人，然其主席何人則未宣布。很明顯的，此次馮逆赴俄，乃任華北人民政府之傀儡也，而共匪始終不敢成立其共產政府，必欲覓一馮逆者為其傀儡以掩蔽其面目也。俄對馮逆行動之保密，其乘船經土耳其海峽時且冒犯航規，不聽當地海峽之停止命令，以其恐馮之行動被洩也。然而天網恢恢，竟於其途中焚斃，使俄共陰謀完全暴破，此誠上帝佑華之明證，馮逆之斃亦即俄共敗亡之預兆也。

1　原文如此。
2　董必武，原名賢琮，又名用威，字潔畬，號壁伍，湖北黃州人。曾任國民參政員，時任中共中央政治局委員、中共中央財政經濟部部長。

本日朝、晚課與批閱情報如常，惟為商業銀行李馥生〔蓀〕等之奸詐，余欲嚴懲，而俞鴻鈞則畏縮因循，不敢任怨，故憤怒頻作，事後悔過，自覺無為也。

九月十日　星期五（上弦）　氣候：晴

雪恥：昨日上午憲政督導會成立，余到會致詞後，與德鄰同至其寓所敘談半小時回寓。下午召見數人，批閱情報，晚課後，赴國防部巡視，晚約顧、周[1]等聚餐，與黃仁霖談軍人服務社與電影宣傳計畫，記事。

注意：分層負責，新陳代謝。

朝課後批閱公文，清理積案。正午約為章來談，研討剿匪戰略與現狀，彼以為共匪此時在積極培養實力，建設其佔領匪區與鞏固其組織，而不必進攻我重要都市，故其判斷不致對太原或長春取積極攻勢也。下午記週課時間表，會客十人畢，審閱勤儉運動綱領。晚課後，約翁院長等商談對商業行莊外匯存款辦法，決以其呈報不實數字太少者繼續查究，而其數額比較確實者則即予結束，並嘉勉之。

九月十一日　星期六　氣候：晴

雪恥：一、嚴禁走私，封鎖匪區，防制偷漏，是制匪死命之一法。二、政工人員獎款與特津。三、各省府協助征兵，對新兵負責優待，與監察征兵人員舞弊，並屬民意機關督導。四、核實兵員與提高待遇。五、一切為前線。六、

1　顧、周即顧祝同、周至柔。

覆季〔紀〕常[1]電。

朝課後召見雪艇、少谷等，美國使館克拉克[2]者對我外部不准其飛機自由飛行，但只要求其飛行以前先要報告其目的地，得我政府批准，並非絕對禁其飛行，而克不以為然，轉托傅某[3]對余請求仍許其自由飛行，余嚴拒之，此種職業外交家仍視中國為殖民地也。批閱軍事公文，對國防部行政效率簡章批示甚詳也。正午約楊愛源等聚餐，與聿明談濟南接濟糧彈事。下午審閱勤儉建國會發起宣言後，研討南京城防工事，核定其先修築城內據點也。晚課後，修正勤儉會總綱。

上星期反省錄

一、近來妄念雜慾時生，此為驕泰淫佚之象，幸能強勉克制，勿使滋長，自覺修養有素之效也。

二、本週除指導經濟管制工作以外，專心於勤儉建國運動之籌備以及其綱要之訂立，此一運動比之新生活運動更有效果，方可使國民革命事業重奠基礎也。

三、召見立法委員卅餘人，聽取其各種意見亦甚有益，不特於政治與情感發生影響耳。

四、上海物價平穩，黑市幾乎消滅，此一滔天大禍尚〔倘〕能為經兒克服，則剿滅奸匪似更容易，此經濟實為戡亂之基業也。然非上帝保佑，焉能臻此，不勝感禱之至。

1　谷正倫，字紀常，貴州安順人。1947 年 4 月，特任行政院政務委員兼糧食部部長。1948 年 4 月，任貴州省主席兼保安司令，1949 年 5 月，兼任貴州綏靖主任。
2　克拉克（Lewis Clark）。
3　傅某即傅涇波。

本星期預定工作課目

1. 黨務方鍼之研究。

2. 黃埔組織之考慮。

3. 軍政高級幹部訓練主任之人選。

4. 兵役制度及地方團隊升格辦法。

5. 總體戰後方各省之實施。

6. 第二線兵團之督導（川、粵、臺）。

7. 傘兵之檢閱。

8. 京滬總體戰實施方案與準備。

9. 京滬蕪線糧食之統制辦法。

10. 勤儉建國運動會之唱〔倡〕導。

11. 新剿匪手本稿之重審。

12. 總體戰幹部組訓之人選及計畫。

九月十二日　星期日　氣候：晴

雪恥：一、指派黃仁霖接收美械。二、韓練成[1]事問白[2]。三、京滬總體戰及其幹部訓練計畫應利用國防部員。四、滇增保安隊照准。五、令劉秉哲[3]籌備總體戰。六、智識分子下鄉運動。七、發陳[4]款。

注意：一、勤勞運動計畫：甲、總動員。乙、登記糧食。丙、調查征接新兵。

1　韓練成，原名繼周，曾任第四十六軍軍長、海南島防衛司令官、甘肅保安旅旅長。本年10月間任西北軍政長官隨員時，因共諜身份暴露而遁走。

2　白指白崇禧。

3　劉秉哲，字鍾吾，曾任第五十二師師長、江蘇省政府委員、第二兵團參謀長等職，時任首都衛戍總司令部無錫指揮所指揮官。

4　陳即陳布雷。

丁、實行優待軍眷。戊、招待軍人所服務。己、清除後方潛匪。庚、鼓勵鄉村服務。

朝課後召見悔吾，追查上海佔屋，速報撥歸政府出售。到基督凱歌堂禮拜後，與張伯苓院長同車入城，送其回院。此老愛國信友，殊堪敬也。正午約宴韓國特使趙炳玉[1]等，彼特來謝也。下午審閱勤儉力行團章程及公約，與彥棻談話，以後每木曜日約見立法委員十人。晚課後，約為章來談，屬其重訂新剿匪手本也。晚與緯兒車遊南城及陵園，十時半就寢。

九月十三日　星期一　氣候：晴

雪恥：一、人事與經理制度之建立。二、教育訓練方鍼之確立。三、戰術思想之統一。四、補給裝備制式之統一。五、精神與思想之統一，此為建軍最大之前提，應如何擬定具體方案，督導實施。

朝課後記事，到政治會議畢，聽取敬之報告，蘭友對國大代表憲政督導會員之生活及無賴行為甚為憂慮，至今尚有六個招待所為代表留住不去所霸佔，以其窮無所歸，尚有可原，而其鼓動召開臨時國大予政府以威脅，更為可痛。回寓後，批閱公文，下午清理積案，審核美械分配表，會客，召見閩主席李良榮與蘇主席丁治磐，五時半對軍事會議督導員九十人訓話畢，巡視東郊，稻穀已收成大半，甚慰。晚課後，約鴻鈞談話，督責其對商業行局外匯移存中央，不可鬆懈一刻也。

1　趙炳玉，韓國民族運動人士，戰後出任駐朝鮮美國陸軍司令部軍政廳警務部部長，時任大統領特使兼出席聯合國代表。

九月十四日　星期二　氣候：晴

雪恥：一、嚴令公文覆出不得超過五天，否則懲治其主管與承辦人員。二、粗枝大葉即粗心大意，疏忽浮淺，最為害事。三、投機取巧是共匪敗亡之癥。四、奢侈為建國之敵，勤儉乃立身之本。五、不貪戀都市奢華，願下鄉為人民服務。六、封鎖匪區，根除走私，管制物資，防制偷漏，查察征兵弊端，愛護初征壯丁，防制保甲舞弊，查察兵役不公。

朝課後經兒由滬來見，教以「食鼠之貓不威」古訓，並多做實事，少發議論，免人指責。批閱公文，正午訓練會報與勤儉建國運動組織籌備會報，下午修正勤儉運動綱領，並手擬告民眾書。晚課後，召見翁院長等，指示加價日期應在下月初，不可改變太快，且須全國整個統盤調整，公教人員薪資亦應在內。

九月十五日　星期三　氣候：晴

雪恥：上海為全國經濟的中心，自經兒負責管制物價以後，至本週方得穩定收效。此一政策果能成功，其執行之功不得不推經兒為首也。

預定：一、人民剿匪問答速頒行。二、75師歸湯[1]督訓。三、剩餘物資與敵產呈報督售。四、魚肝丸送長春。

朝課後召見王耀武主席，聽取其防衛濟南之報告，決增調第七十四師到濟南加強防務。批閱公文，正午宣傳會報，商討勤儉運動之組織與籌備程序，下午到傘兵總隊檢閱訓話，即在途中修正對民眾告書及綱要甚切，六時灌片後，仍加以修正，另增普設合作事業一條。閱大公報社評，其欲破壞我幣制之心昭然若揭也。晚課後又加修正，直至九時方畢，與立夫談話，至十時半辭去。

1　湯即湯恩伯。

九月十六日　星期四　氣候：晴

雪恥：一、遵〔尊〕重士兵人格，禁止打罵，否則官長以違紀犯上同罪論處。二、政工人員用俘匪為參謀。三、二〇二師編軍。四、以後軍校招生先由青年軍考取。五、周力行[1]、曾京[2]可任武漢警備司、旅。六、姚葛民[3]任卅一師九十七旅旅長。七、令滬市長設計難民就業。

朝課後閱讀勤儉建國運動綱要全文，內心甚安也，批閱公文，手令國防部先實施勤運綱領。正午與岳軍談話，聽取其視察日本之報告，與麥克阿塞談話經過畢，召見孫丹林[4]等聚餐。下午以今晨早起傷風，清理積案，休息，召見十餘人畢，整書後，由北極閣宋寓遷回舊軍校原寓，修理已畢矣。晚課後，聞立法院明日提議增高公教人員待遇，不顧財政實際困難，並自違其憲法，徒使行政當局為難，立、監兩院近復不顧國策與現狀，專以地方觀念與個人權利為主，對大局與國事皆置之不顧，痛心極矣。晚約鐵城等，告以財政與國勢，囑其對待遇案設法打消，不提為要。

九月十七日　星期五　氣候：晴

雪恥：一、約糧食部長[5]與郭總司令[6]來見。二、約85D師長[7]來見。三、約立夫等來見。

1　周力行，湖北沔陽人。曾任聯勤總司令部第四兵站總監等職。本年1月起，調任聯勤總司令部上海港口司令部司令官。
2　曾京，曾用名冠華。本年10月，任武漢警備旅旅長。
3　姚葛民，曾任第五師參謀長、第五師第十三團團長等職，時任第五師副師長。
4　孫丹林，字漢塵，前同盟會員，曾任北洋政府內務次長、內務總長、上海中國興業銀行總經理等職。
5　關吉玉，字佩恆，曾任松江省政府主席、東北行轅經濟委員會主任委員、糧食部政務次長等職，本年6月升任糧食部部長。
6　郭總司令即郭懺。
7　85D師長即吳紹周。

朝課後批閱公文，召見熊笑三等。正午約杜聿明聚餐，為立法院要求增加公教待遇事，令人苦悶煩惱，此皆自討苦痛，未至民主程度而硬行民主，而且黨員應〔因〕此民主口號不知自愛自重，竟如脫韁之馬，一發而不可收拾矣。下午為勤儉建國運動督導事，手擬令稿數通。五時後，妻由滬回京共度中秋，晚課如常，緯兒夫妻[1] 來家聚餐。

本日傷風未痊，故未敢外出，晚餐後亦未能出外賞月，惟妻在京，尚不覺寂寞耳。共匪本日開始進攻濟南東面，本陣地所恃為最強固者竟為匪突破，情勢嚴重極矣，濟南得失所關甚大也。

九月十八日　星期六（望）（中秋）　氣候：雨

雪恥：共匪圍攻濟南只有一日，東面堅強工事陣竟為匪突破，西面機場亦被匪自齊河方面砲擊，空運軍隊無法繼續實施，情勢危急，有岌岌不可保守之勢。此乃無〔吾〕對增兵濟南之主張被國防部高級人員所轉移，未能事先空運，以致臨渴掘井，竟遭此厄，自覺不能專務軍事，而幕僚又無定見定識，不勝愧悔之至。如果照當時判斷匪必攻濟，作一切決戰之準備，此乃轉敗為勝之惟一良機，然已不及矣。今後惟賴上帝佑護，使我濟南可保，不使大局崩潰則幸矣。

朝課後得濟南危急之報，焦急不知所止，然仍照常批閱公文，未敢因此誤公也。十一時接暹邏新使[2] 國書，下午口授令稿十數通，研究濟南戰局，督導空軍全力援濟，以期轉危為安。晚課如常，今日默禱五次。

1　即蔣緯國、石靜宜夫妻。石靜宜，西北紡織大王石鳳翔之次女，臺中市宜寧中學創辦人。

2　彼耶亞匹班（Phya Abhibal Rajamaitri），泰國駐華大使，1948 年 9 月 8 日到任，9 月 18 日呈遞到任國書。

上星期反省錄

一、勤儉建國運動綱領已於十五日廣播發表，此一運動如果能推行不息，則戡亂建國之基礎皆能由此建立矣。

二、改革幣制與經濟管制初見成效，而共匪又向我濟南進犯，以余專事於經濟之指導，而對於軍事則反忽略，明知匪必進攻濟南，早可準備一切，空運部隊本定於一日開始，乃為幕僚與前方將領淺見者所尼阻，未能實施，及至匪攻開始而機場被匪砲擊，因之無法空運，而且東面陣地已為匪突破，危急萬狀，此乃余自無決心以致誤事至此，能不愧怍。

本星期預定工作課目

1. 中政會秘長及組織部問題之決定。
2. 軍幹訓練主任及計畫。
3. 黨政幹訓主任及計畫。
4. 政工幹訓之根本辦法。
5. 總體戰幹訓及計畫。
6. 上海警備司令問題。
7. 黨務方鍼之研究。
8. 濟南戰局之督導。
9. 勤儉運動之推動。
10. 黃埔組織之研究。
11. 視察華北與東北。
12. 秘書長調換。

九月十九日　星期日　氣候：晴　微雨

雪恥：本晨首先默禱敬卜濟南戰局之能保否，蒙上帝示我以「可保」，此心為之大慰，以上帝允我之恩許未有不實現者也，今後只要努力督導陸、空軍增援而已。

朝課後記事，研究濟南戰局，尚在原地相持，無甚變化為慰。昨夜如未惡化，或可漸穩，必能如上帝所允者濟南可保也。十一時與妻到基督凱歌堂禮拜畢，車遊湯山即回。下午記上週反省錄，批閱公文，手擬王耀武二電，督勉其堅忍苦守也。召見道藩等商打消增加公教待遇案。晚課後與妻車遊東郊，同為經兒前途打算，使之有成而無敗也。晚餐後納涼，記事。

九月二十日　星期一　氣候：陰雨

雪恥：昨夜臨睡之際，忽接耀武電稱第八十四師師長吳化文今晚投匪之報，不勝自慚。以吳本為韓復榘[1]之衛隊長，在抗戰降日編為偽軍，迨勝利後以其不附共匪，乃收編其為縱隊，後以其剿匪努力進升師長，且令兼任第九十六軍軍長，皆以其為中央如此精誠厚待，而彼又與匪力戰三年已成仇讎，萬不料其眷屬此次在兗州陷落時被擄而又送還濟南之故，即中共匪陰謀，竟在陣地上撤去，讓匪侵入我濟南西南角白馬山一帶，情勢危急萬分。今晨六時與耀武通話，其事果已實現，彼正在調整部署，固守城市也。

朝課後研究濟南調整部署辦法，到黨部對佘凌雲[2]等勸阻其提高公教待遇案自動撤消，彼不之允，可痛之至，黨紀掃地盡矣。

1　韓復榘（1890-1938），字向方，曾任山東省政府主席，抗戰初期棄守濟南，經以擅自撤退罪名審判處決。

2　佘凌雲，安徽蕪湖人。曾任中國國民黨中央組織部設計委員及研究室主任、新疆省建設廳廳長等職。時任第一屆立法委員。

九月二十一日　星期二　氣候：陰　微雨

雪恥：昨午重研濟南戰局，手擬耀武長電，勗勉其死守濟南，勿作突圍之念，並告其必能獲得勝利也。下午批閱公文，清理積案，研討戰局，召見十餘人，聽取理旅長[1]由匪放歸之報告，在俘官集中營所受之奇辱，似已有覺悟為慰。晚課後，約宴翁、王[2]等商經濟問題甚久，晚間濟南無線電話不通，甚念。

本廿一日朝課後，召見何應欽畢，研究濟南戰局，據空軍電臺報告商埠已失陷，千佛山等高地亦失守，如此濟南只留老城，似已絕望，後接報稱商埠與千佛山皆在我軍保衛，並未失陷者。各種不同消息誠演成瞬息萬變之狀，余固靜待耀武來電，方得證信也，但與其通話二次均不能明瞭，只聞其聲音則此心亦慰也。

九月二十二日　星期三　氣候：陰晴

雪恥：昨日上午以濟南戰報不一，寸心猶豫不安，然仍照常批閱公文，到訓練會報。正午與徐州杜光亭通話，稱商埠與千佛山皆為我軍據守並未失陷云，及至下午四時接到空軍實地偵察，及其與耀武司令陸空通話所得報告，與杜所報者相同，此心為之大慰，然每憶上帝允我濟南可保之預示，無不為之深信自安也。與妻車遊東郊及下關，召見二人。晚課後，手擬長電致耀武後，晚餐閱報，十時就寢。

朝課後研究濟南戰局，較昨日穩定，情形亦皆明瞭，此心略慰。批閱公文如常，正午宣傳會報時，對佘凌雲等破壞本黨政策，違反紀律，仍強提提高公教待遇案，言之不勝憤激，實因立夫對其幹部無法控制，無德無誠，專作政客而

1　理明亞，原名石俊，字明亞，國軍將領，整編第二十九旅旅長。1947 年魯西南戰役時，在山東鄆城被俘後釋放。
2　翁、王即翁文灝、王雲五。

毫無政治家風格，培植一生，結果如此，更覺自慚耳。下午會客七、八人，簽發手令，並擬令稿數通。晡與妻車遊東郊，晚課後，會商對立法院提案與解釋憲法等事。

九月二十三日　星期四（秋分）　氣候：陰雨

雪恥：朝課後督導空軍對濟南全力助戰，南京氣候不良，幸徐、平各方空軍皆能如計出動也。十時到中央研究院院士會議致詞，此為我國學術界最精深者之集會，故特參加祝賀也。回寓研究戰局，濟南永固門與桿石橋二方外城皆為匪突入，正在激戰，而商埠各據點不見符號，似已陷匪矣。批閱公文，下午審核兩年剿匪計畫，與王外長對俄使指責話稿，皆甚重要。屢與叔銘通話，決令其轟炸永固門內之匪也。晡與妻車遊東郊後，晚課。本日濟南情勢已極危急，但此心甚安，深信上帝允我之恩惠必不遺〔貽〕誤也。上海物價仍穩定，收兌黃金外幣者亦極踴躍，未受濟南戰局之影響也。

九月二十四日　星期五　氣候：陰

雪恥：北平警備司令人選應急定，宜生之意必欲派其所部充之，其對武鳴〔民〕已水火不能相容，且以辭職相要脅矣。關麟徵、王東原、李文三人中挑選一人，否則楚溪春[1]亦可應選。

朝課後研究濟南戰局，始報退守老城，城內安定，繼報城東南角已有匪突入，正在混戰中，不勝系慮。又接耀武報告，證實前消已確，甚覺危極，但此心

1　楚溪春，原名河，字晴波，原任河北省政府主席，2月兼河北省保安司令。

深信上帝必能保我濟南，故又轉自慰藉。直至下午四時，叔銘自濟南上空巡察三小時之久，始終未呼出耀武，電臺未能通話，又見城東南角缺口有匪不斷從容竄入城內，未見戰鬥，各電臺聯絡亦中斷矣。在人事言，濟南絕望矣，惟有上帝顯現奇妙神績，或有萬一之望也。上午批閱，下午會客十餘人，晚課如常，然而終日憂鬱不知所止，此完全為余增援初心為顧[1]所動搖之罪也。

九月二十五日　星期六　氣候：晴

雪恥：前月底本已決定空運第八十三師於濟增防，以期有備無患，且有建威消萌之意。孫子[2]云：無恃其不來，恃吾有所備也。而且明知匪之次一行動必攻濟南，此皆當時預計所及，後為顧[3]等高級幕僚與前方劉、杜[4]等所尼，以為匪無攻取大城市之企圖，不如多留一個師在徐州，增強野戰軍實力，如匪果有攻濟之企圖，再事空運不晚也。余並想到臨渴掘井恐誤戰機，但卒為所部動搖余之決心，准其緩運，以致因小失大，能不愧怍，然已後悔無及，惟來者可鑒也。

三夜來未得安眠，而以昨夜為甚。本晨二時醒後輾轉不安，以濟南失陷對外對內關係太大，有損於政府威信莫甚，政局、外交、經濟更難為拮据，共匪必益猖獗，軍事尤為劣勢，自覺無顏立世矣。朝課後得空軍報告，濟南今晨猶在戰鬥，並未為匪全陷也。研究戰局，決定今後戰略至十一時後方畢，批閱公文如常。正午召見鐵吾，下午會客，晚課如常。

1　顧即顧祝同。
2　孫武（約前 545- 前 470），字長卿，春秋時期齊國人。著名軍事家、政治家，兵家代表人物。兵書《孫子兵法》的作者，後人尊稱為孫子。
3　顧即顧祝同。
4　劉、杜即劉峙、杜聿明。

上星期反省錄

一、宜生與武鳴〔民〕不協，請求辭職，武鳴〔民〕固執愚拙，只為增加麻煩，而不能為余減少苦痛，可歎。

二、本週幾乎全為濟南戰局焦急，最後卒陷於匪，此實人事太劣，不能適應天父之保佑。萬不料王耀武腐敗、誇妄、欺蒙一至於此，於人何尤，實為余知人不明，用人不察，信人太專，不重組織，不加考驗之過也。今爾後應在組織、訓練、考核三者重新用力，或可糾正余一生之誤國乎。

三、濟南計畫明知匪必來攻，且可望其為全局轉危為安樞機，不料僚屬與所部腐敗拙劣，鑄此大錯，以後局勢艱困更難矣。

四、中央研究院院士會議成立，此乃學術建設之基礎，得此在憂患中藉以自慰也。

五、吳化文叛變以後，不僅影響於濟南之失陷，而其關於全國軍心，尤其關於馮玉祥舊部所殘留於國軍者約十五萬人之之[1]不安更為重大，從此軍心之團結尤難矣，思之寒心。

本星期預定工作課目

1. 政工、軍事、黨政幹部訓練與組織之重來。
2. 北平警備司令之人選。
3. 錦州戰局之督導。
4. 第二、第七十三師師長人選及組訓地點。
5. 勤儉建國運動與總體戰之督導。
6. 各物調整價格事之研究應暫緩實行。

1　原文如此。

7. 經兒所發起大上海青年服務總隊應予以軍事訓練，即為自衛隊之基幹。

8. 東北作戰方鍼之確立，嚴令衛[1]執行。

9. 京滬警備人選與工作之確定。

10. 長春駐軍方鍼與行動之指示。

九月二十六日　星期日（下弦）　　氣候：陰　微雨

雪恥：昨日下午仍探詢濟南戰況，以其八時後氣候惡劣，空軍無法飛濟，終日愁悶，惟已較前日為安矣。晚約中央研究院院士五十餘人宴會，與俊如談東北作戰計畫，彼亦氣餒請辭也。戰局逆轉，情勢不利之際，一般高級將領乘機爭權，挾匪要脅往往如此，白[2]則乃以每月要令武漢私籌一千萬金元為其個人支配，且不令中央知道也，可痛。時局稍變，則不測之徒即起異心，而況於今日乎。此為預料所不及，是亦余淺見之過，所謂人無遠慮必有近憂，誠余之謂也。

本日朝課後，即召顧、衛[3]等研討東北戰局，共匪已於昨日進攻錦州，衛猶猶豫遲疑，希圖自保瀋陽也，余甚痛其不學無術也，乃令其全力出擊增援錦州，及放棄長春之訓示，強制其執行也。十一時到凱歌堂禮拜，手令瀋陽各高級將領，下午研究戰局，晚課，記反省錄。

1　衛即衛立煌。
2　白即白崇禧。
3　顧、衛即顧祝同、衛立煌。

九月二十七日　星期一　氣候：晴

雪恥：一、加強政工防制反間及保密工作。二、改正各地工事方式及其戰術思想。

朝課後指示徐州、蚌埠、淮陰各據點之工事及配備要領，深鑒於此次濟南之失陷，其最大原因固為人事不臧，王耀武之腐敗誇妄，不務事實，而其工事方式之陳舊，且並未一加演習與想像匪來攻之對策，可說疏忽荒唐極矣，此種軍事將領焉得而不敗哉。上午到中央政治會議主席，自認濟南失陷，是余知人不明，用人不察之咎也。批閱公文，下午召見司徒大使，彼以濟南失陷為余深憂，且有不願見余威信喪失，貢獻改革參謀部人事意見，其用意雖善，然而余心難受極矣。手擬第二線兵團計畫，自覺費心且苦也。晚課後，與關麟徵、劉為章談話，關則直率而頑梗，可喜亦可歎也。

九月二十八日　星期二　氣候：雨

雪恥：一、令國防部各機構檢討濟南失陷各種之弊端與原因，最大者為高級司令部之人事與組織中央不能控制與指導也，因之其濟南第一、第三處處長皆臨變投匪，此為王耀武疏忽昏愚最大之罪惡。

朝課後檢討華東戰局，決令增援濟南兵團撤回隴海路附近，並考慮今後全般之戰略，能否將東北與新疆各地兵力抽集錦、榆與甘、陝也。批閱公文後，與敬之談話，令其主持作戰會報與檢討濟南失陷原因。下午研究錦州戰局，始報其機場已落匪砲彈，不能使用，因之不能增援空運部隊為憂，繼報匪砲已驅逐可運略慰，但錦州已入危局矣。約司徒與白吉爾來談，明告其青島我軍武器缺乏，美已允我之武器則始終延誤，不即接濟，今後如果青島不保，其責任不在中國也。屬其正式轉達其美政府以此意。

九月二十九日　星期三　氣候：雨

雪恥：昨下午與司徒等談話後，即發電致美總統，屬其令催速運已允之武器接濟也。近以濟南失陷，美政府淺識官吏及其本來反華之徒又生觀望，可痛。西方哲學乃以多者益予以多助，少者將其所有的亦且奪而取之，即路加福音十九章：「凡有的，還要加給他。如其沒有的，連他所有的也要奪過來。」此種精神用之於外交上，所以只有勢利而無正義與情感可言矣。晚課如常。

本日朝課後，研究錦州戰局，機場已被匪砲擊中，空運停止，情勢可慮。批閱公文，正午宣傳會報，經濟與對日問題皆有討論，下午與巴大衛談戰局，研究錦州增援問題，決定明日飛北平指導。晚約胡適之、傅孟真聚餐後，晚課，記事。

九月三十日　星期四　氣候：晴

雪恥：近日錦州戰況深為憂慮，決飛北平指導作戰。朝課後約見德鄰、敬之、詠霓、仿魯等指示要務。十一時由京起飛，途中休息後，批閱公文。下午一時三刻到平，與宜生商議作戰方案，決先抽調第九十五師運葫蘆島，續運新五軍增強錦、葫兵力，鞏固港口基地，再作第二步驟，以聶匪[1]竄擾歸綏，故傅部[2]主力北進為其牽制也。四時半午餐後，在平寓心神安定，意趣雅逸，遊覽庭園，巡視全寓後，晚課，惜妻以病未能同來也，晚約傅、楚及同行高級將領[3]聚餐。此次來平，第一督導增援錦州，予匪以制〔致〕命打擊，第二督導長春突圍，第三解決北平警備司令問題，第四研究煙台保守與撤退方略。

1　聶榮臻，字福駢，時任中共中央華北局第三書記、華北軍區司令員，指揮平津作戰。
2　傅即傅作義。
3　傅作義、楚溪春、郭懺、周至柔、桂永清。

冬季課程表

時 ＼ 週	1	2	3	4	5	6	日
7	朝	課	—	—	—	—	—
9	紀念週會議	批閱軍務	研 批閱黨政宣傳會報	究 批閱情報組織會報	考 批閱軍務立監會報	慮 檢閱軍務會報	省察
10							
12	特約	— 訓練會報 息					
13	休		—	—	—	—	
15	補課 清理 靜默 晚 記	看著或會客遊息餐事	會外賓 — 聚 —	看著 — 會 —	會客 — —	召見 — —	
17							
19							
21							
22							

蔣中正日記
Chiang Kai-shek Diaries

十月

蔣中正日記
Chiang Kai-shek Diaries

民國三十七年十月

十月一日　星期五　氣候：晴

雪恥：共匪將於雙十節組織其所謂聯合政府，聞有推孫宋慶齡為主席之說，果爾則當有預先準備也。

朝課後研究戰局，致函衛、顧[1]督促出擊，並令第六十二軍先開錦、葫增防，又令桂海軍司令封鎖威海衛海面，以共匪在該衛召集所謂各黨派新政治協會也。與次辰〔宸〕談北平警備司令人選，惟宜生不願直說為苦。正午到西郊華北剿匪總部召集高級將領訓談，聚餐畢，與宜生單獨談話，解決人事問題，彼之思想與理論實遵循三民主義，可喜也。回寓已三時半，假眠片刻，晚課。召顧、衛聽取其東北作戰計畫之報告，此心大慰，後又聽取許[2]副廳長報告計畫決定之經過，其先一般高級將領精神畏匪不敢出擊，則生疑慮，乃決心飛瀋鼓勵之。

1　衛、顧即衛立煌、顧祝同。
2　許朗軒，號永洪，湖北沔陽人。時任國防部第三廳副廳長。1949 年 9 月，出任國防部第三廳廳長。

十月二日　星期六　氣候：晴

雪恥：昨晚約高級將領聚餐與問題並訓勉後辭去，準備明日飛瀋。聞義縣本日已無戰事，恐被陷落矣，如此則我王世高師長（世高）[1] 英勇戰將又犧牲一個矣，悲乎。

朝課後批閱，記事，召見高級將領與警察楊廳長[2] 等畢，十時後起飛，十二時到瀋陽會見地方官紳畢，靜默，晚課未終即赴東北剿匪總部聽取各軍長、師長作戰意見，彼等仍以打通營口為目的，而不敢向彰武、新立屯出擊取攻勢。余力斥其不合原則，堅決向北對匪主力出擊也，並告其華北方面已增四個師來錦、葫增援，方無異議。六時半對黨政軍主管人員訓話，力戒其勿為匪探挑撥誘惑東北人自治以中其陰謀，並警告左派莫再為匪張目宣傳也。會餐畢，訓話後，再點各師長之名特加訓勉。

十月三日　星期日（朔）　氣候：風晴

雪恥：昨夜對將領訓勉情詞誠摯，明告其此次與大家晤面，當以不成功便成仁之遺訓互勉，如果出擊不勝，爾等自必成仁，只要爾等無虧厥職，余決不愧為爾之統帥，亦將無顏立世，故此會或為余等永別之會也。余必盡我所有一切力量增援東北，此次之會戰望爾等專心遵命作戰，不必再作其他之想念為要。餐後召見周福成、廖耀湘畢，十時半就寢。

五時後起床，朝課畢，寫長春與錦西各將領六函，直至八時半方畢，聽取作戰計畫與序列後，召見行政人員與參議會長等約十餘人，督導糧彈運濟問題。

1　王世高，原任第九十三軍暫編第二十師副師長，1947 年 9 月升任師長。1948 年 10 月 1 日在中共攻佔義縣時被俘。

2　楊清植，號力齋，曾任稅警教導團團長、冀察戰區挺進第八縱隊司令等職，時任河北省政府警務處處長兼北平市警察局局長。

十一時由瀋起飛，途中遇風休息一時後，返平與宜生談戰局，彼實有研究與見解正確也。靜默，晚課後，獨遊頤和園，登佛香閣與智慧海，以勘察第二基督凱歌堂地址，不甚洽意也，再由山背而降，出北正門回城。

十月四日　星期一　氣候：晴

雪恥：昨晚約杜光亭、謝義[1]等聚餐後，與郭宗汾[2]談最近局勢最為艱難但亦最幸之事，深信必可克服一切，並言共匪無成功之理，而且其失敗亦在不遠，其亡焉忽也，乃可斷言，屬其轉告閻伯川主任。此次飛瀋視察，市況蕭條，精神散漫，機關情況、生活狀態皆現苟安不定之象，三年來到瀋五次，每況愈下，慨歎無已。途中每念東北殘敗至此，皆由馬歇爾致之，但余自怪胸無成竹，國家大政竟為外交牽累不能自主，受制於人，因東北進駐大兵而使整個國家陷此危境，誠不堪回首亦不堪設想矣。今後惟有信我天父，遵奉旨意向前邁進，盡性聽命而已。

朝課前令郭廳長[3]飛煙台調軍援錦，致函王伯勳[4]及研究戰局。朝課後，約宜生來談調其華北有力部隊援錦，記事，批閱公文，正午約孟餘、道儒聚餐，下午與劉瑤章[5]巡遊蘆溝橋。

1　謝義，原名道基，時任第六十二軍參謀長。
2　郭宗汾，字載陽，曾任第二戰區長官司令部參謀長、太原綏靖公署參謀長等職。本年年底，任華北剿匪總司令部副總司令。
3　郭廳長即郭汝瑰。
4　王伯勳，曾任第一〇三師師長、整編第一〇三旅旅長等職，本年相繼出任整編第八師副師長、第三十九軍軍長。
5　劉瑤章，曾任國民參政員。本年6月出任北平市市長。

十月五日　星期二　氣候：晴

雪恥：續昨。蘆溝橋為古時通南御道，其規模宏大，構築堅實，自宛平城直至彰儀門大道，其基石之堅實現尚存在，殊為可感。回寓晚課，記事，約周、郭[1] 各總司令督導運輸業務。

本（五）日朝課前指示煙台決定暫時放棄，加強長山島守備，俾得控置〔制〕煙、蓬等區也。朝課後，召見侯鏡如[2]、段澐等各將領，決調孫元良[3] 兵團東調歸德。十時後與傅[4] 同車到機場，途中愷切指導，其只要能負責盡職，余必以華北事賦予全權，彼甚願效忠，但終以歷史（造成）關係為憂，余誠摯慰之。正午到津即乘車，至塘沽乘小船，至口外登重慶艦將四時矣，五時半啟椗。默禱、晚課畢，與次辰〔宸〕等聚餐。今日以傷風未痊，故八時即就寢。

十月六日　星期三　氣候：晴

雪恥：一、令人事廳凡華北區各軍人事皆應由傅[5] 轉呈。二、鐵道沿線傷兵應內遷分駐。三、長江巡艦分區加強。四、二○七師師長人選以趙家驤繼任。五、邱清泉任第二兵團代司令。六、王〔黃〕伯濤〔韜〕為山東省主席。七、電胡[6] 注意匪西調。

朝課如常，九時艦近葫島，桂總司令[7] 來艦報告陸上情況，兩錦皆穩定無戰事，乃知匪已失其強襲兩錦之時機，得瀋電稱已於今日如期開始向匪出擊，此心

1　周、郭即周至柔、郭懺。
2　侯鏡如，號心朗，曾任北平警備司令、第九十二軍軍長等職，時任第十七兵團司令官。
3　孫元良，四川成都人。曾任第二十八集團軍副總司令兼第二十九軍軍長、重慶警備司令、整編第四十七軍軍長等職。時任第十六兵團司令，參與徐蚌會戰。
4　傅即傅作義。
5　傅即傅作義。
6　胡即胡宗南。
7　桂即桂永清。

略慰。十時後入港泊岸，唐雲山[1]、闕漢騫[2]等登艦來迎，聽取其報告後指示出擊方鍼，屬其製定方案候核。下午三時後到第五十四軍部駐茨山酼酸廠，登高視察錦西附近地形後，召集各將領訓示約一小時，分別合影，與范漢傑通無線電話後回艦。

十月七日　星期四　氣候：晴

雪恥：昨晚課後召見唐、闕[3]等各別談話，並派羅奇[4]為督戰員，八時約各師長以上人員聚餐訓示，九時後林偉儔[5]亦到，登艦來見，詢問其內容，並諄諄訓示，勉以努力奮鬥，明告其余來此之意義，應知此次出擊成敗關係之如何重大也。十時啟椗離港。

朝課如常，今日風浪頗大但艦位甚重（七千二百噸），故不覺眩撼也，因思時局雖艱苦萬分，然亦不能撼動我意志也。艦髒非常，英國以此良艦贈我，而我海軍不自愛護，深為痛惜，嚴斥桂永清負責改正，惜乎所部更無海軍人才，而彼以陸軍將領來帶海軍，不知負責學習，亦不知海軍之常識。想念國事，不勝憂悶之至，記事。

1　唐雲山，曾任整編第二十五軍副軍長。本年任冀熱遼邊區司令部參謀長、冀熱遼邊區司令部副司令官等職。9月據第七兵團司令官黃伯韜電請，調為第七兵團副司令官，錦州失陷後南下參與徐蚌會戰。

2　闕漢騫，字撥雲，曾任第十四師師長、第五十四軍軍長、整編第五十四師師長等職。本年任第五十四軍軍長，率部增援錦州，年底至蚌埠參戰。

3　唐、闕即唐雲山、闕漢騫。

4　羅奇，字振西，廣西容縣人。曾任第三十七軍軍長、陸軍第二集訓處副處長等職。本年相繼出任戰地視察組第四組（鄭州）組長、北平警備總司令部副總司令。

5　林偉儔，又名濟泉，時任第六十二軍軍長。

十月八日　星期五（寒露）　氣候：晴

雪恥：昨日下午一時艦抵塘沽口外，與海軍官兵全體照相後，遇小輪向新港直行，順視新港工程由外入內，港口司令就地說明甚詳，頗多心得。三時登岸乘火車直駛北平，在車中晚課。七時抵平得報，錦州之匪似向東退，而太原又被攻也。與宜生略談後入浴，晚餐，十時就寢。

本日朝課後，召見侯景〔鏡〕如、陳鐵[1]等指示錦州作戰指揮問題，再與宜生談話，彼以先消滅黃河以南共匪，然後北進之戰略應改變之意，余有同感，討論東北作戰方略，並與其詳談外交經過實情。正午接錦州戰局無變化，乃即決定由滬轉京。下午三時半由平起飛，六時半抵滬，途中晚課已畢，故到家後專心遊覽庭院，與妻在月下談心也。晚課後巡視市區畢，十時前就寢。

十月九日　星期六　氣候：晴　溫度：八十

雪恥：自上月卅日至昨八日記事記在另一冊旅行日記中。本（九）日在滬，朝課如常，經兒自無錫來見，在美亭中敘談，聽取其上海經濟管制經過之報告，經濟本為複雜難理之事，而上海之難更為全國一切萬惡鬼詐薈萃之地，其處理不易可想而知。對於孔令侃[2]問題，反動派更借題發揮，強令為難，必欲陷其於罪，否則即謂經之包庇，尤以宣鐵吾機關報[3]攻訐為甚，余嚴斥其妄，令其自動停刊。八時訪果夫病，繼訪吳稚老於其寓所，狹陋黑暗，彼老樂如焉，召見吳國楨等戒勉之。午傍謁岳父母墓後，巡視市區，秩序頗佳，並不

1　陳鐵，原名永楨，號志堅，貴州遵義人。曾任第十四軍軍長、第一集團軍副總司令、第六兵團副司令官等職，時任東北剿匪總司令部副總司令。

2　孔令侃，孔祥熙和宋靄齡長子，曾任中央信託局常務理事。抗戰勝利後，創辦揚子建業股份有限公司。1948 年上海經濟管制期間，該公司一度遭蔣經國查封，其後將資金轉移海外，定居美國。

3　上海市警察局所辦《大眾夜報》。

如北方所傳在滬搶購風行之甚也。芳娘[1]領武孫來訪，下午約會陳景韓[2]、俞鴻鈞、俞叔平[3]等，默禱後與妻遊覽介圃一匝，乃離愛廬乘機起飛，五時到京，詢問各方戰況後，晚課心緒鬱結異甚，滬上事繁心悶，京中檢討各地戰況皆多不利，故憂患更切。十時就寢。

本星期預定工作課目

1. 山東省府及主席人選。
2. 北平與上海警備司令人選。
3. 首都與京滬路衛戍司令人選。
4. 北方部隊擴充計畫。
5. 長春撤防突圍之督促。
6. 今後戰略之研究與新剿匪手本。
7. 北寧路錦瀋戰局之督導。
8. 西安與太原戰局之督導。
9. 審計部長人選與提案。
10. 糧食與物資之急籌，煤炭。

1　芳娘即蔣方良。
2　陳景韓，又名景寒，筆名陳冷，曾任上海《時報》主筆、《申報》總主筆。1945 年抗戰勝利後，經國民黨遴派為《申報》報務管理委員會委員。1946 年國民黨以官股入主《申報》後，被推為常務董事兼發行人。
3　俞叔平，曾任財政部緝私署處長。1945 年 9 月出任上海市警察局副局長，1948 年 7 月23 日升任局長。

十月十日　星期日（上弦）　氣候：晴

雪恥：一、送林雲陔[1]、陳樹人[2]、邵元冲[3]善後費。二、約劉季羣紀文[4]來見。本日國慶紀念，六時前起床默禱，得天父指示為啟示錄第二十一章，明示光明世界之將臨，中國必能轉危為安，剿匪終可轉敗為勝，竟得新天新地之恩寵，惟願自我與黨政軍幹部及國民皆能回心轉意，悔罪改過，日新又新，不辜負我天父之眷顧與賜恩也。

朝課後記昨日事畢，遊覽庭園，得錦州被攻甚急、太原危殆之報，電示處理畢，到府中主持國慶典禮，訓話約半小時，自覺未能透澈語意為歉。到基督凱歌堂聽道，正午研討戰局，致函瀋陽主將，嚴令長春部隊南下突圍也。約德鄰、敬之午餐。下午記本週課目表後，與妻車遊東郊回寓，錦州戰局尚未脫險為慮，晚課畢，獨自觀月解愁，九時即就寢。

十月十一日　星期一　氣候：晴

雪恥：一、電盧濬泉[5]等固守錦州。二、電闕、林、侯[6]對戰術應改正。三、電

1　林雲陔（1881-1948），曾三度出任廣州市市政委員長、市長。1931 年，出任廣東省政府主席。1936 年起，出任監察院審計部部長。本年 6 月，獲任命為監察院審計長；10 月 3 日在審計部召開審計會議期間突發腦溢血，延至次日凌晨離世。
2　陳樹人（1884-1948），曾任國民政府秘書長、僑務委員會委員長，嶺南畫派知名畫家之一。
3　邵元冲（1890-1936），字翼如，曾任國民政府委員、國民政府立法院副院長、中國國民黨中央宣傳委員會主任委員等職。西安事變時，遭槍擊傷重不治。
4　劉紀文，祖籍廣東東莞，生於廣東順德。曾任南京市市長、廣州市市長等職。1937 年 2 月，任國民政府審計部政務次長。1947 年 11 月，當選行憲國民大會代表。1948 年 6 月，任監察院審計部政務次長。
5　盧濬泉，字子惠，盧漢之叔。曾任第九十三軍軍長。時任第六兵團司令兼錦州警備司令，10 月中錦州戰役期間被俘。
6　闕、林、侯即闕漢騫、林偉儔、侯鏡如。

傅[1]令李文赴錦指揮。四、電黃樵松[2]努力作戰，速運冬服。五、決定滬平警備司令與山東主席人選。六、徐州工事應改正。

五時半起床，默禱上帝保佑我錦州能固守不失。朝課後，到中央黨部擴大紀念週講演一小時，勸戒立法與監察兩院委員應認識時局，勿忘革命責任畢，審閱各區戰報。錦西出擊部隊被匪阻於塔山一線退回錦西，而錦州被攻益急，南面陣地移至太子河又被匪突破幾點，情勢危急。將領不學無術，士氣消沉至此，殊為悲痛。正午與妻在正氣亭野餐解愁，下午校閱自我年表，與沙孟海談修譜事，會客，晚課，入浴後約宴五院院長，與哲生略談時局後，校閱武嶺鄉土志，亦解悶忘憂之一法也。十時後就寢。

十月十二日　星期二　氣候：雨

雪恥：一、後方兵團編組計畫與人選之督導。二、前線各軍增編補充部隊之研究。三、京滬衛戍司令人選與督訓之方案。四、新剿匪手本。五、王東原、梁華盛、陳繼承、孫連仲、周喦[3]等工作。

朝五時半起床，默禱錦州與全國各區戰局能轉敗為勝也。朝課畢，手擬范、傅、闞、黃、衛[4]等各電稿後，召見敬之、墨三商談人事問題，審察戰報。錦州昨日戰鬥雖甚激烈，空軍以氣候不良亦不能多加協助，但比昨日穩定，此心略慰。批閱公文五十餘件，下午校閱古鄉鄉土志畢，召見六人，審察戰局，錦州尚穩，力促錦西部隊急進也。晚課後晚餐，方局長[5]來談機密費已用罄

1　傅即傅作義。
2　黃樵松，原名德全，曾任第二十七師師長。時任第三十軍軍長，欲在太原率部投共事發遭捕，移送南京軍法審判後於 11 月 27 日處決。
3　周喦即周喦。
4　范、傅、闞、黃、衛即范漢傑、傅作義、闞漢騫、黃樵松、衛立煌。
5　陳方，字芷町，曾任湖北省政府主席辦公室秘書、軍事委員會侍從室第四組組長等職。1946 年起，出任國民政府文官處政務局局長。本年出任總統府第二局局長。

無餘，余不願追加預算，寧可借債，惟無擔保品亦不能向中央銀行立戶支款為難耳。

十月十三日　星期三　氣候：陰雨

雪恥：一、要求美國援華三年計畫之擬訂。二、復宜生調榆林部隊增援太原之意見。

六時前起床，默禱錦州之保全不失，朝課如常，批復戰報。聞長春部隊已突圍南下略慰，以昨接鄭洞國等來電，尚不願撤退亦不敢突圍，嚴電遵令實施突圍，勿再自誤誤國之詞斥責之。始聞錦州戰況尚佳，繼報外圍據點盡陷，傷亡慘重，已退守城內，不勝系慮之至。批閱公文數十件，正午宣傳會報對正言報吳紹澍[1]等不法言行氣憤不堪，暴怒峻斥，事後自覺無謂，而且吳本人並不在座，輕怒狂言，不惟傷神，且亦自鄙人格，切戒之。下午召見十餘人，特約美共和黨代表克拉克[2]詳談一小時，其人甚誠摯可愛，談後乃知外交部對議會間接化費運動已被人發覺，故急令朱世明切勿以經費助其選舉議員也。

十月十四日　星期四　氣候：晴

雪恥：昨晚課後約翁院長、王財長聚餐，聽取王自美國國際財政會議回來之報告後，召見司徒大使，其國務院所發表援華之數字完全謊妄，徒為欺騙其國人，希冀掩飾其阻礙援華之罪而已。召見糧食部長，督促其征糧工作，十

1　吳紹澍，字雨生，曾任中國國民黨上海市黨部主任委員、三民主義青年團上海支團部幹事長、上海市政府副市長兼社會局局長等職。1946 年創辦《正言報》，自任社長。
2　克拉克（David W. Clark），美國民主黨人，曾任參議員（愛達荷州選出），以參議院撥款委員會顧問身分來華。日記記為「共和黨代表」，顯然有誤。

時後就寢。

本晨五時半起床，默禱錦州戰局，先求穩定，朝課後手擬衛、王[1] 等各電稿數通，嚴督空軍與關部[2] 增援錦州，審察戰報。錦州城區工事被毀多處，形勢危急異常，惟西安陝東匪已擊潰，形勢轉穩，而太原特緊，無任憂慮。批閱公文、情報，清理積案數十件。正午與妻野餐，下午清理積案後，召見巴大衛商討戰局，審察戰報，錦局危極。晚課後，與妻車遊回，餐後召見鄭彥棻與劉為章畢，記事。

十月十五日　星期五

雪恥：一、組織與訓練幹部不可再緩矣。二、政工主管人選之重要。三、如果錦州失陷，則瀋陽之援錦主力部隊是否撤回原防，固守瀋陽一時，重定方針如何，此誠存亡成敗之關係，應切實考慮，慎重將事。四、營口敵情：因其佔領已久，防務必固，果易收復否？五、錦州初陷，敵力不強，當易恢復也。六、援錦部隊既已全部出發，且其前線已經接戰，如再臨時撤回，徒喪士氣，即使撤回亦決不能再守瀋陽，更不能令其打通營口矣。七、既定方針與決心不宜變更，仍應貫澈決心，力圖打通此關，方有全軍撤回關內之望，否則即使能有半數部隊入關，亦可整頓補救，恢復戰力，仍可重整旗鼓，確保華北，徐圖消除此萬惡之赤禍共匪也。

自本日至本月卅日之日記皆記於第二冊中。

1　衛、王即衛立煌、王叔銘。
2　關部即關漢騫部。

十月十五日　星期五　氣候：晴[1]

雪恥：五時半起床，默禱後朝課畢，深慮錦州戰局已入最後階段，明知其無望，但仍切思補救之道，決心親飛瀋陽督導各軍急進赴援，即使錦州失陷，東西兩兵團援軍仍繼續前進收復錦州電令，否則東北之主力部隊無法撤回關內也。應電衛、廖[2]等應作收復錦州之決心，而不僅以赴援為目的，明示其積極進取之方鍼。召集何、顧[3]等研討東北戰局後，檢討濟南失敗作戰經過之缺點，痛心王耀武之準備不確、決心不堅，此乃貪污無勇之結果，實皆余用心不當之罪也。正午約克拉克談話，彼極願為中國盡力協助，並自願立即返美為余要其政府速運武器接濟也，托其帶函杜魯門及白雷傑斯[4]等。下午三時前與妻起飛，六時半到瀋陽，得悉錦州尚在巷戰，此心略慰。晚課如常。

十月十六日　星期六　氣候：晴

雪恥：此次來瀋，一為作恢復錦州之計，二為督促長春守軍限期突圍南下，三為嚴督瀋陽與錦葫兩兵團赴援錦州，以期救護我范漢傑、盧濬泉等忠勇將士也。昨夜手書范、盧等函，惟據空軍偵察回報，今晨錦州已無戰鬥，則全城被陷矣。惟聞昨黃昏時西南方有激戰，或為我突圍之故，甚願各將領能獲天眷，出險歸來，勿被所俘耳。五時起床，默禱後朝課，致長春鄭洞國手書，嚴令其即日突圍，並告其錦州已失，歐洲局勢緊急，美國對我配售油量減少，今後空運糧彈無望，瀋陽將即撤防，如其十日內不能到達瀋陽則勢不及待，

1　原文如此。本日「十月十五日」日記有兩篇。
2　衛、廖即衛立煌、廖耀湘。
3　何、顧即何應欽、顧祝同。
4　白雷傑斯（Henry S. Bridges），美國共和黨人，1937 年 1 月至 1961 年 11 月任參議員（新罕布夏州選出）。

再不能為其抗令不行而貽誤我整個政策與戰略也。上午召集有關將領指示要旨決定計畫，十時半由瀋起飛，十二時到錦西。

上星期反省錄

一、數月來以戰事不利、經濟拮据、外交艱窘，因之立法、監察各院之黨員更形無法無天，不僅事事違反紀律，與中央黨政處處立於反對地位，而且一人一黨，每一黨員皆欲自作領導、自有主張、直接領袖，而其對領袖意旨與命令陽奉陰違、口是心非，並對余之言論吹毛求疵、惡意曲解，不但喪失領袖威信在所不顧，而且無形中間接協助共匪以摧毀其黨政亦所不恤，幾乎令余無所措手足。革命至此，可謂極人世之悲觀，如無宗教信仰對上帝之信心，則早已灰心遁世，放棄一切矣。

二、軍事失利以後，其軍事本身惡劣之影響並不甚大，而社會、政治、經濟、外交與人心極端惡化之現象，決非想像所能及也。尤以戰地難民與青年逃奔後方各大城市，以及沿途傷病官兵無法管理不受組織之紛亂情勢更足痛心，此乃自來亡國之景象，不料今日由余親嘗其滋味，悲慘盡極。惟大多數之良民及青年仍不受共匪之宣傳，仍以其潛意識之能知，不問利害成敗，純粹的擁護其元首，服從其命令，尤以一般官兵在前方不恤犧牲，拚戰到底，此次長春鄭洞國之獨自奮鬥，從容就義，發揮我黃埔革命精神，在重重恥辱之中而得此無上之榮譽，更使余責任加重，焉能灰心，焉能消極，以負我先烈與總理以及民族革命之使命耶。（十月廿五日記）

十月十七日　星期日　氣候：晴

雪恥：昨午在錦西闕漢騫軍部聽取其作戰經過報告，支吾其詞，以如許新兵力與匪最無力之第四、第十一兩縱隊作戰，不能衝破其防線，增援相隔六十華里之錦州以致淪陷，言之痛憤，本應嚴懲。該闕漢騫在海陽畏縮怕匪，本應早撤辦，卒因范漢傑保荐延誤至今，不勝悔恨，惟此時臨戰易將，無人負責，復以羅奇勸阻，姑再試之，以觀其後效如何。召集陳鐵、侯鏡如、羅奇與闕[1]等決定計畫，下令後訓誡漢騫畢，三時半由錦西起飛，六時到北平，甚歎將領貪私圖利，寧願被匪困死而不肯遵命撤防自救之心理，思之痛心，若不澈底改革，何以革命。晚課如常。

十月十八日　星期一（望）　氣候：晴

雪恥：近日每念風雨如晦，雞鳴不已句，環境與局勢雖甚惡劣，尤以高級將領凡軍長以上者幾乎多是貪污怕匪，以致軍隊枉然犧牲，而反加余之恥辱，思之無以自解，幾乎無地自容，情勢之黑暗實極有生以來未有如此之悲慘者，但此時所恃者惟有天父之恩德，彼既培植我至如此地位、賦予我如此重任，決不任我長此黑暗竟致失敗到底。每一想念過去之父神大德以及世界之前途，無不為之振奮無已，轉悲為樂。只要今後重造人才，專力訓練與組織，則自助天助、轉危為安、轉辱為榮亦非難事耳。昨（十七）日為舊曆九月十五日，余六十二歲生辰，六時起床與妻並禱上帝保佑畢，朝課如常，補記前、昨二日事，感想萬千。上午召見後勤與運輸人員及二○五師師長，聞煙台部隊以缺煤未動，憂憤無已。

1　闕即闕漢騫。

十月十九日　星期二　氣候：晴

雪恥：續十七日。正午約譚炳勳〔訓〕陪遊碧雲寺，宜生亦隨到，即在寺東側龍王廟前釣魚臺野餐，登塔謁總理衣冠塚，即在塔上與妻眺望徘徊約半小時，攝影後經含清舍前院出寺，再遊普覺寺，即臥佛寺一匝，回城已三時半矣。休息片時，默禱，晚課未畢，接叔銘電話稱長春第六十軍曾澤生叛變，並威脅鄭洞國要求其共同投匪，此雖出於意料之外，然究為余疏忽不能研幾窮理，預防消患之罪也。因之長春新七軍突圍計畫亦受頓挫，余乃決心仍令鄭照既定方鍼，由空軍掩護改道突圍也。晚宴傅宜生、江長川[1]等畢，觀電影後處理長春軍事畢，已十一時半，就寢。（以上為十七日事）

十月二十日　星期三　氣候：晴

雪恥：前（十八）日長春情況不明，督促鄭、李[2]等率部突圍，與督導瀋陽兵團不因此而停止收復錦州之行動，故於上午九時半由平起飛，正午到達瀋陽，即在飛機上與衛、杜[3]等檢討錦州方鍼與東北作戰計劃，直至下午二時未畢，決回平與傅宜生協商後再定，以衛、杜等仍主張打通營口而無收復錦州之決心也，可痛。餐後巡遊北陵，蕭條極矣，三時後由瀋起飛，經葫蘆島、錦西瞰視運艦及戰況再回北平，途中再與羅澤闓等檢討計畫，回平已六時矣。晚在寓中詳討東北作戰計畫，直至十一時方畢，晚課後十一時半就寢。長春將領猶豫不決，突圍恐已絕望，為此心力交瘁，對部屬與學生已盡我職責，再無他道，聽命而已，悲傷極矣。

1　江長川，為蔣中正行洗禮之主持牧師，歷任中華全國基督教協進會會長、中華基督教衛理公會會督等職。
2　鄭、李即鄭洞國、李鴻。
3　衛、杜即衛立煌、杜聿明。

十月二十一日　星期四　氣候：晴

雪恥：前（十九）日朝課後，約杜聿明與羅、許[1]來談東北作戰方鍼與全部戰略。杜之對東北主張仍主固守瀋陽，與衛之思想無異，只求個人英雄主義成功，而整個國家與戰略則全不顧及也，殊令人悲痛欲絕，不知革命之前途如何結果矣。策定作戰計畫交杜帶瀋示衛，並令衛、杜[2]再來平面決一切。上午召見楊愛源，以太原危急衛閻[3]命來坐催增援，余以好言慰之。下午接叔銘報告，稱空軍與鄭洞國在長春上空通話，新七軍官兵意旨全部動搖，與李鴻已失聯絡，該軍已被繳械，惟鄭仍在司令部率領其衛隊正被圍攻也，誠令人五中焚裂，何上帝賜我如此悲慘之恩德也。轉思主將洞國並不降匪，即使被匪所俘乃減少恥辱，黃埔歷史與精神猶得保全，則較勝投匪矣，因此略慰。惟境遇如此悲慘而內心泰然，信心毫不動搖，安定如恆也。

十月二十二日　星期五　氣候：陰

雪恥：（續十九日事）晡與妻車遊通縣城至伏魔廟前轉回北平，晚課畢，手擬電稿數通，清理積案，十時前就寢。

前（二十）日朝課畢，與羅澤闓等研究東北戰略與由營口轉運其主力於葫蘆島之方案，彼等以為適應東北將領之心理，比在大凌河渡河收復錦州之公算較大，惟杜之孤守瀋陽之心理與增加十個軍之要求必須先行打破也。批閱公文，切盼衛、杜[4]早到，直至下午二時方來商討東北進退與轉進方略，衛仍以退守瀋陽為得計，余嚴斥其死不覺悟長春現實之慘痛教訓，而彼尚不以為意，

1　羅、許即羅澤闓、許朗軒。
2　衛、杜即衛立煌、杜聿明。
3　閻即閻錫山。
4　衛、杜即衛立煌、杜聿明。

痛憤之至。六時後休息，晚課。聞鄭洞國自戕殉職，悲慟無已，停止約宴。晚再令羅訪杜說明余之政策及付托其東北之全權，徵求其意見，內心沉悶悒鬱已極，十時就寢。

十月二十三日　星期六（霜降）　氣候：晴

雪恥：前（二十一）日起床默禱，手擬鄭洞國覆電稿後，朝課畢，召見杜聿明談東北總司令問題，彼仍以退守瀋陽，要求增加十個軍兵力與匪周旋保滅共匪為言。余嚴斥其妄想，如其必欲守瀋則任其自處，但中央決不能增加兵糧，並明示其如此余亦再不能瀋陽國軍為國軍矣，思之痛心，明示至此尚不能打破其觀念。彼以余決心難移，方允以東北副司令與冀熱遼邊區司令，赴前方指揮轉移主力軍於錦西，而以衛專任後方與防衛瀋陽之責也。乃約衛來談，決定照辦。正午約傅、衛、杜[1]等聚餐後辭出，下午與妻同遊香山靜宜園，親到雙清別墅遊覽，以此為十七年駐節舊遊之地耳。參觀慈幼園，回城已七時半矣。晚課如常，入浴，接洞國廿日廿三時來電，實為絕命作別哀書，閱此心膽為裂，不知何以慰之。

1　傅、衛、杜即傅作義、衛立煌、杜聿明。

上星期反省錄

雪恥：二十二日朝課後召見羅澤闓及石、馮、鄭[1] 各軍長，手擬顧總長[2] 電令，重新教育高級將領之具體計畫限期實施。批閱公文，清理積案，下午續批公文，研究瀋陽撤退前對物資處理方鍼，並指示陳鐵對錦西工事與防務之要領。與宜生談太原、石家莊、歸綏、榆林、包頭等攻守與撤退之方鍼，太原形勢比較好轉，以榆林第八十三旅空運太原增防也。惟對灤榆間鐵路之修復與維持尚無辦法，灤煤不能續運上海為慮耳。晚課，餐後召見段軍長（澐）與郭悔吾，指示瀋陽物資處理及各軍補充方鍼後休息，十時前就寢。

本星期預定工作課目

1. 東北主將之調換。
2. 瀋陽潛匪之肅清。
3. 遼西決戰地點之選定。
4. 瀋陽守棄之方鍼。
5. 匪對我軍之判斷與撤退道路。
6. 匪之阻止我軍撤退之計畫。
7. 營口與溝幫子佔領之次序。
8. 錦西部隊之行動（攻守方鍼）。
9. 河北、廣東各省書記長人選之指定。
10. 瀋陽留守人選之研究。

---

1 石、馮、鄭即石覺、馮欽哉、鄭挺鋒。馮欽哉，曾任第一戰區副司令長官、察哈爾省政府主席，1948 年 8 月任華北剿匪總司令部副總司令。鄭挺鋒，原名庭烽，字耀臺，廣東文昌人。1948 年 9 月，調任第四兵團副司令官兼第九十四軍軍長。1949 年 1 月離北平，7 月任海南防衛總司令部第二十一兵團副司令官。
2 顧即顧祝同。

十月二十四日　星期日　氣候：晴　夜大風

雪恥：昨（廿三）日六時起床，朝課畢，往吊魯前軍長英麐、李師長鼎銘〔銘鼎〕之喪，回後批閱公文，手擬今後訓練幹部課目及軍師部編制要領。正午郭廳長[1] 攜華中華東會剿計畫來平，請示修正後即令當日回京實施，甚為華東指揮人選未定憂也。下午約徐次辰〔宸〕談太原以其易閻[2] 問題，彼甚有難色，但山西將領與軍民對閻已失信仰，恐難持久，而閻之本人恐亦不願出此耳。與翁院長談經濟問題甚久，情形日非，商鋪空室藏貨，人民排隊擠購，尤以糧食缺乏為最可慮耳。晚課，記事。

本（廿四）日五時半起床，朝課後本擬飛承德視察，以霧重不克飛行乃改期也。八時正與翁院長商討對美交涉方針，致電雪艇交涉之際，忽接美僑將於廿六日正式宣布平津美僑撤退之報，此必共產國際又在國務院作祟，欲乘我軍事緊急之時抽腿，予我制〔致〕命之打擊，實於我政治、軍事之影響皆極不利，故發電阻之。與次辰〔宸〕、宜生商討太原閻之行止問題畢，批閱要件，正午到西山八大處。

十月二十五日　星期一（下弦）　氣候：晴

雪恥：昨午在八大處山麓舊旅館與妻等野餐，此亦民十七年舊駐之地也。餐後遊覽第一處泉池後即回程，順遊西直門外五塔寺，其所殘留者惟五塔而已。回寓休息半小時後，接營口已經於正午克復之報，略慰。處理戰務，問〔聞〕范漢傑夫人[3] 已安抵錦西，慰之，惜漢傑被俘也。晚課後，接美僑已允不正式撤退之報，略慰，此乃今日政治轉危為安之一事也。晚約各大學校長聚餐。

1　郭即郭汝瑰。
2　閻即閻錫山。
3　童績華，廣東大埔人。1918 年與范漢傑結婚，育三子一女。

本（廿五）日朝課後召見彥棻，乃知北京大學教授八十餘共同罷教，廿二日以生活困難，要求借薪兩月為詞，其學生又要求全部給公費，下午其校工與助教亦皆罷工，此乃共匪外圍之陰謀，乘軍事緊急之際在我後方搗亂嚮〔響〕應也。批閱公文，下午與希聖研討答覆美國記者之問句約一小時餘畢，心神安逸。晚課後，約侍從人員共食烤羊肉後，與希聖談話並研究東北戰局，甚危也。

十月二十六日　星期二　氣候：晴

雪恥：一、各級部隊專設防奸保密負責人員。二、戰區駐地組訓民眾管制物資及督辦自衛，由政工負責。三、宣傳技術應特加強。四、軍部應分三部：甲、作戰。乙、後勤。丙、政務。此三部主管皆兼副軍長督導本身業務，予以專權能使之負責。

朝課後接衛電，廖耀湘兵團被圍，其「一半拉門」之後方已被匪竄佔，因之後路斷絕，其勢甚危，此息殊令人有東北全部果真陷入全軍覆沒之命運，寸心憂患不知所止，急令空軍全力增援與偵察實地情形。與宜生談石家莊及太原、包、綏赴援方略，彼所期望者不待其要求盡量增強其實力，並授以全權使之能發揮其長才也。批閱公文，正午得空軍報告廖兵團態勢尚好，並無大戰鬥，及至傍晚乃知其主力已移至繞陽河以東接近遼中縣附近，是已脫離危機，略慰。下午與鄭、陶[1]談對美記者[2]談話補充意見，北京大學罷教事或可了結，以已發借其薪資一月，余再令中央銀行准借平津各大學一月之薪也。晚課如常，十時前睡。

1　鄭、陶即鄭彥棻、陶希聖。
2　史蒂爾（Archibald T. Steele），又譯司迪爾、斯蒂爾、史迪祿。美國戰地記者，足跡遍及中國、東南亞、中東和非洲，並以 1937 年南京大屠殺的報導而著稱。

十月二十七日　星期三　氣候：晴

雪恥：六時起床，朝課後與杜、羅[1]等研究東北戰局，得空軍偵報，我軍廖兵團主力似已退過繞陽河東岸，似可安全退回瀋陽，略慰，乃決心今日飛承德視察後再回南京。正午到承德，沿途瞰視古北口、密雲等處，足慰平生之志。下機後由石覺軍長駕車到離宮，在其司令部檢閱地圖，未曾休息即往北區陣地視察工事，甚以工事薄弱為慮也。熱河河流縱橫、地勢開闊、地質肥美，尤以水味清甘、風景華麗可愛，惜乎為俄兵與共匪破壞無遺，往日嚮慕之離宮今皆殘破不堪，無景可覽矣，便覓熱河泉源口而回部午餐，已二時半矣。下午對駐熱中上級官長訓話後，出麗正門至省政府巡視後上機，四時半起飛，順道經興隆山至東陵上空瞰視而回。晚課，六時回京寓，入浴，默禱。

十月二十八日　星期四　氣候：晴

雪恥：昨夜得空軍偵報，東北廖[2]兵團情形混亂，各軍電臺終日未能聯絡通報為念，但信不至全軍損害也。與陶研究對記者談話稿畢，十時就寢。

本廿八日六時起床，朝課後仍未得廖兵團各部隊行動消息，甚恐廖司令部被匪襲擊，因之不能通電發令，以致全部潰崩為慮。連接衛[3]電，皆係不利與恐慌之辭，鐵嶺昨已被陷，瀋陽東北二十里之處已發現匪情，彼擬移總部於葫蘆島，皇皇無主，余嚴令其鎮靜，部署必得廖司令確息再定方鍼也。修正對記者談話稿二通，在此緊急焦慮中更費心力也，批閱公文，清理積案，下午手擬覆白健生電，召見脫險來平沈向葵〔奎〕[4]等各將領與范漢傑夫人慰之。

1　杜、羅即杜聿明、羅澤闓。
2　廖即廖耀湘。
3　衛即衛立煌。
4　沈向奎，名紫文，福建詔安人。曾任整編第十師第八十三旅旅長，1948 年 6 月升新編第八軍軍長。10 月中由葫蘆島脫險。

晚課後與胡適之談話畢，與叔銘、悔吾研討東北部隊情形，空軍所見今日已發現各路共五萬人已渡遼河東岸矣。

十月二十九日　星期五　氣候：晴

雪恥：朝課後廖耀湘仍無消息下落，恐已犧牲無望矣。瀋陽收容部隊亦未得確數，惟知衛總司令急欲離瀋移駐錦西，余急止之，此乃為將領不知責任與臨難苟免之污點，不勝痛苦。召見宜生，告以瀋陽兵團失敗情形，同為憂戚，又聞我由保定進襲石家莊之行動，已被匪偵悉且其公然廣播，此計恐亦不成乎。批閱公文，為第三孫提名孝勇[1]，乃二十七日所生，此為憂患中之一慰也。修正對記者答語，下午多為衛俊如將欲離瀋帶憂，數用電話止之，今晚其妻由瀋飛平，而其本人仍留瀋略慰，但瀋情危急已甚，惟總望其能收容殘部，盡其最後之責成，不無轉危為安之望，以生力部隊尚有二十團之數也。錦西出擊部隊本午已越塔山、高橋向錦州挺進，但已無濟於事矣。

十月三十日　星期六　氣候：晴

雪恥：昨晡李維〔惟〕果[2]攜翁院長補充經濟改革方案稿及其辭職書來見，經濟改革計畫與金圓政策似已完全失敗，以限價已為不可能之事，則物價飛漲比前更甚，尤其糧食斷絕難購最為制〔致〕命傷也，以無組織之社會與軍事之失敗，任何良策皆不能收效也。晚課後約宴伯苓院長，此時軍事、經濟同

1　蔣孝勇，字愛悌，1948 年 10 月 27 日生於上海，為蔣經國與蔣方良三子。
2　李惟果，四川南充人。曾任外交部總務司司長、中國國民黨中央宣傳部部長等職。本年 5 月至 12 月，任行政院秘書長。1949 年 2 月，任駐華盛頓遠東委員會大使級代表。

時失敗，實有崩潰在即之象，但深信上帝必能佑我中華，尤其內心不愧不怍，故亦不憂不懼耳。十時後就寢。

本卅日五時起床，星月皎潔，萬籟無聲，翹首仰望神清氣爽，久不領納此種朝景矣。朝課後，約見黨政軍首長及增修答記者問句，疊接瀋息，東區已被匪攻陷，又稱第五十三軍前線部隊通匪叛變，而衛總司令自朝起已不發一語，神志恍惚，主將如此，部隊離亂，瀋陽似已絕望，乃決令衛離瀋飛葫蘆島。此種行伍粗漢已不能如往日之勇壯，害事殊甚，然將領缺乏，多皆怕死貪私，求一如衛者亦不可得也，痛愧之至。

上星期反省錄

續卅日。上午與宜生詳談華北今後責任重大付之全權，望其對中央各部能嚴加管束，一如其直屬部隊，毋負付托之重也。最後修正答記者問稿至下午一時方畢。二時在機場遇杜光亭，指示其對錦西任務，決定固守不再攻錦州矣，並告宜生已令衛離瀋。對東北絕望，只有速籌鞏固華北計畫而已。起飛後，又在機上用電話修改答記者問語，刪除譴責美國政府對東北冷眼傍觀，有害於國際道義與共同責任引為遺憾一段，以在其大選之時說此無益而反有害耳。五時回京，召見顧、何[1]詢問隴海路匪情及告以瀋陽絕望之意。晚課如常，八時半召黨政高級幹部商討經濟問題，市況與社會幾無物資又絕糧食，若不放棄限價恐生民變，故決定改變政策也。十二時就寢。

1　顧、何即顧祝同、何應欽。

一、自本月十五日錦州失陷，繼之以長春各部叛降，加之瀋陽出擊之主力全軍覆滅，共計被匪消滅者實有三十二個師之眾，此為平生以來最大之失敗，亦為余最大之恥辱。將帥非人、官長腐敗、軍紀掃地，只要糧款與空運物資，其實多為各級主管所中飽，政府以鞭長莫及無權過問，徒增全國軍餉五分之二以上之負擔，實已成為國家之贅疣。故與其長此不生不死無補於剿務、有損於國庫，不如冒險撤退，苟能如計完成，則全軍撤回關內尚有整頓補救之望也，此乃嚴令向錦州進擊之決心也。

二、當時以情勢而論，錦州既陷，明知反攻兵力不足、地形不利，尤以士氣不振、將心不固為慮，苟能依照當時初意，由新立屯撤回瀋陽固守一時，再向營口撤退，轉進葫蘆島，以圖恢復錦州，亦計之得者也。余不此之圖，竟以長春部隊叛降之故，與國際外交情勢惡劣之故，仍令不顧一切冒險出擊，竟遭此莫大之失敗，其責任之重，將何以自贖也。

三、卅餘年之靜坐，十八年之信教，以及朝夕虔禱與默誦聖經及學庸首章與孟子養氣章，自以為修養有素，持志養氣，研幾窮理，不致大誤，不料驕矜自大鑄此大錯，能不痛悔切戒。可知每遇危急大事更須寬緩研討，博問詳詢，以求至中，務期虛心涵泳，捨己從人，或可補救於萬一乎。

十月三十一日　星期日　氣候：晴

雪恥：本日為余陽曆生辰，憂患冷落為近年來所特有之風味，而瀋陽消息傳說不一，存亡優劣瞬息萬變。據總部留瀋人員報告，謂今晨匪已入城，秩序混亂，而空軍則稱飛機尚可在渾河機場降落，市區平靜，僅在北郊略有戰鬥，後勤部接其留瀋人員晚間兩次電話，皆稱平靜無事，並言周福成甚忠實，惟其內部有醞釀云。如此傳說不一而已，誠令人有疑信莫決，不生不死，莫名其妙之感。上午召見墨三、健生後，到基督凱歌堂禮拜，下午校閱答記者問

稿畢，約見墨三與翁院長[1]，翁稱美國援華幹事司徒立人[2]對其間接表示，經國在滬作風全為俄共共產之思想，而其行動真是打倒大小資本家之力行者，中國人對之無可如何，不敢予之校量，但其美國人必強力反對，並將正式警告云，余一笑置之。晚課後，緯兒及華秀[3]等夫妻來祝壽聚餐便飯，以買不到食物也。晚致宜生信後，十時就寢。

1　翁院長即翁文灝。

2　司徒立人（L. Stark），即司徒立門，美國經濟合作總署駐華建設調查團團長。

3　蔣華秀，蔣中正長兄蔣介卿之女，1942 年於安徽省立煌縣開辦中正小學，任校長兼教員。

蔣中正日記
Chiang Kai-shek Diaries

十一月

蔣中正日記
Chiang Kai-shek Diaries

民國三十七年十一月

本月大事預定表

1. 發表宣言要旨指明俄國侵略，是否其時：甲、美國能否予我實力協助。乙、於我利害如何。
2. 白[1] 指揮江北各軍，如彼堅辭如何。
3. 視察徐州與研究戰局。
4. 研討時局，政治、軍事、經濟、外交方鍼。

十一月一日　星期一（朔）（日全食）　氣候：晴

雪恥：朝課後寫杜光亭、衛俊如各函畢，忽接周福成由瀋來電（卅一晨）稱匪已擊退，瀋陽安定無事請示方鍼，此為最足快慰之消息，乃即覆電慰勉。又接瀋總部副參長姜漢卿[2] 與市參會聯名，其意亦如周電，而對衛立煌等以其潛逃離瀋大施攻訐，乃生疑問。及至午刻與北平通話，乃知瀋陽機場已被匪佔領，瀋市亦甚靜寂，此為瀋陽已陷之象，乃悟周、姜各電均為匪用周等密碼偽造也。至晚尚有以周名義來電偽報，匪之狡詐卑劣如此，可恥。上午到

1　白即白崇禧。
2　姜漢卿，浙江衢縣人。曾任第七軍參謀長、東北保安令長官部第三處處長、第八兵團參謀長等職。本年出任東北剿匪總司令部副參謀長。

政治會議報告軍事、經濟大勢約一小時餘，追認行政院經濟補充辦法，可說限價政策完全失敗矣。下午召見健生，彼又不願受統一指揮之命，其只為個人打算，惟知權利而不負責任也。晚課後約見司徒大使，彼已明白表示中國應公開指明俄國侵略中國之事實也。十時後就寢。

十一月二日　星期二　氣候：晴

雪恥：近日以政治、經濟、軍事與社會皆甚動搖，又以立法、監察、行政、黨務幹部無一不生恐怖黑暗之心理，抱着其失敗主義瀰漫於後方，尤以敬之及其親信者為甚，不能不令人痛憤，於是心神常感愧惶恍惚，此亦為三十年來所未有之景象。對於瀋陽全軍覆沒之慘痛，更覺自身責任與罪惡之重大，故愧怍交集，時生後悔莫及之歎，若能由此次重大之失敗而能澈底覺悟悔改，未始非賽〔塞〕翁失馬、轉禍為福之機也，戒之勉之。
朝課後約見墨三與德鄰，約談一小時之久，批閱公文。正午聽取雪艇自歐回來之報告，下午校閱年表，召見仿魯、人鳳後，與妻車遊東郊。晚課畢，記反省錄，與哲生談話商討時局，傅涇波來見，提有條呈，十時就寢。

十一月三日　星期三　氣候：晴

雪恥：本日美國杜魯門當選總統而杜威[1]落選，以後我國外交形勢更為惡劣，人心動搖，社會不安，更將有激烈之變化。應〔因〕自金圓券發行以來，中下級人民皆以其所藏金、銀、外鈔依法兌券，表示其愛國與擁護政府之真誠，

1　杜威（Thomas E. Dewey），美國共和黨人，1943 年 1 月至 1954 年 12 月任紐約州州長。

不料軍事着着失敗，經濟每況愈下，物資枯竭，物價高漲，金圓貶值，於是
人民怨聲載道，對政府之信用全失，對共匪各種宣傳與惡謠更受刺激，尤其
一般智識階級與立法、監察及公教人員等，一面為生活壓迫，一面被共匪眩
惑，失敗主義者瀰漫，實為從來所未有也。只有持志養氣，堅定信心，仰賴
上帝之護佑，民族主義之必勝而已。

朝課後召見墨三畢，到中訓團訓話，批閱公文，下午季陶來會，四時宣傳會
報為孔令侃牽累非淺也。晚課後召見翁院長、王財長[1]等，彼甚以責難紛至、
經濟失敗，手足無措，故重要業務停頓，王且不到部辦公，可憐之至。晚與
岳軍商談時局，改組政治會議。

十一月四日　星期四　氣候：晴

雪恥：五時前起床，證實杜威落選而且其參眾兩院議員皆為民主黨佔多數，
此誠出人意料之外，無論美國何人皆言萬不及料者，此或即民主制度之特點，
而美國人民怕戰則可證明矣。

朝課後與立夫談對美外交，與布雷商討改組政治會議，使舉黨一致破除派別，
共赴國難，復興革命也。本擬飛徐巡視指導，以心緒煩悶中止。下午與巴大
維談話，彼以瀋陽失陷，事事悲觀，其態度自不如前也。傅宜生來京指示其
華北戰略要旨畢，獨自遊覽庭園。晡與岳軍談行政院繼任問題，雪艇來談美
國明日即撤退京滬僑民，可知美國民性之浮燥荒亂也。晚課後，約宜生、文
白等聚餐畢，商討華北守棄戰略甚久未決。本日經國報告孔令侃囤積居奇，
見其貨單，痛憤之至，故今日情緒更覺悒鬱矣。

1　行政院院長翁文灝、財政部部長王雲五。

十一月五日　星期五　氣候：晴

雪恥：最近軍事、經濟形勢險惡已極，而社會與智識分子尤其是左派教授及報章之論評，詆毀誣蔑，無所不至，甚至黨報社論亦攻訐我父子無所顧忌，此全為孔令侃父子所累，人心動搖怨恨未有所[1]今日之甚者。此乃自卅二年共匪一貫造謠中傷，以陰謀毀滅余個人威信，至今已深入我黨政軍幹部之中，所謂浸潤之譖，其由來漸而久矣，此一毒素比任何武力為兇也。數日前尚有對美外交援助一線之希望，而今亦絕望，此誠余黑暗之時代，以形勢與環境論實以〔已〕失敗，但以理、以力論，尚有可為，只要對上帝信心不撼，自立自助、自強不息、忍耐俟候，以求有濟，以期降福而已。

朝課後約宜生來談，告其事實與意旨，華北必須固守，非萬不得已不得放棄，並以全權任其決定並鼓勵慰藉之。約見布雷與立夫改組政治會議與行政院要務，望能於三日內完成也。下午批閱公文，見黃琪翔[2]。

十一月六日　星期六　氣候：晴

雪恥：昨晡與妻車遊東郊後，晚課畢，約見布雷轉告岳軍允出任行政院長略慰，但其擬先赴美與馬歇爾交涉援華後回國出任，此又時間所不許可也。彼之最後計畫仍望與共匪和談劃疆而治，其意與文白相近，此乃不可能之事，誠匪夷所思之謂也。

本六日朝課後，召見敬之、墨三商華北軍事方略，決令宜生固守並增加其兵力也。繼與宜生談話，說明華北不能放棄並以全權交彼，切勿有所顧慮。再

1　原文如此。
2　黃琪翔，字御行，曾參與閩變，於鄧演達死後領導中國國民黨臨時行動委員會（第三黨）活動。抗戰時期任第六戰區副司令長官、中國遠征軍副司令長官等職。1947 年，出任駐德聯軍管制委員會中國軍事代表團團長。本年 10 月 15 日返國述職，後往香港。

與布雷、岳軍商討戰時決策機搆〔構〕及行政院長人選與派岳赴美交涉試其究竟也。訓練會報。近日各種謠諑更甚，尤其和平謠傳，此皆共匪之攻我軍政黨員最毒之陰謀，尤以清算豪門資本與清除親貴之空洞攻訐，令人無所措置也。下午批閱公文，與徐可亭談財經辦法，與立夫談外交，晚課後約布雷、立夫談中樞組織要旨，十時後就寢。

上星期反省錄

一、共匪組織竟打入我衛隊與內務股之中，幸及時發覺，未被其所算也。

二、美國人性情之浮燥淺薄，其幼稚誠令人可歎，幾乎小學生之不如，其對中國認識不足固無論矣，而其好聽共匪之虛偽宣傳，尤以深信其周圍匪諜之謠諑，任匪威脅眩惑而毫不自覺更為可笑。顧問團眷屬之撤退，其荒〔慌〕張行動殊難想像。本週京滬人心之浮動與社會之不安，幾乎完全受其撤僑之影響，余今對此美友又多增一層經驗矣。總之浮淺之徒不可信賴，余覺美國今日之於我國，未受其利而已大受其害矣。

十一月七日　星期日（立冬）　氣候：晴

雪恥：一、增高戰鬥人員待遇，優待戡亂軍官眷屬。二、金圓券准先以十分之二外匯存兌。

朝課後約見布雷，商討行政院長人選及財政、外交人選，仍以翁繼續擔任為宜，另約翁來勸其勿堅辭，彼意已轉，並囑其自選財長，但猶未確允也。遊覽庭園，審閱戰報，督促增援太原空運及繫炸東北工廠。十一時到基督凱歌堂禮拜，下午約劉健羣談時局與政治會議改組事，清理積案，審閱戰報，隴海路之匪已向我軍進攻矣。晚課後約宴美顧問團長等夫婦聚餐，見傅涇波向

我借錢，而司徒則不問不聞，可恥也。終日在苦痛沉悶恥辱中過去，時時考慮最後鬥爭之空間與時間，未能決定也。

十一月八日　星期一　氣候：晴

雪恥：自限價取消、經國辭去管制督導員以後，上海物價一日間突漲四、五倍，而米價自廿四金圓，三日間忽漲至一千元，而且無米可買，各地皆惱米荒，搶米風潮漸起。人民對金圓券全失信用，故藏米不售，此乃社會最大之隱患，非速籌劃金圓券提高信用辦法之實施，則前方軍事雖穩，而後方亦將發生變亂矣，加之馮玉祥舊部劉振三[1]昨又在徐州西北方賈汪一帶向北去投匪[2]，此種險惡嚴重局勢誠不堪設想，但信心益堅，天君泰然，時以不愧不怍、無憂無懼自勉，竭其心力，盡其在我，忍受靜候上帝恩賜之到來，其他再無可恃者也。

朝課後，到中央紀念週講演一小時餘畢，開中政會研討對俄外交，至十三時方畢，乃以軍事、經濟為先，外交問題緩決為結論。下午召見李良榮等，並與雪艇談對美軍援交涉，審閱戰報知劉金山〔振三〕投匪，然我葫蘆島全部已如計撤退為慰。晚課後，督籌軍糧民食，甚憂。

1　劉振三，字育如，曾任第一八〇師師長、第五十九軍軍長、整編第五十九師師長等職。時任第五十九軍軍長，本月赴滬期間所部投共。
2　徐州剿匪總司令部第三綏靖區副司令何基灃、張克俠率部投共。

十一月九日　星期二（上弦）　氣候：晴

雪恥：一、戒嚴令。二、金圓券貶值與匯兌。三、決通用銀幣急購糧食。四、借軍米急濟民食。五、催杜[1]速赴徐州督戰。

朝課後研討戰局，徐州北正面劉逆振三等部雖撤防降匪，但我已有備，即派李彌部向北設防，故匪未敢深入襲徐，殊為萬幸。西面邱[2]兵團當面之匪已被我擊退，惟東面黃[3]兵團被匪圍攻陷在運河兩岸，未能如期撤集，故情勢甚危，幸於黃昏安全撤至西岸，則徐州似已可保無虞，但憂患無已。與岳軍談外交與政治後，批閱公文，正午商討金圓貶值及匯兌方鍼至二時半原則始定。下午見沈策[4]與毛人鳳、鄭彥棻等，又見張鎮。本日謠琢〔諑〕更甚，牽涉妻事，社會動盪，路工罷工要求，京滬搶米疊起，此比前方軍事危急更可深憂，苦痛愧怍極矣。晚課如常，聞巴大衛已不顧其他人員反對，而彼獨電其政府要求顧問團全部撤退，可笑。

十一月十日　星期三　氣候：晴

雪恥：一、改組中政會辦法速定。二、設立時局行動委員會。三、函慰劉汝明。

朝課後研討徐州戰局，決令窰灣六十三軍與黃兵團在原地防守，並令邱兵團向東轉移，先擊破運河西岸陳匪[5]之主力也，寫前方將領十函，不覺倦乏也。下午召見監察院代表提意見書，余坦白明告其內容多有為共匪宣傳所朦混，

1　杜即杜聿明。
2　邱即邱清泉。
3　黃即黃伯韜。
4　沈策，號建生，曾任第一軍參謀長等職。本年歷任整編第七十八旅旅長、整編第七十六師副師長兼西安綏靖公署副參謀長。
5　陳即陳毅。

而代其為攻訐余之工具也。宣傳會報，本日南京不僅搶米，而且連搶食物鋪及放火者，乃決戒嚴，此其故全為米量未備，與新幣落價、物價高漲所致也，急催翁[1]速定修正幣制辦法及現銀購米以安定人心。晚課時屢接電話，前方戰務，後方動盪，又為孔家事全體黨員皆起疑竇，牽累不少，此誠內外挾擊、腹背受敵之時，其嚴重性實為從來所未有也。晚與翁決定幣制提案。

十一月十一日　星期四　氣候：晴

雪恥：一、衛戍司令人選決定。二、約見各省主席。三、與子文談廣東政治、財政、軍事之準備。四、中共叛國問題提出國聯[2]之意見應加研究。

朝課後檢討戰局，十時到中政會議提出經濟措施修正案，即金圓貶值至五分之一及通用銀元與存一兌一之辦法，余信此案實行以後，經濟與人心當可安定，再以銀元購米，使糧食能迅速集中於京滬，以供給軍糧民食也，會議至下午一時方畢。回寓與子文談廣東問題，三時半召見馮治安[3]，彼部劉振三等雖叛變，但彼自尚明大義，故慰之。召見巴大衛，彼以徐州戰況改善態度較和，可恥。批閱公文，審閱戰報，徐州戰局穩定。晚課後，司徒來談馬歇爾回電，其頑梗態度仍未改變也，自在意中。本日為孔庸之事及社會對宋、孔豪門資本之攻訐，幾乎成為全國一致之目標，共匪宣傳之陰毒與深入如此，以此為倒蔣手段也。

1　翁即行政院院長翁文灝。
2　原文如此，指聯合國。
3　馮治安，字仰之，河北故城人。時任徐州綏靖公署副主任，1948 年 8 月，派任徐州剿匪總司令部副總司令，在徐蚌會戰初期發生「賈汪投共事件」後，隨即自請撤職。1949 年 1 月，出任京滬杭警備副總司令。

十一月十二日　星期五　氣候：晴

雪恥：一、新增編各軍師團長之訓練。二、督促購糧如限完成。

朝課後審閱戰報，黃兵團昨夜戰激烈但穩定如常，預料今夜當有更激烈之戰鬥也。窰灣與八義集各師陣地皆不見符號，恐被消滅矣。十時謁陵，上下陵寢皆以步行，健康勝常為慰。回寓與國楨談話後，又約雪艇來談外交，彼對孔任私人代表以余不合手續頗有難色與微詞，此乃庸之招搖，不知自重之結果，徒令余為難也。近日謠諑繁興甚於卅三年之時，並對孔、宋攻訐牽涉內人，凡卑鄙齷齪足以毀滅余全家之信用與人格之誹謗，皆已竭盡其手段矣。是非不明、人心惡毒至此，如無上帝之恩施與耐心毅力，當已悲憤棄世矣。下午與頌雲談話，見楊愛源，批閱公文，與妻郊遊後晚課，見客。

十一月十三日　星期六　氣候：晴

雪恥：布雷同志昨夜服安眠藥自戕，今晨逝世，傍午得報，聞之悲痛異甚，今日再無他人可以任其之代勞與調節各派之中堅主持之人矣，而其代筆撰稿盡如我意之學問則尚其次也，奈何。其致我遺詞二紙，實不忍卒讀也。失此忠實同志，誠無異折我手足耳。

朝課後到糧政會議致詞，切戒各省違反中央政令之行動，免貽割據之羞也。伊朗大使[1]提國書，回寓審閱戰報畢，得布雷噩耗，出於意外，又增加無限刺激也。乃與經兒赴其寓親吊，入其寢室，其面已覆布矣。下午入浴，僅批覆戰電與處理金融，聞華中剿總白健生煽動武漢民意機關扣留現金，不准由中央運滬，乃設法制止之。今日徐州東進邱兵團進展甚緩，而黃兵團在碾莊被圍，勢甚危急也。晚課如常。

1　華樂（Mehdi Farrokh），伊朗駐華首任大使，1948 年 11 月 3 日到任，11 月 13 日呈遞到任國書，1949 年離任。

上星期反省錄

一、錦西葫蘆島部隊共五個軍，已於十日以前安全由海上撤退。

二、馮治安部之劉振三軍全部及王長海[1]之一部降匪北去，幸調動迅速，正面未受影響，惟馮玉祥之餘孽無法感之以誠也。

三、美國民性之粗淺浮躁，多無道義與精神力量，尤其巴大衛對中國戰局與政治之判斷更為幼稚可笑，彼堅主其顧問團立即撤退，幾乎對時局絕望，余聞之嗤之以鼻，此種無政治常識之顧問團長，其有何能助益中國，但馬歇爾派其來華本非在助益中國也。惟美國亦不乏誠意助華之人，如賴普漢之熱情乃可感也。

十一月十四日　星期日　氣候：晴

雪恥：一、督促黃兵團與五十四軍等增援徐州之部署。二、黃伯韜兵團應否突圍。三、中政會之秘書長人選。四、主持宣傳會報人之指定。

朝課後研討戰局，昨夜碾庄陣地未受匪攻，僅拂晚後在南面接戰而已。審察戰局，匪在碾庄三日來損失奇重，尤以昨日面的轟炸為甚，其攻勢似已頓挫，但不能斷其將撤退也，惟徐州會戰形勢較前主動矣。十一時禮拜如常，下午召見張篤倫、劉玉章[2]等畢，批閱公文，清理積案百餘件。晡綜核戰報，碾庄之危機未過，邱兵團滯鈍不能急進，徐州城防兵力太多，不能用全力在前方，劉經扶指揮無方，不勝憂慮。晚課後約公俠談話，今日時與空軍及徐州通電話，無時不以戰局為念也。

1　王長海，字子容，山東平原人。1946 年 4 月任整編第一三二旅旅長，11 月升任整編第七十七師師長。1948 年 9 月整編第七十七師恢復第七十七軍番號，任軍長，12 月升任第二兵團副司令官。1949 年 2 月調任國防部參議。

2　劉玉章，字麟生，陝西興平人。曾任第五十二軍副軍長兼第二師師長等職。本年 2 月專任第五十二軍副軍長，5 月升任該軍軍長。

十一月十五日　星期一　氣候：晴

雪恥：一、執監委員全體會議之召集。二、戰時體制黨政組織之研究。三、府秘長人選。四、政府組織國務會議將五院及社會領袖參加，一面縮小編制或停會。五、黨組行動委員會將各派要員集中，使行動意志一致。六、行政院長人選張、陳[1]。

朝課前接獲碾莊情勢危急，西南、西北陣地全失之報，乃知匪自昨日調整部署後，其主力仍對碾莊圍攻，自昨夜至今午冒白晝轟炸，集中其三個縱隊在西南方彭莊、賀臺子一帶全力進攻也，危急異甚，乃命空軍全力轟炸該方面，自朝至暮無或間斷。至下午四時匪攻勢頓挫，碾莊亦漸穩定，一面派墨三代為飛徐督導邱、李二兵團，向東行中央突破急進援黃也。余急欲飛徐督戰，但為各種約會要務，又為布雷大殮致祭，故未能行也。下午會客，終日為督導陸空軍作戰幾無暇晷。朝、晚課如常，晚宴各省參加糧食會議人員後，與翁院長談話，彼又堅辭，乃堅留之。與紐約生活雜誌記者談話，余可保其徐州勝利與南京安全無憂也。

十一月十六日　星期二　氣候：晴

雪恥：一、解決劉、孫[2]各部，不使馮之餘孽為害國家。二、重整各省政府。三、加強東南黨政組織，與充實力量澈底控制東南。四、高級將領改造計畫與輪流調訓。五、幹部再教育。六、宣布廣州為陪都，與剿匪方鍼之宣布。

起床接叔銘電話，知碾莊昨夜無戰鬥，匪部有零散向東、北兩方撤退象徵，

1　張、陳即張羣、陳立夫。
2　劉、孫即劉振三、孫良誠。孫良誠，民初出身馮玉祥部，抗戰期間投附汪偽政權，戰後為國民政府收編，出任暫編第二十五師師長。時任第一〇七軍軍長，於徐蚌會戰中率部一度投共。

乃料匪以昨日大轟炸殺傷必大，不能不退也。朝課後疊接報告，匪之主力似已撤退，但邱[1]兵團正面仍在逐步攻擊，無甚進展，可痛，黃伯韜為少數牽制，亦未敢出擊也。召見六人，批閱公文，下午妻飛滬送行，回寓清理積案，四時後召見李軍長振清[2]，受傷三處，特接其來京醫治，實忠勇之將也。召見六人，接報知碾莊尚有戰事，邱兵團正面匪亦頑抗，無甚進步，此必匪之後衛，明知匪之主力已撤，而我軍仍為其牽制不敢猛攻，益見匪之勇猛機巧，可佩也。若不改造將領心理與教育，何以剿匪，何能戡亂，思之痛心不已。晚課後，約沙秘書印宗譜事，經兒來陪。

十一月十七日　星期三（望）　氣候：晴

雪恥：一、召集中央全體會議（預定十二月十日）。二、先開常務會議：甲、立法院授權總統案。乙、政府改組成立大本營，內設國務會議，包括五院及各黨派領袖，由總統任主席。丙、中政會休會。丁、推選中央各部會長。戊、政府非戰鬥機關，除必要人員移駐廣州辦公，其他分遣各地工作。己、定廣州為陪都。庚、全國宣布為戰時體制並戒嚴。辛、立、監兩院休會與否，由其自決。

昨夜十二時半醒後未能安眠，今晨六時起床，精神尚佳，電問前方，匪我仍對峙無進展，甚為憂慮，以預料匪昨夜可退也，如今晨未退，則其必另有企圖，不能樂觀矣。朝課後研討戰局，誤傳我邱兵團已進展至曹八集附近，大家皆以為匪必退，因昨夜匪對我軍反撲甚激，此為其退卻之兆也，不料此息

1　邱即邱清泉。
2　李振清，山東清平人。歷任第四十軍第一○六師副師長、師長，後任第四十軍軍長。本年秋，兼任第十二綏靖區司令官；同年 12 月，兼任河南省政府豫北辦事處主任。

全係不確，故憂慮更甚。批閱公文，下午研究黨政軍改制辦法，周宏濤[1] 條陳甚得我心也。召集宣傳會報，先研究布雷遺書是否即日發表，最後決定發表。晚課後約宴蒲立德，談起美國在華人員之無識，可笑。

十一月十八日　星期四　氣候：晴

雪恥：昨夜匪又猛攻我碾莊，且被匪重砲轟擊，莊內起火六處之多，情勢危急，憂惶異甚。及至亥刻匪勢頓挫砲擊停止，惟恐其終夜必繼續攻擊也。今晨起床接獲空軍偵報，碾莊無恙，匪亦未再攻也。朝課後，接前線匪已全線退卻之報，驚魂未定，猶未敢信匪已全部潰退也，但徐州危機昨夜匪未得逞，似已過去大半矣。正午在正氣亭野餐，以月餘以來今日心神較為舒展耳。下午召見巴大衛及翁院長，彼已數日不到院辦公，堅屬其弗辭，但未能轉其辭意也。晡審閱戰報，邱兵團正面之匪尚在大許家頑抗，果未全退為慮。晚課如常，十時前就寢。

十一月十九日　星期五　氣候：晴

雪恥：起床後接空軍報告，碾莊屹立無恙，惟邱兵團正面仍無進步，乃電話杜光亭嚴斥邱清泉指揮無方，已成為老爺軍，何能革命剿匪，如其今日不能到達曹八集，則碾莊必安而復危，萬一有失，則邱應負其全責。杜答碾莊已無危險，可以生命擔保，余言不能如此看法，如邱不能進展，則敗匪仍能回來攻陷碾莊也，思之痛憤。

1　周宏濤，浙江奉化人。祖父周駿彥為蔣中正同窗好友。1943 年進入軍事委員會侍從室第四組，追隨蔣中正左右十六年。時為總統府秘書。

朝課後審閱戰報畢，岳軍來談時局，彼之心理以為本黨幹部及立法院皆反對余，且有二百餘人簽名要求余下野之消息，其意使余灰心喪膽，以建其對匪求和之目的，若輩此種心理恐已牢不可破，何能望其再負幹部重任耶。下午記事，會客，四時約見常會代表與各高級幹部，商討時局與方鍼，再可怪者是力子之言，以為此時雖欲求和而不可得，其意為投降已無門矣，可痛之至。余最後明告彼等剿匪作戰到底之決心，並示以雖南京將來不守，亦必在其他地方繼續剿共，須知今日共匪所欲者非南京，而為余一人之關係也。晚課。

十一月二十日　星期六　氣候：晴

雪恥：昨晡談話多有以政府遷移則人心渙散等於崩潰，不能再樹立重心為言，余答其重心不是首都城區而繫於余之一人也。如余在世一日反共到底，則余何地即重心所在，不必以遷都與否為慮，更不必以南京之得失為意也。因此說流行，以為「遷都即散」之心理若不排除，適中共匪之毒計，故余示之以決心，使岳軍等知所警惕耳。

本晨起床接叔銘電話，知碾莊已經失陷，未知伯韜司令官已否脫險，憂慮之至。朝課後召見徐財長[1]，批准進出口匯兌辦法，並令李維〔惟〕果敦促翁院長到院辦公。審閱戰報，邱兵團滯延不能進展，痛憤之至。批閱公文。下午召見六人，與頌雲主任談湘事約一小時半。檢討戰事，黃伯韜電臺已出現通電，此心略安，但甚為其危也，急謀其如何突圍方向，籌之甚久。晚課後，讀布雷各種遺書，悲悵無已，記事。

1　徐財長即財政部部長徐堪，11 月 15 日到任。

本星期預定工作課目

1. 臺灣主席人選。
2. 新疆撤兵問題。
3. 華北軍略與政策。

十一月二十一日　星期日　氣候：晴

雪恥：一、戰時內閣制之組織法案。二、首席閣員或行政院長之人選（胡、孫、陳、俞、吳、李、翁[1]）。

朝課後研究戰局，黃伯韜兵團突圍與固守問題，最後仍決定嚴督東進邱、李[2]兵團猛攻，一面令黃固守待援也。黃維兵團已集中蒙城為匪所阻，不難擊破當面殘匪，速佔宿縣，此心略慰。到基督凱歌堂禮拜如常，正午約畢範宇聚餐，下午會客與于主教[3]談對美外交，屬其赴美宣傳。與妻車遊東郊回。晚課後，約見蒲立德聚餐，長談一小時半，妻對美國廣播被俄共干擾延誤不少也。本日心神沉悶抑鬱，尤以邱清泉指揮無方，所部無能，每一念及，不勝沈痛也。

十一月二十二日　星期一（小雪）　氣候：晴

雪恥：本日徐州與碾莊一帶皆大霧陰沈，空軍不能活動，因之黃伯韜兵團陣地上空無法掩護，甚恐匪對該兵團集中其殘力以求一逞，此最可危。惟至晡空軍乃強勉鑽空偵察，只知其戰鬥甚激，猶見伯韜司令部符號所在，此心略

1　胡、孫、陳、俞、吳、李、翁即胡適、孫科、陳立夫、俞鴻鈞、吳鐵城、李惟果、翁文灝。
2　邱、李即邱清泉、李彌。
3　于主教即天主教南京教區總主教于斌。

慰。但其無線電報自中午起已不能聯絡矣，故憂惶無已。

朝課後，研討戰局與明年度軍費總數甚久，余力主縮軍減費，國防部要求六百餘萬兵額，余決減為五百萬為標準也。並決令黃伯韜突圍，並指示其方向與道路，惜空軍不能投遞通信袋，為匪所阻也。正午宴美參議員，下午批閱公文，召見二人。晚課後與妻車遊陵園，見其心神煩鬱異甚，晚約何、張[1]等商討新疆與西北人事問題後，見恩伯商議鐵吾職務，十時睡。

十一月二十三日　星期二　氣候：陰霧

雪恥：近日妻以操心過度忙碌異甚，又受環境刺激非常，故身心疲憊，幾乎不能自制。昨夜神經反常，時加婉勸，幸漸安靜復常，終夜未覺其沉睡為苦。近來環境之惡劣已極，此種刺激實為任何時期所未有，余亦屢萌生不如死之感，惟一念及革命責任與國家人民之前途，對萬惡共匪，若非由我領導奮鬥，再無復興之道，且深信有我在世，必能使我國家民族轉危為安，惟以政府軍隊與黨員之散漫凌亂，墮惰自私，以及社會人心之敗壞，若不放棄現有基業，重起爐灶，則難期有成也，奈何。

朝起即接報，知黃伯韜兵團陣地已失陷，未知伯韜已否突圍出險為念。朝課後審閱戰報，批閱公文，正午研討徐州守棄與移防淮河問題畢，約宴許汝為[2]兄。下午清理積案，勸翁院長回院辦公維持半月為約，召見上海各界代表，陳述時局意見，余嘉納之。晚課後，約少谷談宣傳事。

1　何、張即何應欽、張治中。
2　許崇智，字汝為，廣東番禺人。1945 年 5 月，當選中國國民黨第六屆中央監察委員。1947 年 4 月，聘為國民政府顧問。1948 年 7 月，獲聘總統府資政。1949 年遷居香港。

十一月二十四日　星期三（下弦）　氣候：陰

雪恥：一、粵一五四師關禁新兵、飲茶要錢之惡過應查辦。二、衡陽一九六師葛先才[1]部移臺。三、前鄂地糧處長鍾德才〔材〕[2]追究緝捕到案。

六時前起床，朝課後與經兒談時局，甚歎黨政軍幹部之自私無能，散漫腐敗，不可救藥，若欲復興民族、重振革命旗鼓，非捨棄現有基業，另選單純環境，縮小範圍根本改造，另起爐灶不為功，故現局之成敗不以為意矣。尤以監察委員對宋、孔之攻訐，糾纏誣蔑，不顧大局，為匪作倀，此種卑劣無智之民意機關，更令人悲痛灰心也。研討徐宿戰局與轉移兵力之方鍼甚久，乃召劉峙、杜聿明回京面授機宜，其實將領心理與軍隊暮氣沉沉，仍如瀋陽犯了同一毛病，奈之何哉。批閱公文，下午清理積案，召見劉、杜等商談徐宿計畫，陳匪主力已由徐東移向宿縣方向與劉匪會合[3]，以期擊破我黃維兵團，此實又為我聚殲陳、劉兩匪之良機也。晚課如常。

十一月二十五日　星期四　氣候：陰雨

雪恥：一、行政院長人選應即決定。二、遷移準備。三、國防部縮小編制。四、團為同藉〔籍〕單位。

朝課後研討戰局，決令黃維兵團向固鎮方面移靠，以其昨日尚未收復宿縣，則態勢甚不利也。批閱公文後，與岳軍談話，對行政院長問題，彼不願擔任也。正午宣傳會報，下午召見雪艇、巴大衛與唐孟瀟[4]等。據報美國政府對華

1　葛先才，字藝圃。本年2月，任整編第二十八師副師長。時任第一九六師師長。
2　鍾德材，1946年至1947年間任湖北省田賦糧食管理處處長。
3　陳匪、劉匪即陳毅、劉伯承。
4　唐生智，字孟瀟，湖南東安人。1926年加入國民革命軍，出任第八軍軍長，此後歷任武漢、南京國民政府等方面要職。抗戰初期南京保衛戰前，出任南京衛戍司令長官，撤守後閒居湖南。1948年11月赴京滬提議國共停戰議和。

態度仍未改變且更惡劣，妻甚憂慮，乃想飛美與馬歇爾作最後之交涉，余以為決無希望，不必多此一舉，徒加恥辱，彼終以為個人榮辱事小，國家存亡事大，無論成敗如何，不能不盡人事云。余乃允之，不忍掃其興耳。晚課後，與妻商談對美交涉事項，夫妻依戀不捨之情景，乃非任何時期所能有也。晚與哲生商談行政院長事甚久，彼勉強應允擔任，但其信心不堅耳。

十一月二十六日　星期五　氣候：陰雨

雪恥：一、各種兵、各業務配合教育之計畫。二、各高級將領通信電報銜署無線電陸空聯絡臺通話通報之方式教育。三、召見張六師[1]政工局。四、不准聽匪廣播並定罰律。五、征募與新編辦法。

朝課後，前後約見李德鄰、張岳軍、陳立夫、吳鐵城、吳達銓等，說明決推孫哲生為行政院長之意旨，忽報孫又不肯允任此職，余乃親訪於立法院，勸其勉為其難，彼稱須舉黨一致團結精神，作最後之奮鬥方能擔任，余以此為余之意願，正得我心，當允其照此推動組閣也。召開臨時常會，提孫為行政院長，張羣為政治會議秘書長，通過。回寓記事，批閱。下午約敬之、岳軍、鐵城先後來談，屬其鼓勵哲生及協助其組閣也。晡研討宿蚌附近戰局，黃維兵團又有被圍之勢，不勝憂慮，乃即指導要旨，先令黃打通蚌埠為基地之道路也。晚課。

1　張六師，曾任軍事調處執行部國民政府代表團交通處處長、國防部新聞局第三處處長，時任國防部政工局軍事新聞通訊社社長。

十一月二十七日　星期六　氣候：陰晴

雪恥：昨晚與妻聚談，依依不捨，夫妻愛情老而彌篤，屢想中止其飛美也，但為國家與外交計，又不能不令其行耳。午夜醒時妻又悲泣不置，彼稱為何國家陷入今日之悲境，又稱彼對經兒之愛護，雖其親母亦決無如此真摯，但恐經兒未能了解深知耳，惜別淒語感慨無窮。彼為余與國家以及宋、孔之家庭受枉被屈，實有不能言之隱痛，故其悲痛之切乃非言詞所能表達其萬一耳。但願此次飛美得蒙上帝保佑，使之心身康健為祝耳。

朝課後，與妻商談對馬交涉之要旨與利害關鍵，視其整裝，雜談至九時半，送其上機後獨自回寓。族譜訂成，今晨由滬送來，印刷體裁皆甚合意，翻閱不忍掩卷。批閱公文，審閱戰報，黃維兵團仍未脫險為慮。下午研討徐蚌間部署，並見湯、宣[1]等商決京滬各司令官人選。據報伯韜確已在碾莊之役自戕，第六十四軍軍長劉鎮湘[2]當突圍身佩勳章，明示其所部，若突圍不成決心自戕與陣亡，決不願被俘受辱也。嗚呼，尚有成仁之部屬，悲淒無已，而寸衷反為之一振也。

本星期預定工作課目

1. 第八十八師集中候調。
2. 華北棄守方鍼之決定。
3. 退守蚌埠之決心。
4. 各院部之疏散命令。
5. 全國陸、海、空軍總部之設立乎，其地點如何。

1　湯、宣即湯恩伯、宣鐵吾。
2　劉鎮湘，又名濃奮，字涵偉，廣西城防人。1947 年 9 月，升任整編第六十四師師長。1948 年 6 月，改任第六十四軍軍長，12 月 22 日在徐蚌會戰中被俘。

6. 外交團遷移之布置。

7. 各大學決不准遷移，應提前放假。

8. 設立疏散委員會，由交通、海、空軍主管組織之。

9. 催令京滬各司令就職。

10. 海、陸、空聯防計畫之組織。

11. 夫人訪英之研究。

12. 黨政聯繫與立法、監察兩院休會之方鍼。

十一月二十八日　星期日　氣候：晴

雪恥：昨晡閱報，得悉衛立煌由北平私搭飛機逃抵廣州，必作潛逃香港之計，可痛盍極，乃電黃振〔鎮〕球[1]查扣之。晚課後閱宗譜，悒鬱為之稍解。

朝課後研討戰局，決定放棄固鎮退守新橋之線，但匪已侵佔陸家戶，郝集、蚌埠、懷遠皆受威脅為慮，黃維兵團並無進展且其陣地縮小為慮，劉總司令[2]誤傳第十四軍有變故，於心更為不安，最後證明此言為不確也，最近一般心理陷溺如此，可歎。到凱歌堂禮拜如常，正午與正鼎[3]談黨務，悲憤無已，下午會客，與于斌主教商談其赴美宣傳辦法後，召杜聿明來京研討作戰計畫，彼甚疑參謀部有間諜洩漏機密，故不敢公開陳述其腹案，要求與余個人談話決定其行動，余允之，乃知其先前所說全為假話，而其腹案仍主張由鐵路西側直衝劉匪側背，此正得我心也。晚課後，接妻電話由滬起飛訪美，彼言寸

1　黃鎮球，字劍靈，廣東梅縣人。1947 年 11 月，任廣東行轅副主任兼廣東保安司令部副司令，後任廣東綏靖公署副主任、廣東省保安司令部代司令。

2　徐州剿匪總司令部總司令劉峙。

3　谷正鼎，字銘樞，貴州安順人。曾任軍事委員會西安辦公廳副主任兼第四處處長、陝西省黨部主任委員。1948 年 1 月，當選行憲後第一屆立法院立法委員。7 月 15 日代理中國國民黨組織部部長，1949 年 1 月 24 日真除，9 月改任中央改造委員會幹部訓練委員會委員。1952 年 10 月，任中國國民黨中央評議委員。

心憂極矣，各道上帝祝福而別。

十一月二十九日　星期一　氣候：晴

雪恥：本日為我族第八屆宗譜進修之日，照往例皆以舊歷十月二十九日為定期也。余自出生以來，至今已經三屆譜期，實為人生幸事。但第一期二歲童昏無知不論矣，而第二期以亡命在粵軍服務未能回家參加，引為遺憾。至此次修譜，滿以為必可參加，親自祭祖，稍盡子孫之職，不料時局杌隉、憂辱重重又無暇離京償願，一生戎馬卒未獲安息一日，豈為國而忘家、以忠作孝果如是乎。幸經兒得以回家主持，代余服勞，且生有三孫，天父之厚於我者亦云至矣，家和族睦，實為人生之至樂也。與經兒通電話，知親友來家賀譜者有四十餘桌之客，欣慰無已，惜余未能目睹其盛況耳。

朝課後，指示後方集中兵力，部署京滬路及長江兩岸防務，如余不督導則參謀部仍未注意於此重要之任務也，可痛。固鎮失陷後，鐵橋未破壞，匪部冒空軍直追，蚌埠無兵布防危甚，乃命空軍全力壓制，然匪始終向我蚌埠左側竄擾，雖其今日受我空軍炸射，死傷在一萬餘人以上，而匪仍不畏死挺進，其氣燄之高張如此也，不勝慚惶。與岳軍、敬之談遷都之準備甚久。

十一月三十日　星期二　氣候：陰晴

雪恥：昨午與立夫談立法院院長事，余屬其不宜競選也。下午清理積案，會客，閱報美國國務院之態度，對妻訪美表示冷淡，無異侮辱，惟有置之。晡研討戰局，屬傅宜生來京面授機宜，晚課後約宴孟瀟、天翼等。今日甚為蚌埠切憂也，黃維兵團因第十四軍之敗亦損失甚大，胡璉告病不願入軍協助黃維，人事至此更令人心痛也。十時就寢。

本卅日朝課後，檢討蚌埠附近戰況，指示調集分布各地部隊集中使用，增強其總預備隊，最為蚌埠部隊深憂，尤其是劉汝明部複雜怯弱，到處避戰潛逃引匪，最堪痛心，下午竟讓匪由九灣渡河，直達臨淮關附近，危險極矣。約岳軍及府院各秘書長，指示其政府人員疏散及遷地辦公之方鍼。批閱公文。下午會客十餘人，研究戰況，憂慮之至。晚課後與為章談話，召見宋希濂、王凌雲[1]，乃知桂白[2]以蚌戰緊急、軍事失利，到處煽動，準備異圖，此所不料也。又見傅涇波，談美政府與馬歇爾冷酷陰狠之政策，此在意中事，未知妻訪美之結果如何也。

---

1 王凌雲，字仙峰，河南伊陽人。1947 年 11 月任軍事委員會高級參謀，旋改任膠東兵團副司令官，12 月任第十三綏靖區司令官，駐守南陽。1948 年 11 月，南陽戰役脫險。

2 桂白即白崇禧。

上月反省錄

一、本月處境實為最悲慘之一月。

蔣中正日記
Chiang Kai-shek Diaries

十二月

蔣中正日記
Chiang Kai-shek Diaries

民國三十七年十二月

本月大事預定表

1. 整頓黨務、團結幹部之方案。

2. 京滬黨員必須加入就地自衛隊。

3. 肅清匪諜。

4. 監察各軍醫院辦法。

5. 行政院之改組。

6. 各機關遷移之督導。

7. 防淮之部署。

8. 國防部長人選。

9. 對美要求最低之限度。

10. 整軍計畫。

11. 智囊團之組織與人選。

12. 立法院長人選之決定。

13. 海、空、聯勤各部遷粵。

14. 陸大移臺灣，機械化部遷臺。

15. 杜部[1]突圍方向與道路之指示，及防毒面具使用之學習，麻袋包填濠之準備，陸空聯絡特別注意。

16. 海軍將領之召訓。

1　杜部即杜聿明部。

17. 基金監察會之召集與存儲地點之宣布。

18. 中央存款之處理。

19. 各省主席之召見。

十二月一日　星期三（朔）　氣候：晴

雪恥：近日為蚌埠吃緊，關於遷都問題與政府疏散裁員問題，謠諑紛紜，人心動盪，公務人員與社會皆呈雜亂不安狀態，乃由行政院決議聲明決不遷都，以闢謠言，一面準備疏散公務員眷屬及議定非作戰機關分地（重慶、廣州）辦公計畫。本日宣傳會報，幹部亦多有懷疑余將放棄首都而喪失革命精神大為不然者，及至余示以總統率領陸海空軍駐在首都指導作戰之腹案，眾始折服無言，可歎。

朝課後研討戰局，蚌埠戰局轉定並調老河口第二軍增援，甚費心力。與岳軍、雪艇商談對美外交，下午記事，召見合眾社記者畢，召集宣傳會報後審閱戰報，乃悉杜聿明率領徐州全部國軍已到達蕭縣西南刘子口，而蚌埠以西之匪亦有向北潰退模樣，此心轉安也。晚課後，再與張、王[1] 討論對美要求問題甚久，十一時半睡。

十二月二日　星期四　氣候：晴

雪恥：夫人昨日已到華盛頓，馬歇爾表示冷淡，其國務院竭力阻止其議會與輿論之歡迎，故一般形勢已不如前數日之熱烈矣，此乃意中之事。

朝課後，經兒自鄉修譜後回京，敘談進譜鄭重與親戚來賀熱鬧情形，令人快

1　張、王即張羣、王世杰。

慰。研討戰局，蚌埠以北匪部已撤退，督令追擊，蚌埠已轉危為安，此乃勝
負之樞紐也，故至此稍得自慰，京滬自可穩定，淮陰亦可不放棄矣。批閱公
文，召見王凌雲時，接空軍報告杜部進展滯遲，正午與夜間各寫手書，令其
決心急進，不可避戰迂迴，陷於被動也。下午審閱戰報，督導空軍努力進剿，
本日天晴，匪部行動皆在空軍目標之下，約殺傷總數萬餘人。會客八人。晚
課後，約見翁院長，屬其招待霍夫孟[1]接洽美援經過詳情，派羅澤闓赴北平，
致函傅宜生，指示戰略。

十二月三日　星期五　氣候：晴

雪恥：本日最苦悶者為杜[2]兵團主力仍向西永城行進，而不向南積極進攻當面
殘匪，失卻大好良機。如能最初先佔領瓦子口、睢溪口各要點，以裁〔截〕
堵夾溝方面轉來之匪部於各山口要隘，則不至如今日受匪弧形之包圍，將領
不學無能至此，殊為痛心。今日兩函飛投，令其改換方向，得覆照辦，然時
機已誤其大半矣。據匪廣播稱第一一〇師師長廖運周[3]率部投匪，不安之至，
前方報稱廖率兩團向前出擊，迄今數日消息斷絕云，似此廖果投匪乎。此為
黃埔軍校第六期生，如其果屬實，則前途更為可慮，以直系高級將領被俘者
甚多，而自動投匪者則尚無其人，此實為第一罪魁也。

朝課後研討戰局，批閱公文，與鐵城談話，下午清理積案，召見五人，審閱
戰報。晚課後，約滬紳聚餐畢，接夫人來電，其進行情形尚不至如一般所宣
傳者之惡劣也。

1　霍夫曼（Paul G. Hoffman），又譯霍夫孟，1948 年至 1950 年間，出任美國經濟合作總
　　署署長，執行馬歇爾戰後經濟復員計畫。
2　杜即杜聿明。
3　廖運周，安徽鳳臺人。1927 年成為中共秘密黨員，後在國軍長期任職。1948 年 11 月，
　　任第八十五軍第一一〇師師長，於月底率部投共。

十二月四日　星期六　氣候：晴　東南風

雪恥：一、一五四師由粵調臺，一九六師由湘調粵。二、籌發乾糧。三、重傷兵優先運後方。四、傷俘與傷兵必須隔離，嚴禁混住。五、黨員編入自衛隊。

朝課後研討戰局，杜部態勢已比昨日不利，被圍之勢已成，不勝焦慮，惟其已向南開始進攻，尚有希望其勝利也。據報廖運周率部投匪已證實，此為一生最大之恥辱也。批閱公文，下午會客，德鄰來見後，胡璉自雙堆集飛來報告其被圍情形，並擬突圍，特來請示，余決心令其向東擊匪，期與蚌埠李[1] 兵團會合也，甚慮。各將領未老先衰，精神頹唐，到處被動，所部如此實為一生莫大之憾事，誠令余無地自容也，晚課後，約屬生、伯玉聚餐畢，與經兒車遊市區，十時就寢。

上星期反省錄

一、文文山[2] 曰「人生自古誰無死，留取丹心照汗青」，讀此心神為之一振。

十二月五日　星期日　氣候：陰雨

雪恥：此時惟有持志養氣，存心養性，不愧不怍，不憂不懼，求其心安理得而已，至於存亡成敗，聽之於天，在我則負責盡職，站定在天父今日所指定之崗位，以期完成上帝所賦予我之使命而已，若狂念自戕以表白心跡了結一

1　李即李彌。
2　文天祥（1236-1283），號文山。宋亡後，被元軍俘至大都，寧死不屈，從容就義。與陸秀夫和張世傑等人並稱「宋末三傑」。

生，此乃卑怯心理，應掃除淨盡。蓋自古賢豪報國殉職，若不死於戰場即死於敵手，以盡其最後之心力，決無自戕塞責者也。

朝課後審閱戰報，杜[1] 司令部被匪襲擊為念。與蒲立德談話，十一時禮拜，下午以氣候不良前方無進展空運停頓，甚恐杜、黃[2] 各部饑餓生變。接妻電與馬[3] 第二次長談似無結果，恥辱重重，心緒悒鬱不可名狀，前途完全黑暗矣。與經兒車遊湯山，與胡璉商討廖運周降匪原因所在，內部日漸離心為痛。晚課後約宋希濂等聚餐，觀文天祥國魂電影甚感。

十二月六日　星期一　氣候：晴

雪恥：本日杜、黃、李[4] 各兵團皆有進展，尤以蚌埠李兵團方面進展較速為慰，各處氣候亦好轉，於我軍作戰及補給甚有利也。朝課後約見蒲立德，彼來辭行，余告以美國議會能使其政府對華政策成為兩黨一致之政策，則可挽救其政府對華頑固不化之政策，此為惟一要案，其他皆為次要也。上下午皆清理積案，十六時後會客，審閱戰報，手擬杜光亭電稿兩通，指示對北面之匪應先行擊破，並予之就地決戰，不必向南速進也。晚課後約禮卿談話，又雪艇來談美政府對妻態度，乃電妻決早回國為要，十時就寢。

1　杜即杜聿明。
2　杜、黃即杜聿明、黃維。
3　馬即馬歇爾（George C. Marshall）。
4　杜、黃、李即杜聿明、黃維、李彌。

十二月七日　星期二（大雪）　　氣候：晴

雪恥：朝課後接李彌電，稱孫元良兵團被匪突破，以致形勢惡化，不勝系念之至，又接黃維電稱昨夜形勢轉劣云。上午岳軍來談兩日來與哲生在滬談話所得影響，其態度大變，暴燥怨憤，且對財政方面無理要求，私款甚多，彼部長無法應付云。據本晨所得各方來報，外交、軍事與政治形勢逆轉更難設想矣，再發妻電催其歸國。批閱公文，下午清理積案，會客後，審閱戰報，各方形勢略穩，不如其來電之危急，但視高級將領來報，其慌張忙亂無異驚弓之鳥，其怯懦心理如出一輄〔轍〕，每念及此，誠使余惶愧無地，而傅宜生與閻百川則反沉着堅定，更令人慚慄萬分，自歎教育失敗、組織無能，是誰之咎也。晚課後，與經兒乘車視察市區，秩序尚佳也。

十二月八日　星期三（上弦）（臘八）　　氣候：晴

雪恥：此時更應鎮定靜修，不可稍萌妄念輕生之意，如能獲天父眷佑，大局果能轉危為安則幸矣，否則城危殉職亦得其所，除此則雖死亦辱，不惟為共匪與仇者所快，且將何以垂範於後世耶，戒之勉之。

朝課後，據報盱眙以西地區和〔河〕稍橋附近匪正渡淮河，我空軍即予以集中炸射，據統計匪被我殺傷者在萬餘人，而其兩岸蘆葦中之藏匪被我汽油彈燒死而不能逃避者更多，此誠天父保佑之所致，否則明光以南天長、滁縣皆危，浦口與南京即受威脅矣。研討戰局，處置部署畢，與岳軍、文白商討哲生態度及其組閣之利害得失甚詳，屬文白接受其副院長之要求。下午研究黃維兵團突圍計畫，將領氣餒膽怯只想逃命，不知廉恥，痛斥之。召開宣傳會報，晚課後，召見希濂、叔銘與胡璉，指示其突圍要點，並嚴加訓斥，記事。

十二月九日　星期四　氣候：陰

雪恥：一、全國戒嚴令。二、京滬總體戰制之實施與準備。三、經國與鄧〔滕〕傑[1]之命令發表。四、何世禮[2]為上海副司令。五、金門與馬尾要塞之修建。朝課前見氣候尚佳，此心略慰，然前方雲雨不能瞰視空投為難，尤以黃維兵團將氣消沉、危機四伏為念。朝課後審閱戰報，各兵團仍無進展，而且地區逐漸被迫縮小為慮。批閱公文，前方戰報虛妄不實，部隊行動欺謊難信，一時之間勝負顛倒，紀律組織可說絕無矣。何以作戰，焉能不為中外所輕侮，應澈底覺悟，重起爐灶也。下午召見巴大維，此人毫無常識，對我國情形尤不明瞭，余對彼多言何益，事後自悔。本日時刻想望化學炸彈之功效能否濟急，最為系念，直至黃昏始運到，而猶未能起貨試驗也。此實為最後之一法，存亡成敗皆在於此，上帝佑華，其必能使之有效也。晚課後與經兒視察市區，十時前睡。

十二月十日　星期五　氣候：晴

雪恥：一、函稚老到臺灣休養。二、國史館長問題應催季陶就職。三、嚴禁買賣金銀。
六時起床，視察氣候尚佳為慰。朝課後催詢化學彈運製情形，審閱戰報，批閱公文，不斷督導空軍助戰與胡、王[3]兩軍增援黃兵團也。接妻電為慰。下午督導化學彈使用之準備計畫，親臨空軍指揮部研究，一面應急於解救黃維兵

1　滕傑，號俊夫，江蘇阜寧人。曾任三民主義力行社書記、陸軍總部徐州司令部秘書長兼中央訓練團徐州分團教育長等職。時為第一屆國民大會代表，12月底出任南京市市長兼中國國民黨南京市黨部主任委員。
2　何世禮，原籍廣東寶安，為香港富商何東爵士第三子。曾任中國駐港聯合辦事處主任、後勤總部副司令、聯合勤務總司令部秦葫港口司令等職。時任聯合勤務總司令部副總司令。
3　胡、王即胡璉、王凌雲。

團之圍，一面不能不慎重處理又不能過速也。召見李維〔惟〕果與楊幹才後，晚課，手擬黃維函稿，諄諄叮囑使用化學彈應注意各點及鼓勵士氣固守待援也。晚召集化學彈有關人員再三研究，決定明日再準備一日，以期周到無缺也，十時後就寢。今日幾乎全力用於化學彈使用之準備工作，憂喜與疑信參半也。

十二月十一日　星期六　氣候：陰

雪恥：龍雲前日潛逃香港，今接其來電，憲偵始行發覺，張鎮之失職、幹部之無能，可知政府組織之鬆弛，如諸事順利，政局安定，則皆順服無違，若一有變故，則反側異類各打主意，野心畢露，叛離日生。甚歎政治不能有道義，昔日對內之寬容與外之信義政策，今皆受其大累，豈世惟有以怨報德、以仇報恩為常道乎。

朝課後氣候雖陰，以空軍尚能活動為慰，到空軍指揮部指示使用化學彈方法與地區。審閱戰報，召開訓練會報，批閱公文。下午會客數人，與經兒車遊東郊，審閱戰報，黃兵團戰況仍甚緊張。晚課後，聽取化學司今日試驗化學彈報告，結果良好為慰。與陳雪屏[1]商談接北平重要教授與胡適之來南京辦法，十時半睡。

1　陳雪屏，曾任北平師範大學、北京大學、西南聯大教授。時任北京大學教授，本年 12 月 30 日起任教育部政務次長並代理部務。

上星期反省錄

一、文文山稱「白髮三千丈，丹心百鍊鋼」句，非受煉至此，實難澈悟此丹
　　心百鍊鋼之意義也。

二、近日之所以堅忍不辭，任被舉世遺棄與美國侮辱者，乃得力於素夷狄，
　　行乎夷狄，素患難，行乎患難之素也。此亦即順服上帝旨意之意耳。

三、盱眙方面竄入之匪雖被我空軍猛炸將盡，但其殘匪數千仍繼續進擾我天
　　長、六合與明光間之地區，不斷折〔拆〕毀我鐵路、妨礙我交通也。

四、本週督察化學炸彈不遺餘力，而且甚望其能發生極大功效，惜黃維兵團
　　迫不及待、未曾使用而擅自突圍為憾。

五、每閱各將領慌張怯畏之戰報，國民革命軍志節喪失至此，是為恥辱最難
　　堪者也。

十二月十二日　　星期日　　氣候：陰雨

雪恥：一、華北戰局因第卅五軍在新安堡被圍，新三軍被匪襲擊，以致宜生
大受刺激，其精神亦受到嚴重威脅，似有神經失常之象，此為全局最大之打
擊，原定集中全力固守津沽之計畫恐難實現。果爾，華北戰局已等於失敗矣。
而宜生又為政治與虛榮所牽制，不願放棄北平而企圖固守，是等於自滅也。
第一軍民糧食無法解也。

朝課如常，今日為西安蒙難第十二年紀念。三時起床，感謝上帝與虔誠祈禱，
以天雨憂甚。上午與叔銘屢通電話研究化學彈應否使用，有人絕對反對，故
不能決斷。禮拜如常，正午決放棄使用化學彈，下午到空軍指揮所研究消滅
劉伯誠〔承〕股匪計畫後，與經兒車遊東郊，心緒悒鬱，慚惶悲慘，不可言狀。

接妻電，彼以為杜、馬[1]對其誠懇，甚有希望也。晚課後約嫂聚餐，與叔銘研究消滅劉匪、救援黃維計畫，聽取至柔報告北平情形。

十二月十三日　星期一　氣候：晴

雪恥：今晨二時前醒後未能安眠，三時後起床觀察氣候，星光燦爛，此心為之一慰。續睡即未成眠，但感謝天父與基督不置也。朝課後記事，薙髮，到中政會報告全國戒嚴令發布之經過，與岳軍談其在上海與哲生商組行政院之情形，不料其態度惡劣至此，不僅以怨報德，而且以惡報善，可知世人只記舊恨而不感新恩也，悲痛盍極。但其本性如此，余不自覺耳。審閱戰〔報〕，正午與岳軍再談哲生問題與行政院長人選之研究，甚難得當也。下午氣候漸惡，東南風大作，甚恐空軍不能達成任務，但終日活動未受阻礙為慰。今日對雙椎〔堆〕集東西兩區集中大轟炸，以為必生效果，非若不退亦必無戰力。不料入晚匪之攻擊益烈，實令人不能想象其魔力之大，而能持久如此也。會客後與經兒車遊東郊，晡商討二十軍加入蚌埠方面作戰。徐次辰〔宸〕由北平飛回，不料南苑機場已擅自撤退。

十二月十四日　星期二　氣候：晴

雪恥：昨晚聽取次辰〔宸〕報告北平機場紛亂與恐慌及其撤退情形，不勝痛憤與疑慮，幾乎令人對時局與幹部之無能及其懼匪之心理有不可思議之感，此誠亡國滅種之預兆，悲慘極矣。乃與宜生通電話慰勉之，並告其加強機場

1　杜、馬即杜魯門（Harry S. Truman）、馬歇爾（George C. Marshall）。

與北平至南苑間交通保衛之加強，必令空軍明日回平恢復工作也。九時與文白談行政院人選與大局問題，並指示叔銘明日對雙椎〔堆〕集繼續轟炸之目標與方法後，入浴，十一時半就寢。

本晨七時半始醒，起床得報雙椎〔堆〕集昨晚仍有激戰而且狀至危急，殊出意外，以如此繼續大轟炸仍不能擊潰匪部，驚奇之至。朝課後審閱戰報，督導空軍回平，批閱公文。正午詠電〔霓〕與雪艇來報告與霍夫孟談話美援交涉經過，下午清理積案，接見監察院代表陳述意見，聞其視察傷兵痛苦與醫院腐敗情形，悲痛異甚。晚課後，接見霍夫孟晏〔宴〕會，與岳軍談話，十一時就寢。

十二月十五日　星期三　氣候：晴

雪恥：一、平津各軍部署之指導。二、武器之疏散地點。三、士兵食米之改良。四、守江計畫。

朝課後，手擬黃維覆電訓戒稿未發，彼之惶惑畏匪心理已成魂不附體之象，不能復望其有成也。約見白吉爾談半小時餘，手書劉安祺指示函，審閱戰報，黃兵團危急可慮。批閱公文，十一時後約哲生來談，彼尚未堅辭行政職，乃詳加指示其政治、軍事、外交、經濟各種要旨，並速令其提請各部長人選，以期早日完成組閣任務。下午會客，宣傳會報，對美外交方鍼與行政院對和戰政策皆有討論。晚課後，與桂永清討論其海軍對江防計畫後，召見墨三、悔吾，派員赴平津應處理各事，十時半就寢。

十二月十六日　星期四（望）　氣候：晴

雪恥：朝課後連接黃維兵團突圍報告，空軍只見雙堆集起火無人，而未見黃兵團之行動，不勝憂患之至。手書平津重要將領五函，派李及蘭[1]前往指示與慰勉。審閱戰報，研討戰局，以雙堆集戰場失陷，今後守淮無力，決定作守江之準備也。批閱公文，正午約適之先生聚餐，昨日派機接其由平來京及險阻情形。下午清理積案，召見巴大衛後，與鐵城談哲生組閣事，彼言哲生因傅涇波談起：一、美國政府希望余下野。二、希望哲生新閣主和，故其更不敢積極進行，而且有另外打算。此種洋奴性質毫無革命自主精神，何能謀國當政也。與經兒郊遊，晚課，審閱戰報，約楊子惠[2]、蔣夢麟聚餐。據報采石磯與揚中縣各處近日有匪潛渡江南，不勝疑慮，部隊與幹部之腐懦極矣。晚在空軍部觀電影。

十二月十七日　星期五　氣候：晴

雪恥：近日匪謠四起，美國侮辱頻來，舉其要者：一、香港路透電稱余已下野。二、組織聯合政府已與匪進行和談。三、霍夫孟對記者妄談，如現政府跨〔垮〕臺，將來聯合政府，美亦對中國照常經援。四、蔣夫人在美呼援失敗而美國民族性之輕浮難交，好信謠傳而不究事實，殊令人莫知所由也，可痛。
朝課後審閱戰報，黃維兵團消息斷絕尚未聯絡，不勝系念。批閱公文，召見至柔與叔銘，得悉昨夜 B 24 重炸機被副駕駛員三人偷駕飛逃，並在近郊投彈數枚，聞之心碎，空軍之疏懈無紀如此，能不寒心乎。下午會客，接見韓國

1　李及蘭，字治方，廣東陽山人。曾任淞滬警備總司令、第六綏靖區副司令等職。1947年起任中央訓練團副教育長，1948 年 7 月，任國防部參謀次長。1949 年夏，任廣州綏靖公署副主任、廣州衛戍總司令。

2　楊森，字子惠，四川廣安人。1945 年 1 月，任貴州省政府主席。1948 年 4 月，任重慶市市長、重慶綏靖公署副主任、中國國民黨重慶市黨部主任委員。

代表，指示舒適存對杜聿明部隊非決戰不能突圍之要旨，又見李及蘭等。平津危急，處置無方，宜生竟已束手無措、毫無決心矣。晚課後為適之祝壽。

十二月十八日　星期六　氣候：晴

雪恥：一、嚴禁軍人在戰區結婚。二、軍人結婚必先在國防部登記批准。三、長江南北各渡口當地人民必須負責監察放哨，嚴定賞罰條規與巡察計畫。四、編組青年與學生入伍。五、京滬自衛部隊之組織與肅奸任務之屬行。

朝課後寫邱清泉、李彌等各函，審閱戰報，黃維兵團已絡續到達蚌埠附近，但未見其主力所在也。約岳軍、鐵城、文白來談其與哲生談商情形，哲以被美國走狗傅涇波威脅，更無勇氣組閣，不能不做第二步之準備。正午立夫來談組閣意見，下午批閱公文，與哲生談話一小時半示以至誠，曉以共匪拖延，先要求余下野而後和談之陰謀，未知能感動其萬一否。審閱戰報，訓戒蚌埠總部未撤先洩之拙劣行動，以理言此種將領作戰非敗不可也。晚課後指示至柔。

上星期反省錄

一、美國大使館幾乎為反華倒蔣之大本營，顯受其政府之意圖。尤以其霍夫孟在滬對記者談話，無異催逼我急倒，並使我國內各反動派更形鴟張。兩年以來，美國政府馬歇爾一貫倒蔣之政策，此至更暴露無餘，而其對我國侮辱亦至極點。彼小子以為在此慘敗末途一經其壓迫，余必不能忍受而下野，此等狂妄之徒，對余之人格性情以及中國歷史文化毫不研究，一味以經濟與物質之力可以被其屈服也。殊不知余因此而反堅定我意志與信心，非予此種全世界惡勢力奮鬥到底，無以保種衛國、盡我革命之職責，若不力圖自力更生，何以立於天地之間耶。

二、平津被圍之速實非意料所及，黃維兵團突圍已經三日，而尚未發現其主
　　力所在，不勝焦慮。

本星期預定工作課目

1. 行政院孫哲生對組織行政院尚無勇氣與決心，並在推托之中。在此重大關
　　頭恐非其所敢負責，應作第二步之打算也。
2. 杜聿明部隊之能否決戰，使戰局轉危為安，全在此本週一週之中可以決
　　定也。
3. 江南岸京滬之布防限期完成。
4. 京滬路肅奸清匪以及戡建大隊工作進行。
5. 政治委會之改組與戡亂運動會報之成立。
6. 臺灣省黨部委員主任決派經兒充任。
7. 第十四、第八十五、第十、第十八各軍整補地點之指定與主管官遴選。
8. 美械之到達與支配。

十二月十九日　星期日　氣候：陰雨

雪恥：據匪廣播黃維、吳紹周、楊伯濤[1]等各軍師長皆被俘，如此消息果確，
則腐敗無能之將領又被淘汰一部，其足惜乎。悲乎。
朝課後召見叔銘與汪化學司長[2]，研究使用化學炸彈與杜部作戰使用方法後，

1　楊伯濤，名序章，號瀲波，曾任第十八軍第十一師師長。本年 2 月任整編第十一師副
　　師長，7 月升任師長，10 月任第十八軍軍長，參與徐蚌會戰，12 月 15 日在雙堆集被俘。
2　汪逢栗，曾任軍政部化學兵總隊隊長。時任聯合勤務總司令部兵工署化學兵司司長。

岳軍與鐵城來談協助哲生組閣事，鐵城絕不願任其副院長，則難以組閣矣。禮拜如常，正午接妻自美國傳來長途電話，聞其聲高語重，恐其精神焦慮過甚，不勝系念之至。與彥棻談政治會議改組事，下午默禱後翻閱宗譜，讀楊滄白[1]所撰先慈五十晉五壽序，其文字雅潔可佩。與經兒車遊東郊，據報墳頭青龍山附近有散匪竄擾，乃折回城內。晚課後與岳軍談準備其組閣事，晚與經兒巡視市內，致妻電，十時後就寢。

十二月二十日　星期一　氣候：雨

雪恥：今日所遭遇之困難苦痛實為意想不及、最卑劣無聊之所為，哲生提出劉維幟〔熾〕[2]長交通、劉〔吳〕尚鷹[3]長資源委會，不僅使政府僅有建設之基礎澈底推翻，且必欲使目前危狀更加嚴重，此不特非安定現局之道，而且促使政府之崩潰可，奈何。若准其辭去則搗亂難免，只有曉以情義，使之改變，否則只有另定人選，聽其搗亂，與其在內日事磨擦，自相毀滅，何如自助自救耶。事至今日，除為國家與道理外，再無顧忌矣。

朝課後約見亮疇與鐵城，談協助哲生組閣事，鐵城據〔居〕然允任其副院長，私心為之一慰。見李維〔惟〕果後，審閱戰報，共匪主力似已由徐、宿南下圍攻蚌埠之勢。正午與岳軍談話，乃知黃、白[4]望余之下野之心甚切也。下午召見立法委員十餘人，談改選院長事，指示蚌埠附近[5]

1　楊庶堪（1881-1942），原名先達，字品璋，後字滄白，前同盟會員，曾任廣東大元帥府秘書長、北京臨時執政府司法總長、南京國民政府委員等職。
2　劉維熾，字季生，廣東台山人。曾任中國國民黨中央海外部部長。時任行政院政務委員兼僑務委員會委員長，本年底改任工商部部長，當選第一屆國民大會代表。
3　吳尚鷹，字一飛，自1941年起擔任國民政府立法院秘書長一職。時任第一屆立法委員，本年底出任地政部部長。
4　黃、白即黃紹竑、白崇禧。
5　接次日雪恥項下。原日記格式如此。

十二月二十一日　星期二　氣候：陰雨

雪恥：（續昨）部隊主力從速撤退江南，部署江防，遲則江防不及矣。晚課後，哲生、亮疇、鐵城來見，出示其部會長名單，不勝駭異，但視其意甚堅，勸解無益也。晚召見永清、至柔、悔吾談江防與疏散等事，與敬之談國防部長事，並與文白商討各區主幹人事之布置後，十時半就寢。

子夜醒後，為哲生所提各部名單，尤以交通部長劉維熾繼任更為不妥，輾轉不能安眠。六時起床，朝課，記事，召見俞鴻鈞報告存款兌現之擁擠不堪，以及其暫時停兌處理之辦法後，約見岳軍商討各部名單改正辦法，與哲生洽商進行手續，再約亮疇、鐵城來談，屬其轉商哲生，幸能遵辦，此乃一大事之告成也，甚慰。約次辰〔宸〕、大維、墨三分別來談，批閱公文。下午清理文件，召見十人，審閱戰報，晚課畢，記事。據報桂白[1]在漢扣留政府東下之運械船舶，其叛跡昭彰，又對第二軍東調始終阻止，亂臣叛將非可以誠感也。

十二月二十二日　星期三（冬至）　氣候：雨

雪恥：六時卅分起床，禱告今日冬至起能使國家轉危為安、人民轉苦為樂也。朝課後批閱戰電，召見薛篤弼[2]、陳立夫，商定李培基[3]為立法院長候選人也。十時開中常會與政治會議，通過行政院各部會長人選後，回寓，批閱公文，正午約岳軍、禮卿來談白崇禧派鄧漢翔〔祥〕[4]來告，屬其二人勸告余從速下野，否則後悔莫及，恐各省將有通電勸辭也。余聞此反甚寬慰，毫不為奇，

1　桂白即白崇禧。
2　薛篤弼，字子良，自 1941 年起任行政院水利委員會主任委員、水利委員會委員長。1947 年起任水利部部長，至本年 12 月下旬卸職。
3　李培基，字涵礎，河北獻縣人。時任第一屆立法委員，獲中國國民黨中央支持，參選立法院院長，惟因反中央俱樂部的派系合作而落選。
4　鄧漢祥，字鳴階，曾任北京臨時執政府國務院秘書廳秘書長、四川省政府委員兼財政廳廳長、四川省政府委員兼秘書長等職。時為四川省政府委員、第一屆國大代表。

以若輩早有此陰謀也。余屬張、吳[1] 答其：一、必須先有安國保民、不受奸匪欺詐之辦法。二、繼任者必須先有切實準備並須正式交替。三、對前方被圍之部隊必須救援出險。果能如此，則甚願辭職也。屬以彼等度余之意告之，不可直言已經告余也。下午會客後開宣傳會報，言多必失，不可與言而與之言，乃生愧疚也。晚課後，約宴梅貽琦[2] 等，與雪艇商談對司徒[3] 警告手續。

十二月二十三日　星期四（下弦）　氣候：上陰下雨

雪恥：昨日最複雜困難之問題，即立法院正副院長人選提名問題，忽於五分鐘解決，又孫行政院組織成功，殊足欣慰，雖白逼余下野，而此心無纖微之憂慮，且引以為大樂也。

預定：一、約達銓、文白、顯光[4] 來談。二、敬之任重慶綏靖主任，調朱一民[5] 為戰略顧問代委員長。三、辭修任衢州綏靖主任。四、派員到滇慰盧[6]。五、召盧、鄧寶珊來京。

朝課後審閱戰報，清理積案，指示聯勤部遷移地區及要旨，召見三人，正午與文白商談西北人事及政策。下午批閱情報，召見巴大衛、劉為章等六人。

1　張、吳即張羣、吳忠信。
2　梅貽琦，字月涵，天津市人。曾任清華大學教務長、校長，西南聯合大學校務委員會常務委員。時任清華大學校長。
3　司徒即美國駐華大使司徒雷登（John Leighton Stuart）。
4　董顯光，浙江寧波人。1947 年 4 月，任行政院新聞局局長，1948 年 12 月卸職。1949年來臺，擔任中國廣播公司總經理兼《中央日報》董事長。
5　朱紹良，字一民，原籍江蘇武進，生於福建福州。1947 年 6 月，任重慶行轅主任，1948 年時任重慶綏靖公署主任。1949 年 1 月，任福建省政府主席兼福州綏靖公署主任。
6　盧漢，原名邦漢，字永衡，雲南昭通人。1945 年 12 月接替龍雲為雲南省政府主席。1949 年 12 月 9 日，宣布雲南投共。

據報立法院選舉院長之提名決議案，新政俱樂部[1]（青年團）等仍主張其原定之童冠賢[2]而不選李培基者，不勝悲戚。乃召立夫、健羣來談，嚴令其執行黨的決議，其中複雜離奇情形實不可思議，黨員之失紀無信，殊為痛心。晚課後，約子惠、敬之聚餐，晚叔銘來報對杜部陸空聯合作戰計畫，甚慰。

十二月二十四日　星期五

雪恥：昨廿三日子初日本戰犯東條英機[3]、松井石根[4]、土肥原賢二[5]、板垣征四郎[6]、木村兵太郎[7]、武藤章[8]、廣田弘毅[9]等七名甲級戰犯已被絞斃，此乃五十餘年來侵略中國之結果，對日之國恥至此可以說清算，此為一生奮鬥革

---

1 1948 年行憲第一屆立法院開議。立法委員多數為國民黨籍，不免將黨內派系分立的格局導入院內，紛紛成立各種次級問政團體。6 月 1 日新政俱樂部成立，成員係以三民主義青年團出身（含黃埔系、復興社）的黨籍立委為主體，以 CC 系立委為假想對手，與其他次級問政團體則有依議題而定的競爭合作關係。團方立委在本年兩次立法院正副院長選舉中，均扮演關鍵角色：5 月正副院長選舉有黨內提名，而副院長提名人陳立夫（CC 領導人）只能險中求勝，團方實居反陳主力；12 月正副院長改選，黨中央的正副提名人選係按 CC、團方實力分配，而雙方皆不以為然，最終黨提名的院長人選李培基落敗，為 CC 的一大挫折。
2 童冠賢，名啟顏，字冠賢，察哈爾張垣人。曾任監察院審計部常務次長、中央大學教授兼教務長等職。本年任第一屆立法委員，12 月當選立法院院長。
3 東條英機（1884-1948），1941-1944 年任日本首相兼內務大臣，任內發動珍珠港事變、爆發太平洋戰爭。戰後經遠東國際軍事法庭判為甲級戰犯。
4 松井石根（1878-1948），戰時任日本上海派遣軍司令官、華中方面軍司令官，縱容屬下屠殺平民。戰後被遠東國際軍事法庭認定涉及南京大屠殺責任問題，於本月 23 日處決。
5 土肥原賢二（1883-1948），長年在中國從事間諜情報活動，與板垣征四郎共同扶植偽滿政權，曾任日本第十二方面軍司令官。戰後遭遠東國際軍事法庭判為甲級戰犯。
6 板垣征四郎（1885-1948），日本軍人，曾任中國派遣軍總參謀長、陸軍大臣。九一八事變主要策劃者，與土肥原賢二共同扶植偽滿政權。戰後遭遠東國際軍事法庭判為甲級戰犯。
7 木村兵太郎（1888-1948），1939 年任日本陸軍三十二師團長，在中國山東執行敵後游擊隊掃蕩政策，屠殺平民。1940 年任關東軍參謀長，日本投降時任駐緬甸方面軍司令官。戰後遭遠東國際軍事法庭定為甲級戰犯。
8 武藤章（1892-1948），日本軍人，七七事變時任參謀總部作戰課課長，主張對中國採取強硬政策，1944 年任日本第十四方面軍參謀長。戰後遭遠東國際軍事法庭定為甲級戰犯。
9 廣田弘毅（1878-1948），日本外交官，於外務大臣任內推動積極侵華政策，發表「廣田三原則」。1936-1937 年任日本首相。戰後遭遠東國際軍事法庭定為甲級戰犯。

命第一期之苦志乃伸矣，未知第二期剿共事業果得如願以償否。

預定：一、陳章自決，壯烈泰然之情形應特宣揚。二、裝備民船機器一千至五千艘及訓練。

本日朝課後，約見顧、林[1]商談新到美械分配要旨，另召劉健羣、吳鐵城等，切囑其所屬立法員須照中央決議選舉。及至下午五時選舉結果，正院長為童冠賢而非李培基，此為平生入黨以來任黨務後惟一之打擊，從此本黨等於破產，革命歷史完全為若輩叛徒所賣，立法院亦無法維持矣。此實比諸四月間哲生不能當選副總統時之失敗更慘也。悲乎，何使黨敗至此，豈非余無能罔德所致之罪惡乎。余乃決心下野，非重起爐灶另造幹部，無以革命矣。批閱公文。

十二月二十五日　星期六　氣候：雨

雪恥：昨正午約理〔禮〕卿來談，乃知桂系急謀倒蔣，其勢若不及待矣。下午指導防守長江兩岸部署，對白崇禧阻止第二軍東調，在漢扣留船隻不准開行，幾將一週，余乃退讓，准其仍向上游回駛集中沙市，以示不爭也。今日以立法院未照本黨提名選舉，以及白之跋扈背叛，實為近年來最慘之悲劇也。晚課後，七時到基督凱歌堂禮拜，紀念聖誕前夕也。夜與毛人鳳談話。

本（廿五）日聖誕節，亦為余在十二年前今日之再生復興節也。三時半起床，默禱後再寢，七時復起，朝課，九時到基督凱歌堂紀念聖誕節，回寓記事，批閱公文。下午修正批件，召見二人。杜聿明之妻[2]到處運動，使其夫能空軍從圍困中接救出來，黃維且將其突圍時期先電告其妻[3]，此種將領何能再望其

1　顧、林即顧祝同、林蔚。
2　曹秀青，杜聿明之妻。曾加入中共，清黨後退出。時因杜聿明被困，赴南京欲入總統府求見遭拒，喧騰一時。
3　黃維之妻即蔡若曙。

為革命而犧牲，思之痛憤自慚。晚課後，手書杜聿明長函未完，約宴空軍將士七十餘人畢，訓話後，觀電影（萬象回春），十二時就寢。午前接妻電話賀聖誕。

上星期反省錄

一、二十日夜接白總司令電話，要求停調第二軍來京，其語意要脅、態度冷酷，甚至中途置之不理，任余苦慰而卒未置答，余仍以婉語再會了事。嗚呼，余何罪惡而受此侮蔑污辱至此，天父如果有靈，其盍不速救子民乎。同時又遭孫科所提其部會主官人選，其貪婪卑污，誠不可想像者也，殊令人對前途作渺茫悲慘之歎，但亦惟有忍之，以求黨國有濟於萬一耳。

二、週末白之叛跡更顯，且令張篤倫電余威逼促辭，似有迫不及待、一不作二不休之勢，抑何可笑，余乃泰然置之。近日心神寬舒，常以不愧不怍、不憂不懼、自省無負平生為幸，此或修養進步之效乎。

本星期預定工作課目

1. 辭修任衢州綏靖主任。
2. 詠電〔霓〕調臺灣主席？
3. 經國臺灣省黨部主委。
4. 縮編國防部範圍。
5. 聯勤與空總疏散遷移情形查報。
6. 美械分發新編各部隊。
7. 政府分地辦公辦法之實施？
8. 孫震調編新兵？調川黔湘邊區。

9. 宋希濂任宜昌綏署主任。

10. 方天任江西主席。

11. 海南軍政人選之決定。

12. 西南、西北主持人選之決定。

十二月二十六日　星期日　氣候：雪

雪恥：辭職下野乃為平生未曾有之快樂，惟所遺憾者平津與永宿間被圍待援之各部，未能假我以十日時間竭力營救，亦為平生最痛苦之一事，奈何。

朝課後記事，祝季陶五十九歲壽辰，到基督凱歌堂禮拜。正午岳軍、禮卿、文白持白崇禧要求和平其實即要求下野之電報來談，至十五時方畢，囑其先與德鄰商談，觀其形態後再定處置，而白則連致電話於張文白，問余究竟如何，其心更急不及待矣。余以立法院長選舉未能遵黨決議之時，決心辭職下野，今復得桂白之背逆脅制，乃更促成我下野之決心，所痛者惟不予我有一點準備之時間，但余如一猶豫則恐李[1]離京或又不敢接代，則失去比較良機矣，故催張、吳[2]等促成其事。下午會客後，審閱戰報，江防部隊已如期集結完畢。晡續寫光亭信後，晚課畢，召宴南京軍警長官後，又與張、吳等商談，德鄰竟允接代總統職權，此心為之大慰，乃商談交替手續與方式，又召墨三、蔚文來談去後處理要旨，十一時半睡。

1　李即李宗仁。
2　張、吳即張羣、吳忠信。

十二月二十七日　星期一　氣候：雨陰

雪恥：一、臺灣主席之更換。二、福州綏靖主任人選之決定。三、辭職宣言之預備。

朝課後約見鴻鈞，處理中央銀行基金公佈事，與立夫談辭職決心，彼甚贊同也。記事，清理積案。正午約雪竹[1]談湖北省議會內容，彼對白運動該議會通電主和，促余下野為不可能，最多只有四、五人附和桂白，或以其私人名義通電而已，可知白之聯合各省參議會通電，全為恫愒賣空之慣技也。下午約敬之商談余辭職後，屬其任陸海空軍總司令以維繫軍心，勿使全體官兵無所歸宿，否則余一辭職，則各軍在前方者必無心再戰，任匪捕殺，其在後方者亦必潰散也，但彼未敢接受耳。召見六人，晚課後審閱元旦文稿，未知其仍須用否。召宴總統府高級職員後，與張、吳[2]等商談其今日與德鄰商議結果，其意乃促余早日實行辭去，亦如白一也。

十二月二十八日　星期二　氣候：陰

雪恥：對桂系對策：一、軍事機構與人選之決定。二、京滬必須始終守備作為最後防線。三、確保憲章法統，對方要承認李為對象。四、防白在武漢叛亂，發表和平宣言。五、宣傳之準備。六、法律手續之準備。

朝課後到陳章將軍追悼會，回寓致妻電，批閱公文，正午傅思義〔斯年〕來談。下午會客後，閻伯川主任由太原飛京來談時局，余將桂系陰謀野心及最近實際情形明告之後，約吳、張[3]同談，由張出示其與李、黃[4]上午所談經過，

1　何成濬，字雪竹，湖北隨縣人。1947 年 11 月，在原籍當選為第一屆國民大會代表。1948 年 4 月，在第一屆國民大會第一次會議上當選為主席團主席。1949 年 2 月，避居香港。1951 年 3 月，遷住臺灣，任總統府國策顧問。
2　張、吳即張羣、吳忠信。
3　吳、張即吳忠信、張羣。
4　李、黃即李宗仁、黃紹竑。

及其對匪求和無條件投降與毀滅國軍陰謀畢露,乃決心留職奮鬥,不能再作下野之妄想,否則國家民族與革命基礎、五千年歷史皆將由此滅絕矣。晚課後,約哲生等參加談話,至十時方畢,國危極矣。

十二月二十九日 星期三 氣候:陰

雪恥:一、延緩時間,不宜操切從事。二、監察與執行之準備。三、河南參議會之注意。

朝課後約見鴻鈞,指示分散基金與存兌辦法,召見宗南,商討西安綏署主任人選及其本人去留問題。十時約亮疇院長商談法律問題及手續之研究,批閱公文。正午約張、吳與閻[1]商討桂系方鍼,余仍主張能照最初所擬政策與辦法實施,以求去職也,如照其桂系昨提辦法,則是其叛國降匪專脅余下野,企圖政府之崩潰,以求其一時之快意,即使亡國滅種亦不顧惜之狂計,則余決不能辭去卸責了之,故決心繼續盡職也。下午會客後,與經兒車遊湯山,視察陶廬[2],回寓晚課,與楊子惠談話畢,召見王叔銘等商討杜部隊之作戰事宜,十時半睡。

十二月三十日 星期四(朔) 氣候:雨

雪恥:一、鄂北部隊宋希濂尚未取得電報之聯絡,殊為憂慮,以電被漢口扣留也。

---

1 張、吳與閻即張羣、吳忠信與閻錫山。
2 陶廬座落於湯山,原為江寧聞人陶保晉於 1919 年所建的私人別墅區。抗戰勝利後,主要作為陸軍大學將官班召訓使用。

朝課後召見毛局長[1]等後,見滄波[2]等商談時局與宣言要旨,及申、新兩報股份負責人令立夫主持,修正元旦文稿。正午約宗南聚餐,黃埔第一期關麟徵、胡宗南等皆反對辭修任臺灣主席,空軍方面亦如之,此為意外之事,當此危局彼等猶以個人恩怨惟念,絕無悔悟團結之心,黃埔不幸至此,誠死無葬身之地,不勝其悲傷之感。下午約見將領數人,召見巴大衛,明告其勿信政治謠言,受人欺蒙,並詰問其已裝船之武器遲滯不到究為何故。子文由粵飛京詳敘一切。晚課後,岳軍攜李德鄰等條件修正減為五條,仍堪痛心。晚約哲生、伯川聚餐,商談時局,十時方畢。

十二月三十一日　星期五　氣候:雨

雪恥:一、白來第二逼迫之電,應坦白規戒之。二、張軫竟來電明催余下野。三、程潛來電態度亦變,此皆受白煽惑鼓動,亦應以懇切勸導,曉以利害是非,當能挽救乎。

朝課後召見永清、人鳳等,指示海軍、政工組織事。伯川來談空軍陳納德[3]雇用辦法後,修正元旦文告稿,正午約盧永衡聚餐談滇局,下午會客後再修文告,及至六時方畢,晚課後約宴中央常委研討文告內容徵求同意,多不贊成,蓋其未明全般情況,故意見紛歧,余亦不能明告為苦。以今日大難不在敵寇之共匪而乃在內奸之桂逆也,故此文用意對桂多於對共,惟有如此方能止其煽惑與藉口,以杜絕其野心與奸謀於一時耳。但對其本人如何使之覺悟回頭,尚未有良策耳。討論至十一時半散會,余告其決心發表非此不可之意,十二時就寢。

1　毛局長即國防部保密局局長毛人鳳。
2　程滄波,原名中行,字曉湖,抗戰勝利後回上海參加《新聞報》接管工作,擔任社長。1948 年,當選行憲後第一屆立法委員。
3　陳納德(Claire L. Chennault),曾任駐華美國陸軍第十四航空隊司令。1945 年 12 月,在上海與盛子瑾合股,開設「中美棉業公司」。1946 年 10 月與魏勞爾(Whiting Willauer)成立民航空運隊並參與經營。

上月反省錄

一、二十九與卅日美國務院與杜魯門連日斥責共匪以余為其戰犯之謊〔荒〕
謬，並堅決擁護蔣總統所領導之政府，其態度鮮明為三年來之罕有，此
對桂系逆謀之打擊最大，不能不歸功於夫人也。

二、本月實為處境最逆之一月，余妻赴美在外遭受輕侮與虐待，在內最大之
危機即桂白逆謀之畢露，內外幾乎皆受其賣空買空、虛偽煽惑之影響，
而至大除夕為達其頂點。余對此反不憂懼，乃以泰然處之，不可謂修養
之無進步也。

三、黃維兵團被匪消滅以後，杜聿明大部仍被圍於永城、宿縣之間，幾乎一
月尚未能股〔脫〕險，而陳毅股匪之主力集結於固鎮附近，對蚌埠作監
視脅制之形態而不加進犯。此其與桂白互約對國軍只用威脅不予進佔，
以踐其不渡江南侵入首都之密約，留作聯合政府組織之地點。其實匪已
精疲力盡不能不加整頓休息，預料其在近期內無意渡江南犯耳。

四、平津被圍之速，共匪行動之快，傅軍在平綏路節節被殲，實出意料之外，
剿匪第一健將傅總司令一着既失，全盤皆成死局，幾乎神經失常、手足
無措，此豈革命必遭此挫折之命定乎。

五、孫哲生組織行政院幾將一月始得初成，人才之缺乏，時局之艱危，茫茫
前途不知所止，天乎。

六、立法院長之選舉由本黨提名為李培基，而青年團派之新政俱樂部與吳鐵

城派之自由民主社[1]，皆相約擅選童冠賢，以對抗陳立夫之革新俱樂部[2]，而致本黨決議無效，以私嫌而害公義，毀滅本黨之歷史於此為甚，此實革命以來為余最大之打擊。嗟乎，黨國不滅於共匪，而竟自毀於若輩反叛之手，痛心盍極。

1 　即「民主自由社」之誤，係 1948 年若干第一屆立法委員所組成的次級問政團體，立場親炙吳鐵城（國民黨中央秘書長、立委）。民主自由社在 12 月的立法院正副院長改選風潮中，原本擁戴吳鐵城競選院長一職，並獲得新政俱樂部、一四座談會等勢力的支持；及至吳鐵城進入孫科內閣，該聯合勢力改推童冠賢角逐立院院長，意在反制國民黨中央提名的李培基。

2 　行憲立法院內，以 CC 系立委為主幹而成立的次級問政團體，人數居各政團之冠。其成員李培基在本年 12 月的立法院正副院長改選過程中，雖獲國民黨中央提名為院長候選人，卻遭各派立委聯合反制，終敗於童冠賢之手；同時，革新俱樂部卻也簇擁其立委程天放投入副院長選戰，旨在杯葛黨中央提名的劉健羣（新政俱樂部），結果亦不敵。

雜錄

蔣中正日記
Chiang Kai-shek Diaries

蔣中正日記
Chiang Kai-shek Diaries

雜錄

一月五日。訓練新兵部隊之特技：一、駐地封鎖、防奸、清除匪幹與保密。二、伏兵戰術。三、夜間戰鬥與行軍及其識別方法。四、組訓運用密探之技術。

二月十一日。共匪戰略：甲、已經盤踞之老巢匪區雖被國軍攻破，亦決不放棄，利用其殘部與地方組織牽制我國軍兵力，或旋磨打圈利用其行動快速集中兵力以大吃小，以消耗我國軍。乙、凡其地下組織尚無根基之地區，則其大股決不敢全力或主力向之流竄，我軍應以此為依據，研究今後剿匪之方略：甲、第一擊破其主力。乙、棋盤式分區分期連環追堵，不使其停留惝〔喘〕息。丙、加強運輸工具與通信網。丁、築碉併村，堅壁清野。

其二，對陝北、晉南之匪不久將向關中或隴東分竄之防範與準備。

其三，此時對匪暫不進剿，一面對各區之匪監視，一面作三個月之整頓與補訓，以重定整個進剿之方法，何如。

其四，積極督訓後方部隊完成新生力軍之計畫。

其五，訓練地方行政基層幹部，澈底建立政治基礎，消滅匪禍為根本之圖。

二月十四日。擬增加後調旅之各師 20、85、65、75、38、10、28 七個師，又第九與第二十五各師擬各增加一個快速縱隊。

其二，快速縱隊之編制，以戰車一排、裝甲車一排與卡車一百五十輛隨伴步兵三團編成之。

其四[1]，掃盪〔蕩〕戰法集中目標，其距離前進與回程之道路時間以十日為標準。

1 　原文如此。

三月五日。劉戡軍在宜川失敗以後，西北軍事已處劣勢，士氣低落，人心必更動搖，時局將更動盪，而匪的鴟張亦將尤甚，在此三、四、五之三個月間必須特別擬定剿匪方案，總使其先為不可勝而後為敵之可勝，故在此期間必須慎重鎮定，不可為匪情、政治、外交、經濟所牽動，是為至要。

默察大勢所應注意者：

一、在遠處（不久的將來）、大處（整個世界）、高處（天理、人情、道德、精神以及基督教理）來觀察我的成敗，絕對有最後勝利之信心，但最近變化之現象與所處之環境，其險惡不可名狀，惟有堅持信心，忍耐等候上帝所定之時間與盡我人力奮鬥，及靜待時間與洪恩之到來而已，吾有何憂何懼。

二、最近俄國新大使羅申將來華，其必重提對共匪和談運動，此於東北匪之向北撤退當有關係，況西北宜川受此重大損失之時，彼俄更將威脅利誘，應有所準備，如何應之。

三、俄以我華北為其勢力範圍之目的地，此時未必主使共匪侵犯長江以南區域，而且匪力亦未能及此，在此期間共匪侵佔全國，推翻國府，不惟勢所不能，而且於俄外交方鍼及其對國際形勢更多不利也。俄之對華政策始終謀取國共合作，成立聯合政府，然後整個取而代之也。

四、新疆軍事與將來國際之變化必陷於絕境，然此無可如何，乃不能不有此犧牲為預先安全撤退或放棄，則於目前與將來皆不可想像矣。

三月八日。進剿駐守與清鄉綏靖各種任務，應訂立任務職權與戰術技術及其賞罰具體辦法，對於線與面必須由民眾自衛，如防守、放哨（警戒）、報信（通信網）等簡單工作責成其實行，並定嚴刑峻法，使之不敢通匪與窩匪，方能期其綏靖也。

三月九日。關內剿匪戰略與部署之研究：一、戰略要點非必須防守不可之地則派兵防守。二、防守部隊最多以三個月為期瓜代調動。三、正規野戰軍不負防點守線任務。四、由各綏靖區組織各縣、鄉自衛隊，配署省保安團為核

心,負清鄉自衛之責。五、分區配屬野戰軍進剿區內匪之主力。六、組成三個快速兵團對匪主力川流、追堵、兜剿。七、先對陳毅,次對劉伯誠〔承〕,再對陳賡,分別先後進剿。八、魯西區須先指定有力部隊防剿。九、以最上部隊對蘇北殘匪之肅清。十、以優對劣、以劣對優與以上對中、以中對下、以下對上之法,何如。

三月十日。剿匪戰術要旨:一、充分必勝兵力未集中以前不得赴援。二、進剿匪區必須集中兵力實行中央突破。三、正規進剿軍只任追堵任務而不守點線。四、匪之主力未擊破之地區不留部隊防守。五、地形未明之地區,兵力不足之時不得貿然急進。

十五日。剿匪戰略應速改變。凡匪主力未擊破以前,應以跟蹤緊追與截堵為主,決不留兵防守任何據點。
又對匪重要戰法:甲、殲滅戰。乙、速戰速決。丙、伏兵戰。丁、突擊戰。戊、遊〔游〕擊戰。己、夜戰。庚、大爆擊戰。辛、封鎖戰。壬、偵探情報戰。癸、宣傳反間戰。以上十種戰法之對策,應俱〔具〕體研究,總以各個擊破與退避作戰,以及襲擊部隊指揮部,與隱蔽接近及事先偵察之準備工作,與臨戰觀察,挑選射擊手專對敵之官長,為最重要目標之戰法,亦應特別研究。

七月七日。往時之弊:

一、未注意從制度上、政策上奠立根基,以正治國,以奇用兵。政治只應有遠見無奇謀,只有漸進,決無捷徑。

二、培養領導人才未得其法,以致無新陳代謝,或才能不能啟發,或有才能無資望,或有資望無才能,摩擦糾紛均由於此。

三、今後一面破格用人,一面從根本上培養黨政軍和社會新力量。

七月十八日。軍事會議程序及議題之準備:

一、情報組訓之研究,與國軍之誇妄及被匪眩惑而不知情報為可恥。

二、政工組訓之研究，以國軍被俘、士兵在戰場上被匪受編作戰最為可恥。

三、匪以戰爭藝術化，學習俄國精神及方法從事叛亂，其要目分列如后：

甲、一切業務皆以訓練組織宣傳成為聯繫一體不可分之藝術。

乙、其一切藝術皆以研究設計實施與監督考核為主旨。實與精。

丙、情報與通信之組訓為特長。

丁、前方補充與後方征編聯為一體。

戊、黨政軍經成為一體，而且權力一元化。

己、前方將領與戰鬥指導員獨斷專行、自動自反與自制之精神。

庚、以主義為行動之目標，以紀律與組織為賞罰之依據。

辛、生活一致、經濟公開、評判公開為團結精神之根基。

壬、軍民一體，民眾組訓與地方行政皆由政工全權負責。

癸、經理、衛生與人事各項命令報告，必須由政工副署。

子、七月份預定表內 13 至 25 各項之補充。

丑、組織加強地方部隊守備點線之具體辦法。

寅、匪之戰略及其優點之研究：

甲、戰鬥力已加強，但彈藥補充仍有限，故不能持久。

乙、專伺我弱點、找我錯誤。

丙、旋磨打圈疲斃我軍，使我厭戰與士氣低落。

丁、殲滅戰與消耗戰並用。

戊、政工負責掌握確實。

己、通信網布置嚴密、情報確實。

庚、訓練科目簡單而照操典實施。

辛、指揮官能自動自決與生動。

壬、民兵與地方部隊組訓之嚴格補充實易，我應改正兵役制度，加強地方武力部隊之組訓。

癸、精神與物質能配合使用，紀律與實踐能一致。

卯、我軍缺點及今後應取之戰略另擬。

四、軍官從〔重〕新宣誓。

五、官兵政治教育：甲、剿匪之原因。乙、剿匪之目的。丙、政府之計畫。丁、如果共匪幸〔倖〕勝，對於國家與個人家庭之後果如何。五[1]、對匪土地政策欺詐之揭穿。六、優待官兵之實行。

六、剿匪軍隊十項問答。

七、改正兵役補兵之辦法：一、團以同一藉〔籍〕貫為單位。二、新兵隨到隨編隊訓練，先講解常識與紀律及衛生與剿匪問答。

八、提高士氣，日兵在太原以南突圍之例子。

九、按日按期、分段分區清剿之規律與賞罰。

十、指定地區保衛基地、組訓民眾，逐漸擴充穩紮突擊，建立情報網，實施總體戰。

十一、對匪土地政策虛偽手段之戳穿。

十二、每個士兵之藉〔籍〕貫、家境，以及性能之調查登記冊之設立。

十三、連坐法與廉恥心之加強。

十四、對士兵情感與賞罰。

十五、連指導員由班長中挑選正一副二，集中師部訓練輪流。

十六、匪慣用戰法：甲、肉彈主義。乙、掩蔽幕即封鎖戰。丙、夜戰。丁、各個包圍。

十七、我軍惡習：甲、浪費消耗不愛惜械彈，不注重節省保存物力。乙、散漫放任不知嚴密監察。丙、偵探情報不專、不遠、不實。丁、謊報斃傷匪數，誇妄勝利。戊、不知道德，不顧廉恥。己、喪失自信心與互信心。庚、自私自保，不能協同一致互助合作。辛、對上、對下、對友不知責任。壬、推諉塞責，延宕不決，不能自動、主動、機動、運動。

十八、我軍改正之點：甲、全面督戰，一致為主義與人格軍譽，人人負責，凡有離開陣地崗位與被匪繳械降匪者，不論上下何人，皆可當場擊殺。乙、改變風氣。丙、提起精神。丁、各守職責。戊、提倡責任心、廉

1　原文如此，下同。

恥心。己、提倡攻擊精神。庚、振作士氣。辛、思想統一，行動一致。壬、生活平等，經濟公開。癸、技術與精神一致。子、明恥守紀。丑、裝備之改革。寅、人財物地之運用與節約。卯、兵役就地征補，三功准升，自動征補與監視。辰、衛生與擔架之加強。

十九、剿匪理論與戰術思想之統一。

二十、編制、裝備、通信、情報、運輸制度之研究。

廿一、革命精神與國家觀念、歷史意識之提振。

廿二、現階段華中之戰略先求穩定持久，暫取守勢，戰術取攻勢並劃區清剿。

廿三、匪之號召：甲、土地革命。乙、階級革命。丙、民族革命。丁、拯救人類，拯救中國。

七月廿七日。一、剿匪軍事挫失之經過。二、生活與行動（勤惰），精神與志氣，思想與責任，民族（復興）與歷史文化（創造），與主義力行與實踐積極，與進取充實與準備持久，與求速在己而不在匪，求己而不求人，節約與浪費，政工與紀律，衛生與補給，壯丁、糧食與物資之保全不失，交通與速度，組織與控制（監視），宣傳與事實，軍民一體（生活共同）對匪土地革命，實行民生主義與兵農得地之優先權，優待出征家屬之組織。三、以團為藉〔籍〕貫之單位。四、指揮道德與戰鬥（戰場）軍紀。五、鼓舞士氣，團結精神之道。六、匪我各種優劣成敗條件之比較。七、宣傳與人格的影響。

八月十四日。對民眾說明國家危機與人民苦痛之所由來：

一、如無共匪叛亂，則不僅勝利後人民皆可安居樂業，而且國家之富強建設三民主義亦已實現，國家地位與人民生活皆可提高。

二、匪區人民水深火熱、暗無天日、人間地獄之生活，如不由民眾自覺自助，有錢出錢、有力出力，及時自效自衛，則一入共匪魔手，雖欲報效亦不可復得。

十八日。國軍剿匪失敗之結果，其原因在：一、將領精神喪失，軍隊腐敗。二、政治教育不講，組織絕無，因之考核監督更談不上。三、經理制度不良，軍費無從核實，因之將領吃空貪污。四、力行哲學不講，一切法令皆不能實施，等於虛文。今後改正之道：一、提高力行與負責知恥之精神。二、加強政治教育之方法。三、特別加強軍官團之組織與訓練。四、改革經理制度與核實員額及收支。

八月廿五日。近閱美使上馬歇爾書之情報，甚歎國際毫無公理與道義，至於情感更不能談矣。以司徒對華、對余其私人關係之切與久，並無任何外使能出其右者，然而其面譽心非如此，實難想像。而且其希望中國分裂，並望與共匪妥協，此乃不惟害華抑且害美，實為不可思議之事。所謂基督徒與老中國其虛偽如此，誠令人對世界與人事發生悲觀。然此實增加我之經驗，使我認識除本身與本國以外，無論任何外人皆不可信以為真友。美乎，俄乎，豈非一邱〔丘〕之貉，能不力圖自強？只有自力更生別無他道也，應澈底覺悟。

九月二日。年齡漸老而優柔寡斷、顧慮多端，因之國事日非威信掃地，此乃偏重情感而輕忽法理所致，今後必須重公輕私，尚法據理，政治之事惟有法與理為主，要堅決、要煞辣，切勿如過去之散漫因循、無着落、無決斷也。一生慚惶之事，不重組織，不奠基礎，對於人事與會計二制度不能確實建立，以致誤國誤軍，此敬之、季陶與立夫皆應負其重責，然究為余領導無方之過，幹部不力何尤耶。

十月十二日。輕怒無異自戕，自伐克己勝於取城擒敵。用緘默來容忍誤會，用溫和來容納冤屈，需要何等寬大。試驗基督人最好的方法，乃是說他的壞話、誹謗他、毀滅他，因為這是一把銼刀，立刻能把他試鍊出來的究竟是真是假，如果我們知道試煉下藏着祝福的話，我們就會像大衛一樣的說：「由他咒罵罷……或者耶和華……為我被這人咒罵就施恩與我。」

卅七年反省錄

一、本年最大之失敗為政治。而政治失敗之總因，即在選舉副總統主張黨員自由選舉之方式，尤其在選舉前夕為李宗仁前來哭訴懇求，誤信其被選後，彼不能有單獨政治主張之諾言，於是支持孫科當選之決心動搖，對民、青兩黨選票任其選李，因之孫敗而李勝，此乃余決心不堅，主張不定，甚至有首持兩端優柔取巧之幾微所致，此一失敗乃在政治上遭受制〔致〕命之打擊。而桂系得勝之後，所有國際與社會對內、對外與對敵、對匪之威信掃地，凡可倒蔣毀黨之陰謀暴行，桂系無所不用其極，最後竟不惜勾結共匪與迎合美國反華助共之心理，協以打蔣，此乃余因循寡斷、取巧自敗，完全失卻已往政治家之精神所致也，能不自反自悔，有所警戒乎哉。

姓名錄

1. 87D 以 102B 金華、49B 星子編成　倪祖耀
2. 37D 以 60B 宜昌、104B 老河口編成　伍重嚴
3. 50D 以 20B 衡陽、192B 藕池口編成　林曦祥 [1]
4. 86D 以 153B 韶關、154B 東莞編成　鍾　彬
5. 88D 以 R2B、N13B 編成　馬師恭 [2]
6. 15D 以 64B、N25B 新立編成　陳克非 [3]
7. N7B 萬縣、174B 南寧、131B 瓊州、175B 吉安　田鄂雲 [4]
8. 148B 揚州歸 25D 編組　顧宏揚 [5]
9. 202D　高魁元
10. 205D　廖　慷 [6]
11. 206D　唐守治

　　　洪　軌 [7]　江西財廳
　　　胡　素　沈發藻 [8]　曾幼戞〔戞初〕

1　林曦祥，號旦元，曾任第六師師長、整編第七十五師第六旅旅長、國防部部員，1947
　　年 9 月調任整編第七十五師副師長。1948 年 7 月 2 日在河南睢縣被共軍俘虜。
2　馬師恭，字子敬，1945 年任傘兵總隊司令，1947 年冬調任整編第八十八師師長，1948
　　年調任第七綏靖區副司令兼第八十八軍軍長。
3　陳克非，本年歷任整編第九師第九旅旅長、整編第十五師代理師長、整編第九師師長、
　　第二兵團第五軍參謀長、第二軍軍長。
4　田鄂雲，字和煦，湖南醴陵人。曾任第五軍第二〇〇師副師長。
5　顧宏揚，曾任第一〇八師師長、整編第一〇八旅旅長，本年任整編第二十五師副師長
　　等職。
6　廖慷，本年任第三十一軍軍長，一度兼第二〇五師師長。
7　洪軌，曾為制憲國民大會代表，時任江西省財政廳廳長。
8　沈發藻，江西大庾人。抗戰勝利後歷任中央訓練團幹部總隊總隊長、陸軍總司令部第
　　五署署長、陸軍裝甲兵編練總處處長，本年出任國防部第五廳廳長。

　　　　沈宗濂[1]　許乃波[2]　英國留學　優秀　在英　閩人

　　　　嚴家淦[3]　馬　傑[4]　河南　聯總善後救濟處

　　　　林崇墉

立委　唐嗣堯[5]　河南　龔舜衡[6]　山東　幸華鐵[7]　江西　黃埔二期

軍統　劉　實[8]　江西　黃埔四　連　謀[9]　閩　黃埔四　劉　實　豫　四期

　　　　崔書琴[10]　河北　張匯文[11]　山東　張慶楨[12]　安徽　江一平[13]　陳〔成〕

　　　　舍我[14]

1　沈宗濂，曾任國民政府蒙藏委員會駐藏辦事處處長，時任上海市政府秘書長。

2　許乃波，抗戰勝利後應行政院善後救濟總署臺灣分署署長錢宗起之邀，擔任臺灣分署
　　技正一年。1947 年赴英，任茂偉電機製造廠工程師五年。

3　嚴家淦，字靜波，江蘇吳縣人。二戰後歷任臺灣省行政長官公署交通處處長、財政處
　　處長、臺灣銀行董事長等職。1947 年起，出任臺灣省政府財政廳廳長。

4　馬傑，時為善後救濟總署河南分署署長。

5　唐嗣堯，曾任北平市議會副議長並代議長，時任第一屆立法委員，誼屬新政俱樂部。

6　龔舜衡，山東洪陽人。曾任三民主義青年團山東支團部幹事兼書記、山東省臨時參議
　　會參議員，時任第一屆立法委員，誼屬新政俱樂部。

7　幸華鐵，曾任第四綏靖區政治部主任，時任第一屆立法委員，誼屬新政俱樂部。

8　劉實，曾任國立中正大學總教官、中央訓練團江西分團督導處處長，時任第一屆立法
　　委員，誼屬新政俱樂部。

9　連謀，字智深，原名良順，又名一方。曾任臺灣省高雄市第一任市長，時任第一屆立
　　法委員，誼屬新政俱樂部。

10　崔書琴，時任北京大學教授、第一屆立法委員，誼屬革新俱樂部。

11　張匯文，號叔海，曾創辦《上海英文自由論壇報》，任主筆、總經理。時任第一屆立
　　法委員，誼屬新政俱樂部。

12　張慶楨，字濟周，安徽滁縣人。曾任國立中央大學訓導長、法學院教授兼司法組主任、
　　國民政府監察院參事、敵偽產業清查團滬浙組委員。時任第一屆立法委員，誼屬新政
　　俱樂部、一四座談會。

13　江一平，字穎君，浙江杭縣人。曾任國民參政會參政員，抗戰勝利後回上海、南京執
　　業律師。時任第一屆立法委員，誼屬革新俱樂部、一四座談會。

14　成舍我，名希箕，又名漢勛，湖南湘鄉人。1946 年以社會賢達身份擔任制憲國大代表。
　　1948 年當選北平市立法委員，誼屬革新俱樂部。北平被共軍占領前，逃往南京，後寓
　　居香港，最後於 1952 年冬定居臺灣。

黨務　唐　縱[1]　曾擴情　陳烈甫[2]　陳克文[3]　馬星野[4]

　　　黃少谷　倪文亞　陳雪屏　徐佛觀　鄭彥棻

　　　張國燾[5]　童冠賢　包華國[6]

　　　葉元龍[7]　顧孟餘　樓桐蓀〔孫〕[8]

　　　楊大乾[9]（陝）　郝任夫[10]（魯）　蕭贊育[11]　湘

　　　楊　達[12]　六十九師 99B 長　原 13 師副師長　與胡師長不協
　　　李鐵軍
　　　徐旨乾[13]　湖北軍區副司令

1　唐縱，字乃建，湖南鄮縣人。時任內政部警察總署署長，兼任國防部保安局局長。
2　陳烈甫，曾任國立四川大學政治系主任，時任廈門大學政治系主任、廈門市參議會議長。
3　陳克文，廣西岑溪人。曾任行政院參事、中央訓練團指導員，本年當選第一屆立法委員，誼屬一四座談會。12 月，出任立法院秘書長。
4　馬星野，原名允偉，筆名星野，浙江平陽人。抗戰勝利後任中國國民黨中央宣傳部特派員、南京《中央日報》社長。1947 年，當選第一屆國民大會代表。
5　張國燾，字愷蔭，又名特立，江西萍鄉人。中國共產黨早期領導人之一，在中共黨內失勢後，改投國民黨。抗戰勝利後，任善後救濟總署江西分署署長。1948 年 6 月，在上海創辦《創進》週刊，以鄭學稼為主編。年底，舉家遷居臺北。1949 年冬，移住香港。
6　包華國，曾任重慶市政府社會局局長、國際勞工大會中華民國代表團政府代表，時任第一屆立法委員，誼屬民主自由社。
7　葉元龍，歷任重慶大學校長、國民政府監察院監察委員、善後救濟總署安徽分署署長、上海中孚銀行名譽董事長，時任第一屆國民大會代表。
8　樓桐蓀，字佩蘭，浙江永康人。歷任上海法政大學教務主任、政治系主任，國民政府立法院經濟委員會委員長，國立中央大學法學院副教授，中國國民黨中央執行委員，時任第一屆立法委員，誼屬革新俱樂部。
9　楊大乾，曾任中國國民黨陝西省黨部委員、合江省政府委員兼教育廳廳長、國民參政員、三民主義青年團合江支團部籌備主任，時任第一屆立法委員，誼屬新政俱樂部。
10　郝任夫，時任天津市教育局局長。
11　蕭贊育，字化之，湖南邵陽人。曾任中國國民黨南京市黨部主任委員、《掃蕩報》及《和平日報》總社長，時任第一屆立法委員，誼屬新政俱樂部。
12　楊達，時任戰地視察組第九組視察官。
13　徐旨乾，曾任浙江省溫臺防守司令、第十集團軍參謀長、軍訓部第八督訓處處長等。抗戰勝利後，任湖北省軍管區副司令。

陳希平[1]　湖北保安副司令

王民寧[2]　臺灣警保處長　臺灣人（胡國振[3]可接替王）

沈向奎　閩　現任東北軍長

新軍校　任世江[4]　張遲年[5]　陳海雄[6]

視察　李克廷[7]　蕭樹瑤[8]　長春視察組員

王伯勳　整八師代師長

段澐

丁樹中[9]　憲兵西北行營服務

周偉龍　上海軍法處

陳克非　9B ／ 9D

張桐森[10]　76B ／ 9D 副旅長

張止戈[11]　四川　二期　203 副師長　原在二百師　崑崙關戰役

趙秀崑[12]　河北　八期　陸大與工專畢業　原在十八軍

廖慷　粵　三期　五軍副師長

1　陳希平，歷任第一九一師師長、第五兵團司令部參謀長、國防部部員。本年任湖北省保安司令部副司令，年底任第一一八軍軍長。

2　王民寧，號一鶴，臺北樹林人。曾任臺灣省警備總司令部副官處處長。1947 年 5 月臺灣省政府成立，任臺灣省政府警務處處長，11 月當選第一屆國民大會臺灣省臺北縣代表。

3　胡國振，歷任中央警察學校第三分校主任、新疆省政府警務處處長。1947 年 9 月任內政部警察總署簡任督導，1948 年 11 月接任臺灣省政府警務處處長。

4　任世江，曾任中央軍校訓練部副主任。陸軍通信兵學校學生總隊總隊長，1946 年 5 月晉升少將。

5　張遲年，中央陸軍軍官學校第十期砲科、陸軍大學正則班第十八期畢業，曾任中央軍校第二十一期砲二隊大隊長。1947 年 1 月保送留美，入砲兵學校。

6　陳海雄，中央陸軍軍官學校第十期。

7　李克廷，時任總統特派戰地視察組第三組視察官，駐長春。

8　蕭樹瑤，時任總統特派戰地視察組第三組視察官兼第一兵團督察官。

9　丁樹中，曾任憲兵司令部參謀長、甘肅省保安副司令等職，本年歷任西北行轅高參、整編第七十八師副師長、第七十八軍副軍長。

10　張桐森，曾任第七十六師副師長，本年歷任整編第二十旅旅長、整編第七十六旅旅長。

11　張止戈，字尚武，曾任青年軍第二○二師第一旅旅長，本年歷任青年軍第二○三師副師長、國防部部員、第三十七軍副軍長。

12　趙秀崑，字玉峯，河北景縣人。本年任第二○三師第一旅旅長等職。

劉釗銘[1]　西安軍官訓練班主任

黃　翔　北平訓練處副

鍾　彬

邱維達　七十四師

余錦源[2]　七十二師

宋希濂　關麟徵　杜聿明　王敬久[3]　陳明仁　劉　進[4]

高魁元　八十八師

邱行湘　二〇六師

李天霞

陳鞠旅　二〇三師

吳文芝[5]

馬師恭

姚國俊[6]　卅八師副兼五十五旅長

周競人[7]　（憲兵）　警官學校教官

潘華國　軍校五期　陸大十期

伍重嚴　二十師副師長

1　劉釗銘，抗戰勝利後歷任整編第二十七師第三十一旅旅長、中央軍官學校西安督訓處
　　處長、西安第二軍官訓練班主任等職。

2　余錦源，字彙淵、匯泉，四川金堂人。1947 年 5 月調任整編第七十二師師長。1948 年
　　9 月因軍級編制恢復，改任第七十二軍軍長。1949 年 1 月 10 日在河南永城兵敗投共。

3　王敬久，字又平，江蘇豐縣人。1947 年 3 月任第二兵團司令官，7 月作戰失利遭撤職，
　　9 月因病赴上海療養。

4　劉進，曾任第二十七軍軍長、第二十四集團軍副總司令，軍政部第二十一軍官總隊總隊
　　長兼寶雞警備司令。1948 年任邵陽警備司令，後任第一兵團副司令兼湘潭前線指揮官。

5　吳文芝，四川宜漢人。1947 年 8 月，任陸軍戰車第二團團長。1948 年 9 月，調任陸軍
　　裝甲兵司令部副參謀長。1949 年 2 月，升任裝甲兵司令部參謀長。

6　姚國俊，曾任第五十二軍第二十五師師長、第三十八軍副軍長，時任整編第三十八師
　　副師長兼第五十五旅旅長。本年，因軍級番號恢復，任第三十八軍副軍長；11 月，升
　　任軍長。

7　周競人，湖南寧鄉人。曾任憲兵學校教務主任、憲兵教導第二團團長、稅警第四總團
　　副總團長等。

李正先[1]

任子勛[2]　九十師副師長

楊廷宴[3]　二十五軍副軍長　河南　軍校五期　優

張世光　前八十八師

任子勛　整九十師

鄒震嶽[4]　前戰車團長　現任五十二師副師長

鄧軍林　第一快速　蕭　銳[5]　第四快速

周雨寰[6]　第五快速　倪縱逸　第二快速參長

張信卿[7]　郭志持[8]　劉農峻[9]　第三快速各團長

王鵬皋[10]　程立佐[11]　第五快速各團長

中　　林曦祥　75 師副　朱元琮[12]　75 師參長

陳道立[13]　張竟成[14]　75 師團長

1　李正先，字建白，浙江東陽人。歷任第十六軍軍長。1947 年 1 月，調任中央訓練團第十五軍官總隊總隊長。1948 年 3 月，任國民政府特派（後改總統特派）戰地視察第七組（徐州）組長。12 月，調任第五兵團副司令官兼第二十七軍軍長。

2　任子勛，曾任整編第九十師第六十一旅旅長。

3　楊廷宴，河南項城人。時任第二十五軍副軍長，11 月參加徐蚌會戰，碾莊戰役失利，第七兵團司令黃百韜自殺殉國，親葬之後逃出。1950 年 11 月任第八十七軍戰鬥團團長。

4　鄒震岳，即鄒震嶽，本年歷任國防部部屬參謀、整編第五十二師副師長等職。

5　蕭銳，字慎哉，1947 年秋，任整編第十一師第十八旅旅長。1948 年 8 月，任第十二兵團參謀長。

6　周雨寰，字艾芹，四川忠縣人。1948 年 1 月任第二〇八師第三旅旅長，後任海軍陸戰師副師長兼第一旅旅長、第二二二師師長等職。1950 年 8 月調任海軍陸戰隊副司令兼第二旅旅長。

7　張信卿，本年 3 月任傘兵總隊第一團團長。

8　郭志持，本年 3 月任傘兵總隊第二團團長，7 月於豫東會戰帝邱店戰鬥中陣亡。

9　劉農峻，時任傘兵總隊第三團團長。

10　王鵬皋，名寯，貴州安順人。曾任軍政部第十三補充兵訓練處第四團第三營營長、福建莆永師管區第三團團長，第二〇八師團長。

11　程立佐，時任第二〇八師團長，後任第八十七軍第二二一師副師長。

12　朱元琮，字仲瑜，江蘇武進人。1946 年 9 月，任第七十五軍參謀長。1948 年 2 月，任整編第六十二旅旅長，10 月調任第七十五軍第六師師長。1950 年 7 月，升任第七十五軍副軍長。

13　陳道立，時任整編第七十五師第十六旅第四十七團團長。1948 年 7 月 8 日自戕殉職。

14　張竟成，曾任第七十五軍第六師第十八團團長等職，時任整編第七十五師團長。

朱鉅林[1]　六期　騎　暫編廿六師師長（湘）

陳　陶[2]　騎一旅　六期　岳友三　騎　六期　在傅[3]部

趙秀崑　玉峯　二〇三師　旅長　七期　陸大十三期　河北

熊新民[4]　七十一軍副軍長　前八十七師師長

彭壁生[5]　七期　陸大十期

唐守治

王修身[6]

張止戈

黃　維

羅廣文

陳克非　9D 副

倪祖耀　85D 副

顧宏揚？　25D 副　士官

勇　　楊廷宴　一〇八旅（25D）旅長　五期　南陽

上　　舒　榮[7]　十三軍副軍長　滇　三期

上　　駱振韶[8]　四師長　永康　六期

？　　劉宏遠[9]　二〇三師參長　四期　日砲　湘

1　朱鉅林，曾任騎兵第七師師長、第六十七軍副軍長、國防部少將部員，時任暫編第二十六師師長，後任第十一兵團副司令官。

2　陳陶，原任整編騎兵第一旅副旅長，1947 年 7 月升任旅長。本年仍在職。

3　傅即傅作義。

4　熊新民，曾任第八十八師副師長、第八十七師師長。1948 年 9 月升任第七十一軍副軍長，12 月任第七十一軍軍長。

5　彭壁生，曾任第六軍第四十九師師長、瀋陽警備司令部副司令、東北行轅第一督訓處處長、徐州剿匪總司令部直屬第七軍官訓練班主任等職。

6　王修身，字新民，河南項城人。本年歷任第二線兵團第一督訓處處長、徐州陸軍訓練處副處長，11 月出任第一〇六軍軍長，擔任安慶至蕪湖間江防。

7　舒榮，歷任第八十九師副師長、師長、第十三軍副軍長、第十二軍軍長。

8　駱振韶，曾任第四師師長。本年秋，升任第十三軍副軍長。冬，出任第十三軍軍長。

9　劉宏遠，曾任青年軍第二〇三師第六〇九團團長，時任第二〇三師參謀長。

姚秉勳　前二〇二師

葛先才　廿八師副師長　湖北　四期

向敏思[1]　七十九師副師長　湘　四期

中　彭戰存[2]　二〇二師副師長　江西　四期　陸大十三期

中　王秉鉞[3]　五十一師副師長　遼　東講

劉雲瀚[4]　五廳長　江西

上　彭自強[5]　交警第十七縱隊長　　旅長任用

朱元琮　七十五師參長　　　　全上

朱定球[6]　張雅山[7]　陳煥雲[8]　皆 75D 副團長　以團長任用

王克俊　調廿一師長

丁承法　埔校　在傅[9]部　金定洲　皆可以團長任用

姚國俊　卅八師副師長　胡璉保稱（風度見解大有可為）

彭戰存

1　向敏思，字利鋒，湖南永順人。1946 年秋任第七十九軍副軍長，1948 年底任第一一〇軍軍長，1949 年 9 月兼任第十五兵團副司令官，12 月 24 日在四川郫縣率部投共。

2　彭戰存，字鐵如，江西萍鄉人。1946 年 12 月，調任青年軍第二〇二師副師長，後任第二〇一師師長。1948 年冬調赴臺灣，歷任第八十軍副軍長、金門防衛司令部參謀長、副司令官。1949 年 10 月曾參與指揮金門古寧頭之役。

3　王秉鉞，號靖泉，遼寧瀋陽人。1947 年 7 月任整編第五十一師副師長，1948 年 9 月調任第五十一軍副軍長，12 月升任第五十一軍軍長。1949 年 5 月 22 日在上海戰役中被俘。

4　劉雲瀚，江西大庾人。本年原任國防部第五廳廳長，6 月因東北剿匪總司令部重建新編第五軍，獲調為軍長。

5　彭自強，本年原任交通警察總局第十七總隊總隊長，9 月調任交通警備第二旅旅長。

6　朱定球，安徽太湖人。時任整編第七十五師第六旅第十八團副團長，參與豫東戰役兵敗被俘。

7　張雅山，浙江溫嶺人。1946 年 6 月，任整編第七十五師第六旅第十六團副團長。1948 年 6 月，升任整編第六十二旅第一八五團代團長，10 月改編為第七十五軍第六師第十七團，仍任團長。1950 年 7 月，任陸軍第七十五軍第九十六師第二八六團團長。

8　陳煥雲，號月庵，湖北大冶人。時任整編第七十五師第六旅第十七團副團長。

9　傅即傅作義。

温淑海[1] ⎫ 可任師長

黃植虞[2] ⎬ (65D) 可任旅長 （李振[3]保）待召見

林澤長[4] ⎭ 仝上

舒適存 趙　霞[5]　六期　二〇七師副　湘

彭克立[6]　軍訓班五期　新 1A 新 38D 副師長　湘

劉廉一[7]　六期　陸大十六期　國防部辦公廳主任　可任師長　湘

胡英傑[8]　軍訓班六期　新一軍新卅師副　湘

趙　霞　二〇七師副

楊伯濤　二〇九師長

李志鵬　五十四軍副軍長

呂紀化　前騎兵十一旅旅長

張緒滋[9]　傘兵總隊司令　軍校七期　湖北

徐旨乾　鄂軍官區副司令　保六期

彭　善

1　温淑海，廣東惠陽人。1945 年 1 月後，歷任獨立第九旅旅長、第一六〇師師長、整編第六十五師一六〇旅旅長等職。1949 年任廣州綏靖公署參謀長、第一五四師師長。後避居香港。

2　黃植虞，號仰愷，廣東惠陽人。原任整編第六十五師參謀長，1948 年 8 月調升整編第六十五師第一六〇旅旅長。

3　李振，原名晉堃，字載宏，廣東興寧人。時任第六十五軍軍長，11 月任第十八兵團司令官兼第六十五軍軍長。1949 年 12 月，在四川簡陽通電投共。

4　林澤長，廣西花縣人。原任整編第六十五師第一六〇旅第四七九團團長，1948 年 5 月升任第六十五軍參謀長，11 月升任第一六三師師長。

5　趙霞，曾任新編第六軍參謀長、第二〇七師副師長等職，本年歷任第三軍官訓練班（瀋陽）主任、第四十五軍軍長。

6　彭克立，湖南望城人。1947 年升任新三十八師副師長，固守長春。1948 年 10 月於長春圍城中，隨上級投降。1949 年 1 月，被送回原籍。

7　劉廉一，字德焱，號榮勳，湖南長沙人。曾任駐聯合國軍事代表團副代表、國防部部長辦公室代主任、第五十四軍第八師師長。1949 年 6 月，改任第六十七軍軍長。

8　胡英傑，字慶軒，號仁初，湖南湘陰人。1948 年 11 月升任廣州綏靖公署警衛旅旅長。1950 年 4 月任第三四〇師師長。

9　張緒滋，湖北黃岡人。曾任第五集團軍總司令部參謀處處長、傘兵總隊副司令。1948 年 9 月，任傘兵司令部司令兼第三快速縱隊司令。

李崇實[1]　軍統局

徐佛觀荐　張大同[2]　賀楚強[3]　陳惕廬[4]　王新衡[5]　高宗禹[6]

劉業昭[7]　張重漢[8]　羅正亮[9]　以上湘團

莫萱元　劉脩如[10]　社會處　李　支[11]　楊　粹[12]　組訓處長　余先礪[13]　以上湘黨部

陳顧遠[14]　張渭川

1　李崇實，抗戰勝利後歷任任國民政府監察院、行憲第一屆監察院之秘書長。

2　張大同，曾任陝西省政府委員、國民政府東北行轅經濟委員會主任秘書。

3　賀楚強，字子謙，湖南漵浦人。曾任國民政府文官處秘書、參軍處軍務局副局長。1948 年 6 月，任總統府第三局副局長。

4　陳治平，號惕廬，曾任中國國民黨中央組織部戰地黨務處處長、中統局蘇魯豫皖四省辦事處主任、貴州省黨部主任委員，抗戰勝利後任浙江省政府委員、浙江地方幹部訓練團教育長。

5　王新衡，字子常，浙江慈谿人。曾任國民政府軍事委員會調查統計局香港特別區區長、第二處（黨政）處長，抗戰勝利後擔任國防部保密局上海站站長、上海市政府參事兼調查處處長。本年仍執掌調查處，並任第一屆立法委員，誼屬新政俱樂部。

6　高宗禹，歷任金陵大學教授、江蘇省政府民政廳主任秘書、中國國民黨第六屆中央執行委員會候補委員。

7　劉業昭，字左彝，湖南長沙人。曾任三民主義青年團湖南支團部書記。

8　張重漢，廣西來賓人。中央陸軍軍官學校第十九期第八總隊第一大隊第二隊。

9　羅正亮，字明君、朗君，湖南瀏陽人。曾任三民主義青年團長沙區團部籌備處書記、湖南省參議會參議員，本年經瀏陽縣選為第一屆國大代表。

10　劉脩如，抗戰前任上海市政府教育局視察員、社會局專員；抗戰時赴湖南，任藍田師範學院副教授、湖南省黨部委員等職。抗戰勝利後，出任湖南省政府社會處處長。

11　李支，1947 至 1949 年任湖南省第五區行政督察專員兼區保安司令。

12　楊粹，曾任湖南省黨部執行委員兼社會處長、組訓處長、湖南省政府參議、湖南省政府社會處主任秘書、會同縣縣長。曾投入行憲第一屆立法委員選舉，獲選農業團體中區立法委員候補第一位，後於 1951 年在臺灣依法遞補。

13　余先礪，號砥吾，湖南湘潭人。曾任湖南省立第一中學校長、湖南省政府教育廳主任秘書。

14　陳顧遠，字晴泉，時任第一屆立法委員，誼屬新政俱樂部，並在國立中央大學、上海法學院等校兼職教授法學課程。

賀其燊 [1]　以上本黨　高鴻彝 [2]（青年黨）

唐際清 [3]　馬樹禮 [4]　楊一如 [5]　習文德 [6]　王艮仲 [7]

于錫來 [8]　白　瑜 [9]　鄧翔宇 [10]　陳克文　陳博生 [11]

錢納水 [12]　胡鄂公 [13]　劉博崑 [14]　劉百閔　李中襄 [15]

李誠一　劉汝明第二處長

林崇墉　漢口金融管理局長

1　賀其燊，曾任中央政治學校教授等職。1946 年 12 月至 1948 年，擔任財政部參事。1948 年 6 月，獲聘中央信託局副局長。

2　高鴻彝，曾任甘肅慶陽團管區司令。本年任湖北省第二區行政督察專員兼區保安司令，10 月卸職。

3　唐際清，曾任中央通訊社編輯、湖南分社主任、重慶總社編輯部主任，獲選第一屆國大代表。

4　馬樹禮，名書南，號未甫，早年旅居東南亞，曾任馬來亞柔佛新山寬柔學校校長、第三戰區政治部副主任，時任第一屆立法委員，誼屬新政俱樂部。

5　楊一如，曾任武漢市政府秘書長兼教育局局長、國民參政員、民生茶葉公司經理，時任第一屆立法委員，誼屬革新俱樂部。

6　習文德，曾任湖北省參議會副議長，時任第一屆立法委員，誼屬革新俱樂部。

7　王艮仲，時任第一屆立法委員，誼屬革新俱樂部。

8　于錫來，曾任江蘇省黨部書記長兼代主任委員、制憲國民大會代表，時為第一屆立法委員，誼屬革新俱樂部。

9　白瑜，字上之，湖南華容人。歷任經濟部專門委員、中央訓練團課務組組長，吳淞中國公學、國立上海商學院、國立暨南大學及國立中央大學教授。時為第一屆立法委員，誼屬新政俱樂部。

10　鄧翔宇，字鶴九，湖北蒲圻人，曾任行政院參事、行政院第二組主任。本年由湖北省第一區選為第一屆立法委員，任法制委員會委員，誼屬一四座談會、新政俱樂部。

11　陳博生，字淵泉，曾任中央通訊社駐日本東京特派員、中央通訊社總編輯、國民參政會參政員、《中央日報》（重慶版）社長兼主筆、制憲國民大會代表。時任第一屆立法委員。

12　錢納水，曾任《大中華日報》編輯，湖北省巴東縣縣長、《中央日報》主筆、《前線日報》總主筆。時為第一屆立法委員，誼屬革新俱樂部。

13　胡鄂公，曾任孔祥熙私人政治經濟顧問，抗戰勝利後擔任孔祥熙投資創辦的《時事新報》發行人、總經理。

14　劉博崑，曾任中國國民黨嫩江省黨部副主任委員、嫩江省政府委員、增補為第四屆國民參政會參政員，時為第一屆立法委員，誼屬新政俱樂部。

15　李中襄，字立侯，原籍江西南昌，生於浙江寧波。曾任中國國民黨江西省黨部黨務指導處處長、國民參政會參政員、軍事委員會戰時新聞檢查局副局長、中國國民黨中央執行委員、江西省政府民政廳廳長等職。

蔣中正日記
Chiang Kai-shek Diaries

索引

蔣中正日記
Chiang Kai-shek Diaries

索引

王新衡（子常）	364
王鳳喈	155
王樹翰（維宙）	61, 223
王應尊（撫元）	78
王寵惠（亮疇）	70, 113, 117, 118, 139, 140, 243, 333, 334, 341
王鵬皋	360
王耀武（佐民）	12, 93, 135, 249, 253-257, 259, 276
五劃	
包華國	357
左世允（協中）	102
甘乃光（自明）	153
甘介侯	215
田鄂雲（和煦）	355
白瑜（上之）	365
白崇禧（健生）	19, 44, 47, 59, 63, 77, 88, 95, 100-102, 108, 117, 118, 121, 130, 133-136, 141, 144, 145, 151-158, 167, 175, 200, 211-213, 215, 217, 243, 244, 247, 258, 285, 288, 293, 294, 301, 314, 333-335, 337-340, 342, 343
白蓮丞	231
石覺（為開）	167, 282, 285
石鳳翔	221
石靜宜	251
六劃	
任子勛	360
任世江	358
伍重嚴	31, 355, 359
向敏思（利鋒）	362
成舍我	356
朱德（玉階）	53, 204
朱元琮（仲瑜）	360, 362

朱世明（季光、公亮）	87, 274
朱由檢（德約）	142
朱仰高	163
朱定球	362
朱家驊（騮先）	154
朱振華	43, 44
朱紹良（一民）	335
朱鉅林	361
朱贋颿	15
朱霽青	161
江杓（星初）	21
江一平（穎君）	356
江長川	279
艾布都拉	13
七劃	
何世禮	325
何成濬（雪竹）	340
何基灃	298
何應欽（敬之）	126, 129-131, 134, 136-139, 141, 142, 144, 152, 154, 155, 158, 196, 210, 212, 213, 226, 227, 230, 233, 238, 239, 248, 254, 259, 260, 272, 273, 276, 287, 294, 296, 308, 310, 313, 334-336, 340, 353
佘凌雲	253, 254
余先礪（砥吾）	364
余漢謀（幄奇）	133, 138, 154
余錦源（彙淵、匯泉）	359
吳化文	191, 193, 253, 257
吳文芝	359
吳兆棠（昭讜）	77
吳尚鷹（一飛）	333

蔣中正日記 (1948)
Chiang Kai-shek Diaries, 1948

著　　　者：蔣中正
授權出版：國史館館長 陳儀深
統籌策劃：源流成文化
總 編 輯：呂芳上 源流成
責任編輯：高純淑 張傳欣 蔣緒慧
封面設計：溫心忻 源流成
排　　版：蔣緒慧

出 版 者：**民國歷史文化學社**有限公司
臺北市大安區羅斯福路三段 37 號 7 樓之 1
TEL：+886-2-2369-6912

國史館
Academia Historica
臺北市中正區長沙街一段 2 號
TEL：+886-2-2316-1000

贊助出版： 蔣經國國際學術交流基金會
Chiang Ching-kuo Foundation for International Scholarly Exchange

 世界大同 文創股份有限公司
AGCMT CREATION CORP.

總 發 行：源流成文化股份有限公司
臺北市大安區羅斯福路三段 37 號 7 樓之 1
TEL：+886-2-2369-6912
FAX：+886-2-2369-6990

初版一刷：2023 年 10 月 31 日
定　　價：新臺幣 850 元
　　　　　美　元　32 元
I S B N：978-626-7370-20-9（精裝）
　　　　　978-626-7370-27-8（1948-1954 套書）

Republic of China History and Culture Society
http://www.rchcs.com.tw

ISBN 978-626-7370-20-9
9 786267 370209

蔣中正日記 (1948) = Chiang Kai-shek diaries,
1948/ 蔣中正著 . -- 初版 . -- 臺北市 : 民國歷史
文化學社有限公司 , 國史館 , 2023.10
　面；　公分
ISBN 978-626-7370-20-9(精裝)

1.CST: 蔣中正 2.CST: 傳記

005.32　　　　　　　　　　112015562